(속)고려묘지명집성

(개정증보판)

김용선 편저

한림대학교 지식미디어센터

1. 최홍재崔弘宰 묘지명

앞면

뒷면

2. 김극겸金克儉 묘지명

3. 승僧 모씨某氏 묘지명

4. 김자류金子鏐 묘지명

©개인 소장

5. 김구부金龜符 묘지명

6. 정언심井彦深 묘지명

7. 김윤각金尹覺 묘지명

©개인 소장

8. 낙랑군부인 최씨樂浪郡夫人 崔氏 묘지명

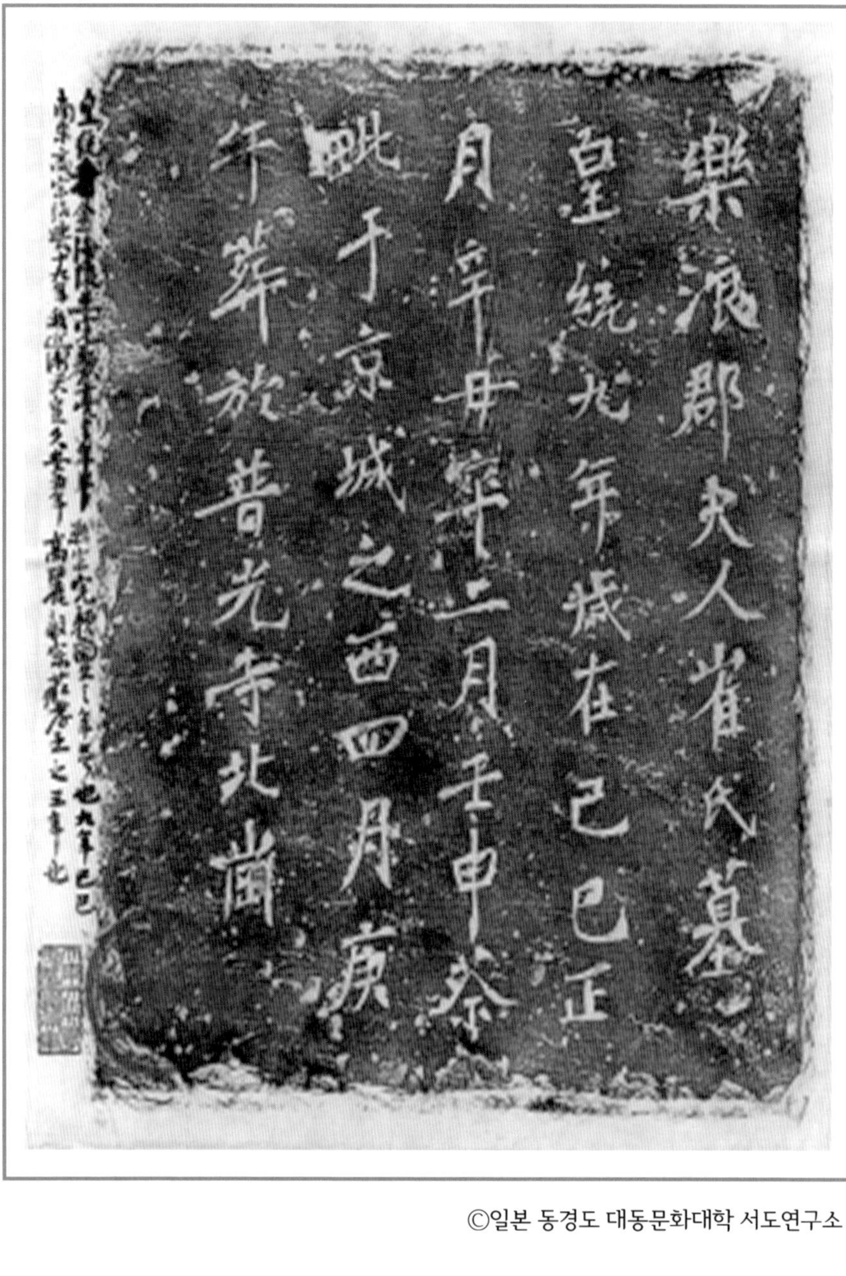

9. 윤언식尹彦植 묘지명

10. 정습명鄭襲明 묘지명

앞면

뒷면

11. 이초원 처 김씨李初元 妻 金氏 묘지명

앞면

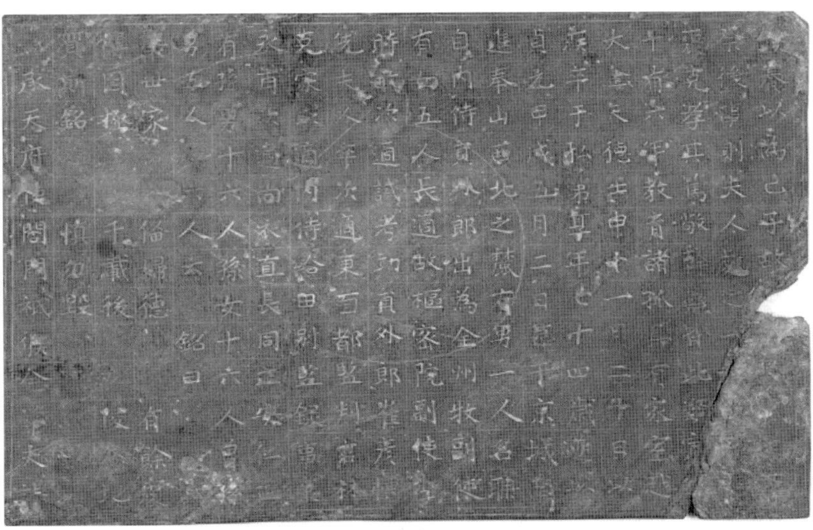

뒷면

12. 김상우金商佑의 딸 김씨부인金氏夫人 묘지명

앞면

뒷면

13. 이양윤李陽允 묘지명

©개인 소장

14. 권정평權正平 묘지명

15. 김고 처 이씨金沽 妻 李氏 묘지명

16. 김광중 처 이씨金光中 妻 李氏 묘지명

17. 위간경魏幹卿 묘지명

18. 박이온朴李溫 묘지명

19. 홍경 처 김씨洪敬 妻 金氏 묘지명

20. 김순金恂 묘지명

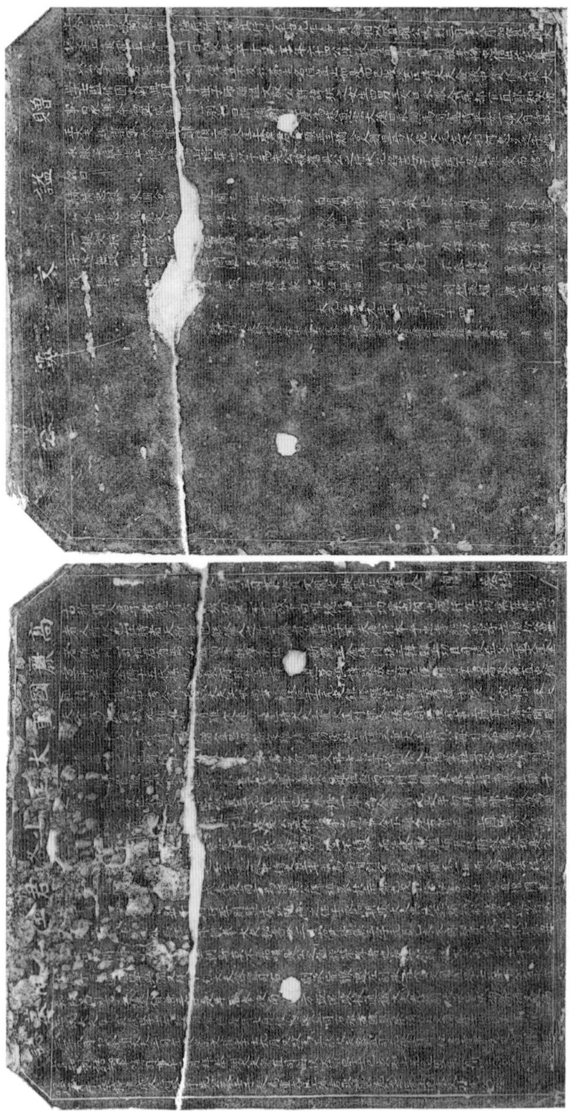

앞면

뒷면

21. 이덕손 처 유씨李德孫 妻 庾氏 묘지명

앞면

뒷면

22. 정포鄭誧 묘지명

23. 박충좌朴忠佐 묘지명

24. 김광철金光轍 묘지명

©경기도 하남시 하남역사박물관

25. 채인범蔡仁範 묘지명

26. 민수閔脩 묘지명

앞면

뒷면

27. 정후영廷候永 묘지명

28. 김용식金龍軾 묘지명

©함순섭

29. 진식陳湜 묘지명

30. 금성현군 소씨金城縣君 蘇氏 묘지명

개정증보판을 내면서

저자는 고려 묘지명을 모아 엮은 『고려묘지명집성』에 이어 2016년에 『(속)고려묘지명집성』을 펴낸 바 있다. 이 책에는 『고려묘지명집성』 출간 이후 새로 발견되었거나, 탁본이나 문헌 등으로만 전해지다가 실물이 알려진 고려묘지명 28점이 실려 있다. 이 책이 나온 뒤에 또 7점의 새 고려묘지명 자료가 학계에 알려졌다. 이 자료들을 덧붙이고, 초판본에서 잘못된 부분을 바로잡아 이번에 『(속)고려묘지명집성』의 개정증보판을 내게 되었다.

『고려묘지명집성』(제5판, 한림대학교 출판부, 2012)에는 325개의 고려 묘지명이 수록되어 있고, 이 개정증보판에는 35점의 묘지명이 수록되어 있다. 이 중에서 중복된 것을 제외하면 모두 351점의 고려 묘지명이 두 책에 모여지게 된 것이다. 이 자료들은 고려시대사 연구를 위해 『고려사』 등의 문헌사서에 버금가는 중요한 가치를 가지고 있다는 점은 잘 알려져 있다. 이러한 점에서 이 자료들을 오랫동안 정리해 온 저자로서는 새 책을 내는 보람과 함께 무거운 책임감도 느끼고 있다. 개정판을 만들면서 잘못된 부분을 바로 잡으려고 나름대로 애를 썼지만, 이 책에 실린 내용 중에는 새롭게 읽히거나 다시 해석되어야 할 곳이 아직도 많이 있으리라 여겨진다. 이용자 여러분의 아낌없는 가르침을 기다리는 바이다.

아울러 이 개정증보판에는 「고려묘지명 일람」을 표로 만들어 부록으로 제시하였다. 이 표에는 지금까지 알려진 351개의 고려묘지명 전체를 대상으로 하여 피장자의 성명과 본관, 생존연대, 시호·작호·봉호 명칭, 음서 수혜 사실와 나이, 국자시·예부시 합격과 나이, 공신 책봉, 묘지명 작성연대와 지은이 등을 항목별로 정리하였으므로, 이용자 여러분들에게 적으나마 도움을 주리라 기대한다.

이 책을 내는 데에도 많은 분들의 도움을 받았다. 그중에서도 새 자료에 대한 자세한 정보를 알려준 국립제주박물관의 강민경 선생, 국사편찬위원회의 김수현·송용덕·이미지 선생, 국립대구박물관의 함순섭 선생, 한국서예금석문화연구소의 한상봉 선생께 특히 감사를 드린다(직함 생략, 무순).

2023년 2월

김 용 선 씀

머 리 말

이 책은 『고려묘지명집성』(제5판, 김용선 편, 한림대학교 출판부, 2012)이 출간된 뒤 새로 발견되거나 조사된 28점의 고려시대의 묘지명을 수록한 것이다. 그 중에 『고려사』에 전기가 실려 있는 인물의 묘지명은 5점이므로, 이 책을 통해 23명의 고려시대 사람들을 처음으로 만나게 되는 셈이다. 또 이들로서 이제 학계에 알려진 고려묘지명도 350여 점이 넘게 되었다.

『고려묘지명집성』의 초판이 나온 것이 1993년이다. 그로부터 20여 년이 지나는 동안 그 책의 개정판을 다섯 번 펴냈는데, 이제 새 자료를 가지고 또 속편을 만들게 되니 연구자로서 적지 않은 보람을 느낀다고 솔직하게 고백하지 않을 수 없다. 이 책의 것을 포함하여 지금까지 저자가 직접 찾아내거나 본격적으로 소개한 묘지명이 50여 점에 이른다는 점에서 더욱 그러하다.

개인의 일대기가 적힌 이들 묘지명이 역사연구에서 『고려사』와 같은 문헌 사서 못지않게 중요한 사료적 가치를 갖는다는 점을 새삼 강조할 생각은 없다. 나아가 이 기록들은 전문 연구자 뿐 아니라 일반 독자들도 관심을 많이 가지게 되는 자료라고 생각한다. 인간의 삶과 죽음을 직접 대면하고 있다는 점에서, 묘지명은 그 자체로서 고전의 대열에 떳떳하게 자리잡고 있기 때문이다.

묘지명에는 그 어떤 자료보다 당시 사람들의 삶이나 그들이 살던 사회의 모습이 생생하게 새겨져 있다. 저자는 잘 보이지 않거나 깨진 글자를 읽어내면서 그 기록을 되살리려고 오랫동안 애써왔다. 물론 그 일이 생각보다 쉽지 않을 때도 많았지만, 많은 분들이 베풀어주신 따뜻한 격려와 충고가 큰 힘이 되었다는 사실을 특별하게 언급해 두고자 한다. 어떤 이는, 이역의 박물관에서 뒷부분만 남은 묘지명 조각을 찾아내고 그 주인공을 추적해 가는 과정을 보면서, '아, 인디애나존스 저리 가라'라고 평하기까지 했다. 고고학자가 주인공인 그 영화의 광팬이기도 했던 저자로서는 분에 넘치는 영광이 아닐 수 없다.

이러한 점에서 이 책은 전문 자료집이면서도, 동시에 관심 있는 이는 누구라도 쉽게 대할 수 있도록 만들고자 노력하였다. 그리하여 판독 원문과 번역문에 더하여 각 묘지명마다 간단한 해제를 붙여두었다. 원전 자료를 직접 읽고 관련된 보충설명을 듣는 가운데 주인공의 생애와 아울러 그 기록의 사료적 가치나 역사적 의의를 살펴보고, 나아가 고려사회를 이해하는 데 이 책이 도움이 되기를 기대한다.

이 책을 만들면서도 많은 분들의 도움을 받았다. 그 중에서도 귀한 자료를 소개·제공하거나 조사에 도움을 준 김대환, 서성호, 손환일, 엄기표, 장득진, 진성규, 한상봉, 허흥식 선생에게 우선 감사를 드린다(직책 생략, 가나다 순). 당연한 말이지만, 이분들의 도움이 없었더라면 저자의 연구는 물론이고 이 책은 애당초 만들어질 수가 없었을 것이다. 그렇더라도 이 책에 잘못된 부분이 있다면, 그것은 또 당연히 전적으로 저자가 책임질 몫이다. 『고려묘지명집성』에 이어 이 책의 표지를 또 만들어준 오랜 친구 윤범모 교수와, 어려운 사정 아래에서도 퇴임교수의 책을 출판해 준 강연욱 한림대학교 출판부장 및 출판부의 여러분에게도 감사를 드린다. 그리고 무엇보다도, 금석문의 세계로 저자를 이끌어주고, 자료의 발굴과 정리도 역사가의 임무의 하나임을 일깨워준 이기백 선생의 가르침이 이 책에 오롯하게 담겨 있기를 바란다.

마지막으로, 소장자의 허락을 얻지 못해 끝내 이 책에 소개하지 못한 고려묘지명이 시중에 몇 점 더 있다는 사실을 아쉬운 마음으로 언급해두고자 한다. 이 책에 실린 묘지명 중 다수도 그러하거니와, 그들은 십수 년 전 북한의 개성공단을 개발할 당시에 출토되었으리라 짐작되는 것들이다. 고려 지배층들의 집단 매장지였던 이 지역에서 이때 -혹은 그 이전과 이후에라도- 얼마나 많은 묘지명이 나왔는지 아직 정확하게 알려진 바가 없다. 저자는 아직 가보지 못했지만, 개성박물관에 진열되어 있다는 고려묘지명 사진도 인터넷으로 검색되는 등, 북한 땅에는 아직도 소개되지 않은 고려묘지명들이 상당수가 있음은 분명한 사실이다. 모쪼록 이 자료들이 공개되고 잘 정리되어 역사적 가치를 빛낼 수 있기를 간절하게 기다린다. 이들은 살아 숨쉬어야 하는 우리 역사의 소중한 한 부분이기 때문이다.

2016년 7월

김 용 선

일러두기

1. 『(속)고려묘지명집성』(김용선, 한림대학교 출판부, 2016)에는 『고려묘지명집성』(제5판, 김용선, 한림대학교 출판부, 2012) 출간 이후 새로 발견되거나 조사된 고려묘지명 28점이 수록되어 있다. 이번 『(속)고려묘지명집성』의 증보판에는 초판의 잘못된 부분을 바로 잡고, 이 책이 출간된 뒤에 새롭게 알려진 7개의 묘지명을 추가하였다.

2. 묘지명의 배열은 만들어진 연대순으로 하고, 그 소재처와 만들어진 연대를 밝혔다. 소장번호나 정리번호를 확인할 수 있는 묘지명은 그 번호를 소재처 뒤에 적어 두었다.

3. 각 묘지명은 먼저 판독문을 소개하고, 다음 역주를 하였으며, 그 다음 해제를 붙여서 내용의 이해나 자료적 가치를 살피는 데에 도움을 주고자 하였다.

4. 판독문은 지석에 적힌 모습 그대로 행을 나누어 실었다. 판독이 불가능한 글자는 □로 적고, 복원이 가능한 글자는 □안에 적어 놓았으며, 판독이 애매한 글자는 (?)를 붙였다. 글자를 읽지 못하더라도 문맥이나 다른 기록 등을 통하여 내용의 추정이 가능한 부분은 ( )속에 넣어 이해를 돕도록 하였다.

5. 이체자異體字, 약자略字, 속자俗字, 고자古字 및 서체書體의 상이相異에 따른 글자들도 가능하면 원래의 상태대로 적는 것을 원칙으로 하였다. 아울러 역주와 해제 부분은 필요한 경우 한글 뒤에 한자를 붙여서 이용에 도움을 주고자 하였다.

6. 각 묘지명의 해제 뒤에는 [참고] 항목을 통해, 『고려사』 열전에 전기가 수록되어 있으면 그 권수卷數를 밝히고, 아울러 이미 그 묘지명을 소개한 글을 붙여서 참고하도록 하였다.

7. 이 책의 맨 뒤에는 각 묘지명에 나오는 인명, 관직, 지명, 기타 필요한 용어들을 뽑아 만든 색인을 붙여 두었다.

8. 지금까지 알려진 352개의 고려묘지명을 일람표로 작성하여 부록으로 제시하였다.

차 례

▮ 묘지명 차례 ▮

증 보

1. 최홍재崔弘宰 묘지명

소재: 개인

연대: 인종 13년(을묘, 1135)

판독문

(1) 　　　　　　襄肅公墓誌銘

(2) 卒佐理協謨功臣三重大匡開府儀同三司檢校大師守司空門下侍郎同中書門下平章事判尙書戶部事上柱國食邑一千戶食實封三百戶致仕襄肅公姓崔

(3) 諱弘宰字令[如][1]高祖三韓功臣三重大匡良儒稷山縣人也初　太祖統合時良儒同一心力輔佑成功　太祖巡行至此縣北岳以謂良儒社稷之衛

(4) 因名稷山也公年二十四以父蔭初職將仕郎尙書戶部主事同正早學章句之藝四柰礼部再就殿試而卒不第　肅宗卽政乙亥年入㝎官庚辰

(5) 二月受差西面都監判官十二月轉守宮署令壬午十二月改大樂署丞癸未十二月改軍器主簿甲申十二月轉試礼賓主簿始自　祖宗代来東蕃女

(6) 真臣屬我国每歲朝貢近世以降蕃長英介烏羅守相継作主背恩弃義侵犯我彊　朝廷未嘗一日□外憂甲申春　上命平章事林

(7) 幹將兵問罪蕃賊先認逆戰我軍乱退蕃賊乘勝入宣德定州殺傷軍士其老少男女繫纍以作奴隷不可勝計　上改命叅知政事尹瓘往伐

1) 지석에서는 이 글자를 읽을 수 없으나, 『고려사』에는 최홍재의 字가 令如라고 하였다(『고려사』 권125 간신전1 최홍재).

(8) 之□罪克或命公爲宣諭使公到界遣譯語戴言等言諭賊首之訓等祇命納降退兵而去叅政尹瓘等兵馬諸員皆復命公獨留邊宣德

(9) 定州城戍關防修葺完□□設加築不日告成其爲功勞異於常等上褒之命有司施行乙酉六月九日批試閤門祇候十一月四日批閤門祇候丁

(10) 亥三月七日批試尙舍奉御賜緋魚袋十月　肅宗昇遐　睿宗繼位三年丁亥秋沿邊官員奏女真跋扈无忌憚來突城保凌侮戍人其蕃長以一

(11) 胡蘆懸雉尾轉示諸部落以(?)議事其越向不(?)可知推　朝廷早圖之十一月　上命侍中尹瓘爲大元帥平章事吳延寵爲副元帥先遣公爲宣

(12) 諭使兼兵馬判官公促行到界遣定州記官英采長州記官世毛出關與蕃長公兄等言諭其月十二日引來蕃長一百人入定州以酒食煖熱投

(13) 留之賊首古羅等三百人入長州亦賜酒食投留之其餘到關外生疑不肯入者分兵急擊斬首五十餘級十四日四軍行兵次自文乃村至冬音城

(14) 蕃賊衆多勢不可當公率選鋒軍士接刃相戰取馘甚多十五日角位洞金城內賊兵屯駐拒捍公率神騎步班勝敵掃蕩取馘一千二百

(15) 十四級公爲兵馬都巡檢使臨監起役築置福吉英雄州四城戊子正月十六日兩元帥率兵行次加漢村狄(?)兵四千遮路急擊我軍乱退狄兵

(16) 圍立元帥中箭其勢甚急公率冠玠領下軍士呼出(?)急擊賊類奔退斬首三十六級二月十一日狄兵一万来攻雄州公以奇計一時開四門出

(17) 戰蕃賊乱退迷路沒落也豆浦人馬□死其數未可知之生擒公兄一名取馘七十七級長初(?)甲二十六副馬百三十二副戰馬四十四大車四十兩中車

(18) 二百兩收取納城四月兩元帥承召赴闕公與承宣林彦留邊制禦其月八日曉狄兵一万以水陸路来攻雄州及暮少退自也豆浦至此城北

(19) 門外洞戸築場十六備兵仗器械日日圍攻有一保勝軍金甫在南小門外晝夜固守二十餘日忽一日因賊所殺其躰弃於河隍公

(20) 見而痛之收入戍中以屯田穀米偹錢酒食祭之燒骨拾之□充攝郎將給牒私□白銀盂子一口重八兩爲賻贈(?)□人賫送京師軍民

(21) 聞之无不涕泣感激勵志自四月至五月計五十餘日賊兵来攻而卒□克引兵而退勢之危急莫甚於此大(公?)城民保全終不敗績此公之計

(22) 也　上褒可勤□以二月九日批尙書考功員外郞五月八日批尙書刑部郞中十二月二十八日批樞密院右副承宣餘如故　上又命公爲都知兵馬事

(23) 己丑三月蕃賊来攻吉州公率軍士出擊斬首七十餘級收取大牛二十四首其餘甲牟兵仗不可勝記十二月十二日批礼賓少卿賜紫金魚袋是日左

(24) 遷廣州牧副使兵馬鈐轄兼勸農使辛卯三月九日批衛尉少卿不滿考年祗召赴闕六月六日批給事中癸巳三月二十七日批尙書戸部侍郞知御史

【뒷면】

(25) 臺事甲午三月十三日批尙書左丞兼直門下省十二月十六日批朝散大夫太子少詹事餘並如故乙未三月二十八日批大僕卿餘並如故丙申六月二

(26) 十日批試右散騎常侍兼太子右詹事契丹界内来遠把州二城被金国所侵固守不降有日矣丙申秋公將命到界善(?)便言諭屬我国二

(27) 城軍士老壯少幼来投者不可勝數其於来遠□地築置大城号曰義州防禦　上以謂歷代有心鴨淥爲界而勢不可得今則不勞兵革

(28) 一旦收取二城拓地開疆施設關防不爲不廣公之功烈超軼於古今矣命有司施行丁酉六月二十二批御史大夫餘並如故十二月二十四日批朝請大

(29) 夫太子左詹事餘如故己亥六月十九日批左散騎常侍同知樞密院事兼太子賓客庚子六月二日批刑部尙書餘並如故辛丑十一月二十一日批兵部

(30) 尙書餘並如故壬寅三月十一日批樞密院使判三司使餘並如故四月八日　睿宗昇遐時召公執手密有指揮則公爲　先王之腹心亦可知

(31) 矣　今上継位眷遇□加而无已五月十八日批尙書左僕射叅知政事判尙書工部事十二月二十五日批中書侍郎同中書門下平章事判尙書戶

(32) 部事餘並如故戊申六月八日批三重大匡開府儀同三司檢校大保守太尉門下侍郎同中書門下平章事判尙書兵部事柱國己酉七月二十七日

(33) 批判西北面兼中軍兵馬使餘並如故辛亥九月三日批判尙書吏部事上柱国餘並如故十二月十九日批佐理功臣檢校太傅餘並如故癸丑二

(34) 月九日批太子大傅餘並如故甲寅二月十一日批門下侍郎同中書門下平章事判尙書戶部事上柱国仍令致仕公學孫吳之書自知兵術抱

(35) 將相之器緯有辯才儼然有不可犯之色不可奪之志壯猷奇計則周之方叔漢之陳平不足比也出而禦敵則奮折衝千里之威

(36) 入而入朝則有鎭壓百寮之□□士樂爲之則命官師相率而盡規邊鄙無事　朝廷奠枕于今二十餘載者皆公之力也

(37) 曾祖諱志功追封軍尹祖諱□追封太子大傅考諱迪追封尙書右僕射守刑部尙書外祖姓朴諱永冲全州人也公娶刑部侍

(38) 郎孫烱之女生四男一女一曰䎃[2])羅州牧副使兵馬鈐轄兼勸農使

借尙書戶部郞中賜紫金魚袋二曰道休興王寺寂照重大師三曰
(39) 滙京市署丞四曰端入內侍大樂署丞女曰慶宣淨業院大師自幼祝髮爲比丘尼公寢疾不瘳乙卯二月二十三日卒于龜山洞修
(40) 淨寺閏二月二日燒葬于進奉山之南麓 上悼之輟朝三日贈謚襄肅公乃於葬日特降詔書幷誄書弔之遣國子監大司成
(41) 李仲賜祭越四月二十七日徙葬丁松林縣境內弘護寺之北嶽外淸水洞裏地時皇宋紹興五年乙卯歲也爲其誌且銘其後曰
(42) 河岳之精 命世而生 出將入相 名遂功成 知止乞退 解紱辞榮 田園歸老
(43) 事物兩亡 其將福履 胡不壽康 形骸今亡 功業愈彰(?) 寥寥千載 永有令名

역주

양숙공 묘지명襄肅公 墓誌銘

좌리협모공신 삼중대광 개부의동삼사 검교대사 수사공 문하시랑 동중서문하평장사 판상서호부사 상주국 식읍 1,000호 식실봉 300호佐理協謨功臣 三重大匡 開府儀同三司 檢校大師 守司空 門下侍郞 同中書門下平章事 判尙書戶部事 上柱國 食邑一千戶 食實封三百戶로 벼슬에서 물러나 은퇴하고 돌아가신[3] 양숙공襄肅公은 성이 최

2) 『고려사』 최홍재전에는 그의 아들로 翔, 滙, 端, 僧 道休라는 네 명의 이름을 밝히고 있다(위와 같음). 이 중에서 翔은 장남일 것이 분명하므로, 이 묘지명의 글자를 복원할 수 있다. 차남인 도휴의 이름이 『고려사』에 네 번째로 적힌 것은 그가 중이었기 때문이라고 여겨진다.

3) 최홍재는 인종 12년 2월에 은퇴하기 전 바로 전 해인 인종 11년 2월에 태자 徹(의종)

씨崔氏이고, 이름은 홍재弘宰이며, 자字는 영여令如이다.

고조부는 삼한공신 삼중대광三韓功臣 三重大匡인 양유良儒로, 직산현稷山縣[4] 사람이다. 처음 태조가 (후삼국을) 통합할 때에 양유가 같이 한 마음으로 힘써 도와 공功을 이루었다. 태조가 순행巡行하면서 이 현의 북악北岳에 이르자, 양유가 사직을 지켰다고 하여 인하여 이름을 직산稷山이라고 하였다.

공은 24살에 부음父蔭으로 처음 장사랑 상서호부주사동정將仕郎 尙書戶部主事同正직을 받았다. 일찍이 장구章句의 기술을 배워서 4년 동안 예부禮部에서 거듭하여 전시殿試에 응시하였으나 끝내 합격하지 못했다.

숙종肅宗이 즉위한 을해년(1095)에 환관宦官(내시內侍)에 들어가고, 경진(숙종 5, 1100) 2월에는 서면도감판관西面都監判官이 되었으며, 12월에는 수궁서령守宮署令으로 옮겼다. 임오(숙종 7, 1102) 12월에는 대악서승大樂署丞으로 바뀌고, 12월에는 군기주부軍器主簿가 되었다가, 갑신(숙종 9, 1104) 12월에는 시예빈주부試禮賓主簿로 옮겼다.

의 책봉사가 되었다. 이 때 김부식이 지은 책봉교서가 남아있는데, 이에 의하면 최홍재의 관직은 '섭태위 좌리동덕공신 개부의동삼사 수태위 문하시랑 동중서문하평장사 판상서이부사 상주국 직산현개국백 식읍 3,000호 식실봉 300호'였다(김부식, 「황태자를 책봉하는 교서」, 『동문선』 권28 冊). 이 직책은 묘지명에 적힌 것과 조금 차이가 있다. 만일 양자의 기록이 모두 옳다면, 이 1년 사이에 최홍재의 관직에 변동이 있었다고 보아야 할 것이다. 그렇다면 그 이유는 그 사이인 인종 11년 6월에 최홍재가 부패혐의로 탄핵을 받아 좌천되었다가 복직한 사실과 관련이 있지 않을까 여겨진다<아래의 역주 20) 참조>.

4) 고려시대에 양광도 청주목 천안부의 속현으로(『고려사』 권56 지리지1 양광도 청주목 천안부 직산현), 지금의 충청남도 천안시 서북구 직산읍이다.

처음 조종朝宗대로부터 동번東蕃의 여진女眞이 우리나라에 신하로 복속하여[신속臣屬] 해마다 조공朝貢을 바쳐왔는데, 근세로 내려오면서 번장蕃長인 영개英介와 오라烏羅가 수상守相직을 이어 우두머리가 되면서 은혜를 배반하고 의리를 버리고 우리의 강투를 침범하였다. 주정에서는 일찍이 하루도 변경의 수란을 □ 없었으므로, 갑신(숙종 9, 1104) 봄에 임금이 평장사平章事 임간林幹에게 명하여 병사를 거느리고 죄를 묻도록 하였다. 그러나 번적蕃賊이 먼저 알아채고 거꾸로 싸움을 걸어오자 아군이 어지럽게 패퇴하니, 번적은 승세를 타서 선덕宣德과 정주定州[5]에 들어가 군사를 죽이거나 다치게 하고 남녀노소를 사로잡아가서 노예를 삼은 것이 헤아릴 수가 없었다.

임금은 다시 참지정사叅知政事 윤관尹瓘에게 명하여 가서 정벌하여 □죄를 다 없애라고 하면서, 공을 선유사宣諭使로 삼았다. 공이 국경에 이르러 역어譯語 대언戴言 등을 보내어 말로 타이르니, 적의 우두머리인 지훈之訓 등이 명을 받들어 항복하고 병사를 거두어 물러갔다. 참지정사 윤관 등 병마兵馬의 여러 관리들은 모두 돌아와 복명復命하였으나, 공은 홀로 변경에 남아 선덕·정주성의 수戍와 관방關防을 수리하고 □□ 시설을 다시 쌓았다. 며칠 되지 않아 일을 완성시키자 그 공로가 보통보다 크다고 하여 임금이 포상하라는 명을 내리니 담당 관리가 시행하였다.

을유(숙종 10, 1105) 6월 9일에 비批를 내려 시합문지후試閤門祗候

5) 宣德과 定州는 고려시대에 안변도호부에 속한 방어군으로(『고려사』 권58 지리지3 동계 안변도호부), 지금의 함경남도 정평군 일대에 해당한다.

가 되고, 11월 4일에는 비를 내려 합문지후閤門祗候가 되고, 정해(예종 2, 1107) 3월 7일에는 비를 내려 시상사봉어試尙舍奉御가 되고 비어대緋魚袋를 하사받았다. 10월, 즉 숙종이 승하하고 예종睿宗이 왕위를 이어받은 3년 정해(예종 2, 1107) 가을에 변경의 관리가 보고하기를, "여진이 제멋대로 날뛰면서 거리낌이 없고 두려워하지 않으며, 와서 성보城保를 부수고 수인戍人을 업신여기고 깔봅니다. 그 번장蕃長은 호리병박 하나에 꿩의 꼬리를 걸어 여러 부락에 돌려 보이면서 일을 의논하고 있습니다. 그들이 하고자 하는 일을 가히 미루어 알 수가 없으나, 조정에서는 일찍이 도모하기를 바랍니다."라고 하였다.

11월에 임금이 시중 윤관을 대원수大元帥로 삼고 평장사 오연총吳延寵을 부원수副元帥로 삼으면서, 그에 앞서 공을 선유사 겸 병마판관宣諭使 兼 兵馬判官으로 삼아 파견하였다. 공이 발걸음을 재촉하여 국경에 이르러 정주기관定州記官 영채英采와 장주[6]기관長州記官 세모世毛를 보내어 번장인 공형公兄 등에게 관關을 나오라고 말로 타이르게 하였다. 그 달 12일에 번장이 100명을 이끌고 나와 정주로 들어오자 술과 음식을 따뜻하게 데워 먹이니 투항하여 머물렀다, 적수賊首 고라古羅 등 300명이 정주에 들어오자 또 술과 음식을 내리니 투항하여 머물렀다. 그 나머지는 관문 밖에 머무르며 의심을 내어 들어오기를 꺼리었는데, 병사를 나누어 급하게 공격하여 50여 급級의 머리를 베었다. 14일에

6) 長州는 고려시대에는 안변도호부에 속한 방어군으로(『고려사』 권58 지리지3 동계 안변도호부), 지금의 함경남도 정평군이다.

는 4군四軍이 행차하여 문내촌文乃村[7])을 거쳐 동음성冬音城에 이르렀다. 번적의 무리가 많아 세를 감당하기 어려웠으나 공이 가려 뽑은 날쌘 군사를 이끌고 칼날을 부딪히며 서로 싸워서 머리를 벤 것이 매우 많았다. 15일에는 녹위동[8]) 금성角位洞 金城 내에 적병이 둔屯을 치고 지키자 공은 신기보반神騎步班을 거느리고 적을 소탕하였는데 머리를 벤 것이 1,214급이었다. 공은 병마도순검사兵馬都巡檢使가 되어 공역을 감독하면서 복주福州·길주吉州·영주英州·웅주雄州[9]) 4성을 쌓았다.

무자(예종 3, 1108) 정월 16일에 두 원수가 병사를 거느리고 행차하였는데, 가한촌加漢村의 적병 4,000명이 길을 막고 급하게 공격하니 우리 군사가 어지럽게 퇴각하였다. 적병들이 원수를 에워 쌓고 화살을 쏘아대니 그 세가 매우 급했으나, 공이 관진冠珎[10])이 거느리는 군사를 불러내어 거느리고 급하게 공격하니 적의 무리들이 달아나며 흩어졌는데, 머리를 벤 것이 36급이었다. 2월 11일에 적병 10,000명이 와서 웅주를 공격하자 공이 뛰어난 계책으로 한꺼번에 네 문門을 열고 나가 싸우니 번적이 어지럽게 흩어지면서 좁은 길에서 몰락하였다. 야두포也豆浦[11])의

---

7) 『고려사』와 『고려사절요』에는 '文乃泥村'이라고 적혀 있다(『고려사』 권96 열전 윤관 및 『고려사절요』 권7 예종 2년 12월).

8) 『고려사』와 『고려사절요』에는 '伊位洞'이라고 적혀 있다(위와 같음).

9) 福·吉·英·雄州: 고려시대에는 동계에 속하였다. 예종 3년에 이들 네 주를 설치하였으나 예종 4년에 성을 철거하고 여진에게 돌려주었다(『고려사』 권58 지리지3 동계). 지금의 함경북도 길주군 일대에 해당한다.

10) 『고려사』에는 李冠珍으로 나오는데, 여진을 정벌할 당시 그의 직책은 장군, 병마부사였다(『고려사』 권96 열전 윤관).

11) 『고려사』와 『고려사절요』에는 '也等浦'라고 적혀 있다(『고려사』 권96 열전 윤관 및

사람과 말을 □ 죽은 것이 수를 헤아릴 수가 없었는데, 공형公兄 1명을 사로잡고, 머리를 벤 것이 77급이며, 장초갑長初(?)甲 26, 부마副馬 132필, 부전마副戰馬 44필, 대차大車 40량, 중차中車 200량을 거두고 성도 복속시켰다.

4월에 두 원수가 임금의 부름을 받고 대궐로 갔으나 공은 승선 임언林彦과 함께 변방에 남아 적을 막았다. 그 달 8일 새벽에 적병 10,000명이 수륙의 길로 와서 웅주를 공격하였다. 저녁이 되자 조금 물러났으나, 야두포也豆浦에서 이 성의 북문 밖 골짜기에 이르기까지 호축창戶築場 16곳을 쌓고 병장과 기계를 마련하여 날마다 (성을) 포위하며 공격하였다. 보승군保勝軍 김보金甫가 남소문南小門 밖에서 밤낮으로 20여 일을 굳게 지켰는데, 갑자기 어느 날 적에게 죽임을 당하고 그 사체를 강가 해자에 버리고 갔다. 공이 그것을 보고 애통해하며 수戍 중에 거두고 둔전屯田의 곡식과 비축해 둔 돈과 술과 음식으로 제사를 지내고, 화장을 하여 유골을 수습하였다. □ 섭랑장攝郎將에게 문서를 발급하고, 사사로이 무게가 8량量인 □백은우자白銀盂子 1구口를 주어 부의로 삼게 하고 □ 사람에게 주어 서울로 보내니, 군사와 백성들이 듣고 눈물을 흘리며 감격하여 그 뜻을 가다듬지 않는 이가 없었다.

4월부터 5월까지 50여 일을 적병이 와서 공격하였으나, 마침내 □ 병사를 이끌고 다 물리쳤다. 형세의 위급함이 심한 것이 이보다 더 클 수가 없었는데, 공이 성과 백성들을 보전하여 끝

『고려사절요』 권7 예종 3년 2월).

내 패배함이 없었으니 이는 공의 계책 덕분이다. 임금이 그 □부지런함을 가히 포상하여 2월 9일에 비批를 내려 상서고공원외랑尙書考功員外郎이 되고, 5월 8일에 비를 내려 상서형부낭중尙書刑部郎中이 되었으며, 12월 28일에 비를 내려 추밀원우부승선樞密院右副承宣이 되었는데, 나머지는 전과 같다.

임금이 또 명하여 공을 도지병마사都知兵馬事로 삼았는데, 기축(예종 4, 1109) 3월에 번적이 와서 길주를 공격하니 공이 군사를 거느리고 출격하여 머리 70여 급을 베고 대우大牛 24수를 얻었으며, 그 나머지 갑옷과 병장기는 가히 기록할 수가 없다. 12월 12일에 비를 내려 예빈소경禮賓少卿이 되고 자금어대紫金魚袋를 받았는데, 이 날 광주목부사 병마금할[12] 겸 권농사廣州牧副使 兵馬齡轄 兼 勸農使로 좌천되었다.

신묘(예종 6, 1111) 3월 9일에 비를 내려 위위소경衛尉少卿이 되고, 임기가 차지 않았으나 대궐로 불려오자 6월 6일에 비를 내려 급사중給事中이 되었다. 계사(예종 8, 1113) 3월 27일에 비를 내려 상서호부시랑 지어사

【뒷면】

대사尙書戶部侍郎 知御史臺事가 되고,[13] 갑오(예종 9, 1114) 3월 13일에 비를 내려 상서좌승 겸 직문하성尙書左丞 兼 直門下省이 되고,

---

12) 이 관직은 '兵馬鈴轄'(『고려사』 권96 열전 윤관) 또는 '兵馬幹轄''로 적히기도 한다(「염극모 묘지명」, 김용선 편, 『고려묘지명집성』(제5판), 한림대학교 출판부, 2102, 318쪽. -이하 '김용선 편, 『집성』, ○○○쪽'으로 표기함-).

13) 『고려사』에는 예종 8년 11월에 전중감 최홍재를 요에 보내 방물을 바쳤다고 하였다(『고려사』 권13 세가 예종 8년 11월 갑오).

12월 16일에 비를 내려 조산대부 태자소첨사朝散大夫 太子少詹事가 되었는데, 나머지는 전과 같다. 을미(예종 10, 1115) 3월 28일에 비를 내려 대복경大僕卿이 되고, 나머지는 전과 같았다. 병신(예종 11, 1116) 6월 20일에 비를 내려 시우산기상시 겸 태자우첨사試右散騎常侍 兼 太子右詹事가 되었다.[14)]

거란계契丹界의 내원來遠·파주把州[15)] 두 성이 금金나라의 침입을 받았으나 굳게 지키고 항복하지 않은 것이 여러 날이었는데, 병신 가을에 공이 명을 받들고 경계에 도착하자 말을 좋게 하여 □ 우리나라의 두 성에 복속시키니, 군사와 노인과 젊은이와 어린아이들이 내투한 자가 수를 헤아릴 수 없었다. 내원 □ 땅에 큰 성을 쌓고 의주방어義州防禦라고 불렀는데,[16)] 임금이 말하기를 "역대로 압록鴨淥을 경계로 삼을 마음이 있었으나 형세가 그렇지 못하였는데, 이제 군사의 힘을 수고로이 하지 않고 하루아침에 두 성을 얻어서 땅을 개척하고 영토를 열어 관방을 시설하니, 넓지 않다고 할 수가 없다. 공의 공로와 열정이 고금에 특별히 뛰어난다."고 하고, 담당 관리에게 명하여 (포상을) 시행하라고 하였다.

정유(예종 12, 1117) 6월 22일에 비를 내려 어사대부御史大夫가

---

14) 『고려사』에는 예종 11년 7월에 우산기상시 최홍재를 서북면병마사 대복경으로 삼았다고 하였다(『고려사』 권14 세가 예종 11년 7월 계축).

15) 來遠·把州: 지금의 평안북도 의주군으로, 고려시대에는 안북대도호부에 속했다. 把州는 일명 抱州라고도 한다(『고려사』 권58 지리지3 안북대도호부).

16) 이 부분은 지석의 글자를 정확하게 읽을 수 없으나, 『고려사』에는 來遠·抱州 두 성이 고려에 복속된 뒤 포주를 의주방어사로 고쳤다고 하였다(『고려사』 권14 세가 예종 12년 3월 신묘 및 『고려사』 권58 지리지3 안북대도호부 의주).

되었는데 나머지는 전과 같았고, 12월 24일에 비를 내려 조청대부 태자좌첨사朝請大夫 太子左詹事가 되고 나머지는 전과 같았다. 기해(예종 14, 1119) 6월 19일에 비를 내려 좌산기상시 동지추밀원사 겸 태자빈객左散騎常侍 同知樞密院事 兼 太子賓客이 되었다. 경자(예종 15, 1120) 6월 2일에 비를 내려 형부상서刑部尙書가 되었는데, 나머지는 전과 같았다. 신축(예종 16, 1121) 11월 21일에 비를 내려 병부상서兵部尙書가 되었는데, 나머지는 전과 같았다.

임인(예종 17년, 1122) 3월 11일에 비를 내려 추밀원사 판삼사사樞密院使 判三司使가 되고, 나머지는 전과 같았다. 4월 8일에 예종이 승하할 때에 공을 불러 손을 잡고 몰래 지시함이 있었으니, 곧 공이 선왕先王의 복심腹心이었음을 또한 가히 알 수 있다.

지금의 임금(인종仁宗)이 왕위를 잇자 돌보고 대우해 주는 것이 □ 더할 수가 없었는데, 5월 18일에 비를 내려 상서좌복야 참지정사 판상서공부사尙書左僕射 參知政事 判尙書工部事가 되고, 12월 25일에 비를 내려 중서시랑 동중서문하평장사 판상서호부사中書侍郞 同中書門下平章事 判尙書戶部事가 되었는데, 나머지는 전과 같았다.[17]

무신(인종 6, 1128)[18] 6월 8일에 삼중대광 개부의동삼사 검교대

17) 『고려사』에는 인종 즉위년 12월에 최홍재가 권판추밀원사가 되었고, 이듬해 12월에 문하시랑평장사가 되었다고 하였다(『고려사』 권15 세가 인종 즉위년 12월 무술 및 인종 1년 12월 병오).

18) 이 묘지명에는 인종 즉위년인 임인년의 기사에 이어 몇 년을 건너뛴 다음에 이 인종 6년인 무인년의 기사가 나온다. 이 동안에 최홍재는 인종 즉위년 12월에 이자겸 등과 결탁하여 한안인 등을 유배보냈다가 곧 사형시켰다(『고려사』 권97 열전 한안인 및 『고려사절요』 권8 인종 즉위년 12월 조). 인종 1년 12월에 최홍재는 문하시랑평장사

보 수태위 문하시랑 동중서문하평장사 판상서병부사 주국三重大匡 開府儀同三司 檢校大保 守太尉 門下侍郎 同中書門下平章事 判尙書兵部事 柱國이 되고, 기유(인종 7, 1129) 7월 27일에 비를 내려 판서북면 겸 중군병마사判西北面 兼 中軍兵馬使가 되었는데 나머지는 전과 같았다. 신해(인종 9, 1131) 9월 3일에 비를 내려 판상서이부사 상주국判尙書吏部事 上柱國이 되었는데 나머지는 전과 같았고,[19] 12월 19일에 비를 내려 좌리공신 검교태부佐理功臣 檢校太傅가 되었는데 나머지는 전과 같았다. 계축(인종 11, 1133) 2월 9일에 비를 내려 태자대부太子大傅가 되었는데 나머지는 전과 같았다. 갑인(인종 12, 1134) 2월 11일에 비를 내려 문하시랑 동중서문하평장사 판상서호부사 상주국門下侍郎 同中書門下平章事 判尙書戶部事 上柱國이 되었는데, 그대로 벼슬에서 물러나 은퇴하도록 하였다.[20]

공은 손자孫子와 오자吳子의 서적을 공부하여 스스로 병술兵術을 깨우쳤다. 장상將相의 그릇을 품고 있으면서도 여유로왔고, 말재주가 있으면서도 엄숙하여 가히 범할 수 없는 빛과 가히 뺏을 수 없는

가 되었으나(『고려사』 권15 세가 인종 1년 12월 병오), 불과 석 달 뒤인 인종 2년 2월에 이자겸의 배척을 받아 최홍재는 승주 욕지도로, 아들 네 명은 먼 지방으로 유배를 갔다(『고려사절요』 권9 인종 2년 2월 및 『고려사』 권125 간신전1 최홍재). 이자겸이 몰락한 뒤 그가 배척한 자들은 모두 소환되었으나, 최홍재는 한안인의 처형에 가담하였다고 간관의 탄핵을 받아 인종 6년 6월에 뒤늦게 소환되어 문하시랑평장사로 임명되었다(『고려사절요』 권9 인종 6년 6월).

19) 이 해인 인종 9년 5월에 최홍재는 서경의 궁궐을 짓는 일을 감독하였고(『고려사절요』 권9 세가 인종 9년 5월), 이듬해 인종 10년 1월에는 묘청이 궁궐터를 닦는 의식을 행할 때 참여하여 배석했다(『고려사절요』 권9 인종 10년 1월).

20) 인종 11년 6월에 최홍재는 매관매직을 하여 국법을 어지럽혔다는 이유로 간관 崔惟淸의 탄핵을 받아 중서시랑평장사에서 수사공우복야로 좌천되었다가, 곧 평장사로 복귀하고 은퇴하였다(『고려사절요』 권10 인종 11년 6월 및 『고려사』 권125 간신전1 최홍재).

뜻을 지니고 있었다. 자라서는 뛰어난 계책을 생각해낸 즉 주周의 방숙方叔[21]이나 한漢의 진평陳平[22]도 비교하기에 족하지가 않다. 나가서 적을 막은 즉 천리에 군사의 위엄을 떨쳤고, 들어와 조정에 있은 즉 백료百寮의 □를 진압하였다. 군사들이 기꺼이 그를 위해 명을 따른 즉 관리와 군사들이 서로 이끌며 규칙을 다하니, 변방이 무사하고 조정이 편안한 지 지금까지 20여 년이 된 것은 모두 공의 힘이다.

증조의 이름은 지공志功으로 군윤軍尹에 추봉追封되었고, 조부의 이름은 □으로 태자대부太子大傅에 추봉되었고, 아버지 이름은 적迪으로 상서우복야 수형부상서尙書右僕射 守刑部尙書에 추봉되었으며,[23] 외조는 성이 박朴이고 이름이 영충永冲으로 전주全州 사람이다.

공은 형부시랑刑部侍郎 손형孫焵의 딸과 결혼하여 4남 1녀를 낳았다. 장남 상翔은 나주목부사 병마금할 겸 권농사 차상서호부낭중羅州牧副使 兵馬軨轄 兼 勸農使 借尙書戶部郎中으로 자금어대紫金魚袋를 하사받았다. 2남 도휴道休는 흥왕사興王寺의 적조 중대사寂照 重大師이고, 3남 온溫은 경시서승京市署丞이며, 4남 단端은 내시內侍에 들어가 대악서승大樂署丞이 되었다.[24] 딸 경선慶宣은

---

21) 西周의 장군. 宣王의 명을 받아 북으로는 淮夷, 남쪽으로 楚國 등을 정복하였다(『시경』 소아).

22) 前漢의 정치가. 처음 항우의 신하가 되었으나 뒤에 한의 유방을 섬겨 통일에 공을 세웠다(『사기』 권56 진승상세가 26).

23) 崔迪은 숙종 즉위년 10월에 금오위상장군 섭형부상서, 숙종 1년 1월에 신호위상장군 형부상서가 되었다는 기록이 있다(『고려사』 권11 세가 숙종 즉위년 10월 경진 및 숙종 1년 1월 정사).

정업원 대사淨業院 大師로 어려서 머리를 깎고 비구니가 되었다.

공이 병이 들었으나 낫지 않아 을묘(인종 13, 1135) 2월 23일에 구산동龜山洞 수정사修淨寺에서 사망하자, 윤2월 2일에 진봉산進奉山[25] 남쪽 기슭에 화장하였다. 임금이 애도하고 사흘 동안 조회를 멈추고 시호를 양숙공襄肅公이라고 추증하였다. 이어 장례를 치르는 날 특별히 조서詔書와 뇌서誄書를 내려 조문하고, 국자감대사성國子監大司成 이중李仲을 보내어 제사를 지내게 하였다. 4월 27일에 송림현松林縣[26] 경내의 홍호사 북악弘護寺 北嶽 밖의 청수동淸水洞 이지裏地에 이장移葬하니, 송宋 소흥紹興[27] 5년 을묘해(인종 13, 1135)이다. 지誌를 짓고 명銘을 그 뒤에 새기면서 이른다.

> 황하黃河와 오악五嶽의 정기가 세상에 명하여 태어나니
> 나가면 장수가 되고 들어오면 재상이 되어 명성과 공로가 드디어 이루어지도다
> 멈출 때를 알아 퇴직을 빌고 인끈을 풀고 영화를 사양하여
> 전원으로 돌아가 물러나니 세상사와 욕심을 모두 잊었네
> 장차 복을 누릴 것인데 어찌 장수와 평안을 주지 않는가
> 육신은 이제 사라졌어도 공로와 업적은 더욱 드러날 것이니
> 아득한 천 년 동안 훌륭한 명성은 영원하리라

---

24) 인종 2년 2월에 최홍재가 이자겸의 배척을 받아 승주 욕지도로 유배갈 때, 이 아들 네 명도 모두 먼 땅으로 유배갔다(『고려사』 권125 간신전1 최홍재)

25) 조선시대의 개성부 동남쪽 9리에 있던 산(『신증동국여지승람』 권4 개성부 상 산천).

26) 지금의 경기도 장단군에 있던 현으로, 고려시대에는 왕경 개성부의 속현이었다(『고려사』 권56 지리지1 왕경개성부 송림현 및 『신증동국여지승람』 권12 경기도 장단도호부 고적).

27) 남송 고종의 연호(1131~1162).

해제

「최홍재崔弘宰 묘지명」은 지석의 크기가 가로 39.7cm 세로 80.5cm로, 앞과 뒷면에 글자와 무늬를 새겼다. 앞·뒷면 모두 윗부분의 11.8cm 정도는 연꽃 봉오리 모양으로 지석을 다듬고 그 안에 구름무늬를 새겨 넣었으며, 그 아래 68.7cm 되는 부분에 글자를 새겼다. 지석 테두리에는 얇게 한 줄을 두르고 그 안에 글씨를 새겼으나, 글씨와 무늬가 만나는 윗부분은 두 줄을 그어 구획을 나누고, 연꽃 봉오리 모양으로 다듬은 윗 테두리는 훨씬 굵은 선으로 처리하여 지석에 입체감을 주고 있다. 문장은 전체 43행인데, 앞면에 24행, 뒷면에는 19행을 각각 새겼다. 한 행당 글자수는 49～63자로 일정하지 않으나 대략 50여 자씩이어서 분량이 상당히 많은 편이다. 글자는 해서체이며, 크기는 1cm 내외로 들쑥날쑥하다. 지석이 몇 군데 결락되어 탁본만으로는 읽을 수 없는 글자가 여러 곳이 있으나. 그 중 지명이나 인명 등 일부는『고려사』기록을 통해 복원해 낼 수 있다.

최홍재의 가계에 대해 묘지명에는, 직산현稷山縣 출신으로 고조가 삼한공신인 최양유崔良儒라고 하였다. 최양유는 후삼국을 통일할 때에 태조를 도와 공을 세웠는데, 특히 사직社稷을 지킨 그의 공로로 말미암아 태조가 그 지역의 이름을 '직산稷山'이라고 고쳐 부르게 하였다고 한다.『고려사』지리지에는 직산이 천안부天安府의 속현屬縣으로, 원래는 백제 온조왕의 도읍지였다가 고구려 때는 사산현蛇山縣이라 불렀고, 신라 때는 백성군白城郡의 영현領縣이 되었다가 '고려 초에 지금의 이름(직산)으로 바꾸었다'라고만 적혀 있다.[28] 그러나 이제 이 묘지명의 기록에 의해 직산이라는 명칭의 유래가 밝혀지게 된 것도 작은 소득이라고 생각한다.

---

28)『고려사』권56 지리지1 충청도 청주목 천안부 직산현.

후삼국시대 직산 지역의 호족임이 분명한 최양유는 고려의 삼한공신이자 삼중대광이 되었다. 그의 자손은 최지공崔志功 - 최□崔□ - 최적崔迪 - 최홍재崔弘宰로 이어지는데, 최지공은 군윤軍尹, 최□은 태자태부, 최적은 상서우복야 수형부상서로 각각 추봉되었다. 특히 최홍재의 부친인 최적은 숙종 초년에 금오위상장군, 신호위상장군, 형부상서 등을 역임하였는데, 『고려사』 최홍재전에 '본래 장수 집안의 아들이다[본장가자本將家子]'라고 적혀 있는 것을 보면 그의 집안은 주로 무관직을 이어온 무반이었다고 할 수 있다. 최홍재의 외조는 전주全州 출신 박영충朴永冲이고, 장인은 형부시랑을 지낸 손경孫烱이라고 하였으나, 이들에 대한 기록은 더 이상 찾을 수가 없다.

최홍재는 24살 때에 부음父蔭으로 장사랑 호부주사동정이 되고, 숙종 즉위년(1095)에는 내시[환관宦官]에 들어갔다. 아쉽게도 그가 태어난 해는 밝힐 수가 없지만, 인종 13년(1135)에 사망한 그를 두고 '장수를 누리지 못하였다'고 명銘에 적은 것을 보면, 아마도 그는 1070년을 전후로 한 문종 대에 태어나 1095년 직전인 24살에 관리가 되고, 1135년에 60대 중후반 정도의 나이에 사망한 것이 아닌가 추정된다. 또, 그는 일찍이 '장구지학章句之學', 즉 학문을 배워 과거에 거듭 응시하였으나 끝내 합격하지 못했다고 하였는데, 음서를 받은 나이로 미루어 볼 때 아마도 그 이전의 일이라고 생각된다.

비록 과거에는 합격하지 못했지만, 그는 이후 '손오지서孫吳之書', 즉 병서兵書를 공부하고 병술兵術을 깨우쳐서 본격적인 출세를 하기 시작하였다. 특히 그는 숙종 9년(1104)의 여진女眞 정벌에 참여한 이후, 윤관尹瓘이 주도한 숙종과 예종 대의 여진 정벌에 여러 차례 참여하여 많은 공을 세웠다.[29] 이때 그의 활약상에 대해 묘지명은 제(5)행~(28)행에

29) 최홍재는 훗날 재상이 되어 選軍을 할 때 해주 출신의 정중부를 선발하여 공학금군에 보충시키기도 했다(『고려사』 권128 반역전2 정중부).

걸쳐 길고도 자세하게 서술하고 있는데, 이는 전체 43행 중 절반이 넘는 분량이기도 하다. 또 그 이후 예종 후반기를 거쳐 인종 12년(1134)에 은퇴하기까지 많은 관직을 역임했는데, 그에 대해서도 묘지명에는 관직을 제수받은 년도뿐 아니라 날짜까지 일일이 적고 있다. 일견 지나치게 꼼꼼하다고 할 이 기록을 『고려사』 등에 나오는 것과 대조해 보면 몇 가지를 제외하고는 거의 그대로 일치하고 있으므로, 이 묘지명 기록의 신빙성은 매우 높다고 할 수 있다.30)

그러나 묘지명 기록을 자세하게 검토해 보면 그에게 불리한 이력은 생략되어 있다는 사실도 눈에 띈다. 예컨대, 묘지명 제(31)행~(32)행에는 '인종 즉위년 12월 25일에 중서시랑 판상서호부사가 되고, 인종 6년 6월 8일에 문하시랑 판상서병부사 되었다'고 적어, 6년 동안의 내용은 생략하였다. 그런데 이 기간 동안에 다음과 같은 중요한 일이 벌어졌음을 다른 기록에서 확인할 수 있다.

· (최홍재와 한안인韓安仁·문공미文公美는 서로 사이가 좋지 않았는데 최사전崔思全 등이) (이李)자량資諒·최홍재에게 참소하여 말하기를, "안인과 공미가 당黨을 만들어 몰래 모의하니 장차 이영공李令公(이자겸)에게 불리할 것입니다."라고 하였다. 자겸이 매우 의심하여 드디어 그들의 죄를 엮어 만들어서 임금께 아뢰어 안인을 승주昇州 감물도甘勿島에 유배시켰다가 물에 넣어 죽였다(『고려사절요』 권8 인종 즉위년 12월).

· (인종 2년) 2월에 동지추밀원사 최홍재를 승주昇州 욕지도褥地島로 유배보냈다. (최홍재의 지위가 높아져서 권세를 부리고 교만해지자 이자겸이 최홍재를 매우 의심하고 있었는데) 자겸이 이에 몰래 왕에게 아뢰어 홍재를 유배시키고, (중략) 홍재의 아들 상翔·온溫·단端·중 도휴道休와 온의 처부妻父인 노영거盧令琚를 먼 지방으로 유배시켰다(『고려사절요』 권9 인종 2년 2월).

· (인종 6년) 6월에 최홍재를 문하시랑평장사로 임명하였다. 처음 자겸이 한안인을 유배보낼 때 홍재도 모의에 참여했는데, 이에 이르러 간관이 논박했기 때문에 제일 나중에 소환하였다(『고려사절요』 권9 인종 6년 6월).

---

30) 『고려사』 등과 일치하지 않거나, 묘지명에 누락되어 있는 관직은 해석문의 역주에서 밝혀 놓았으므로 참고하기 바란다.

이 일들을 요약하면, 이자겸과 최홍재 등이 결탁하여 인종 즉위년(1122) 12월에 한안인을 무고하여 유배보냈다가 처형하였으며, 불과 석 달 뒤인 인종 1년(1123) 2월에는 최홍재가 이자겸의 견제를 받고 멀리 유배를 갔는데 이 때 그의 네 아들을 비롯한 인척들도 모두 함께 처벌을 받았다는 것, 그리고 이자겸이 몰락한 뒤 바로 소환된 다른 사람들과 달리 최홍재는 한안인을 부당하게 모함했다는 탄핵을 받아 제일 늦게 복권되었다는 것이다.[31] 그런데 묘지명에는 이와 관련된 언급이 하나도 없다.

또 최홍재는 훗날 60세가 넘은 인종 11년(1133) 6월에는 다음과 같이 불명예스러운 일을 당하였다.

· (최홍재가) 스스로 말하기를, "(이자겸의 모함을 받고) 쫓겨나서 가산을 탕진하였다."라고 하면서, 이에 재물을 받고 관직을 팔다가 간관의 탄핵을 받았다(『고려사절요』 권10 인종 13년 2월).

· 간관諫官 최유청崔惟淸 등이 상서하여 논하기를, "중서시랑평장사 최홍재는 탐욕스럽고 포악하여 법을 어지럽히고 나라의 큰 해가 되었으니 (중략) 마땅히 내쫓고 벌을 주어야 합니다. (하략)"라고 하였다. 이에 (최홍재를) 수사공 우복야로 좌천시켰다(『고려사절요』 권10 인종 11년 6월).

· (최홍재는) 갑인(인종 12년) 2월 11일에 비를 내려 문하시랑 동중서문하평장사 판상서호부사 상주국이 되었는데, 그대로 벼슬에서 물러나 은퇴하도록 하였다(「최홍재 묘지명」, 제(34)행).

이를 다시 요약하면, 최홍재는 중서시랑평장사라는 고위직에 올랐지만 간관이 매관매직을 하였다고 탄핵하자, 인종 12년(1134) 2월에 수사공 좌복야로 좌천되었다가 6개월만에 복직하였으나 바로 은퇴를 당했다는 것이다.

---

31) 이자겸·한안인·최홍재의 갈등관계에 대해서는 E. J. Shultz, 「한안인파의 등장과 그 역할」, 『역사학보』 99·100합집, 역사학회, 1983 및 노명호, 「이자겸 일파와 한안인 일파의 족당세력」, 『한국사론』 17, 서울대 인문대 국사학과, 1987 참고.

아마도 『고려사』 편찬자들은 앞의 한안인 무고사건과 말년의 이 독직사건 등을 중시하여 그를 간신으로 평가하고, 그의 전기를 간신전에 실은 것이 아닌가 생각한다. 그런데 묘지명에는 그가 은퇴를 당했다고 적기는 하였지만, 그 직접적인 사유가 되는 탄핵과 좌천에 대한 언급은 하지 않았다. 이자겸과 한안인의 사건과 마찬가지로, 이것은 묘지명을 지은 이의 고의적인 편집이라고 할 수 밖에 없다.

이자겸 일파이면서도 동시에 이자겸에게 피해를 받은 인물인 최홍재를 간신이라고 평가한 『고려사』 편찬자들의 시각이 옳은가 그렇지 않은가는 따로 논의해야 할 문제이다. 그러나 불리한 내용을 숨기고 적지 않은 것은 이 묘지명 자료의 한계를 보여주는 것임은 분명하다. 그러므로 묘지명 기록을 이용하려 할 때 -다른 기록들도 마찬가지겠지만- 철저한 검증과 비판은 필수적인 의무라는 사실을 새삼스럽게 강조할 필요는 없을 것이다.

한편, 이 묘지명에는 최홍재에 대해 불리한 사실은 감추고 있는 것과는 대조적으로, 여진정벌에서의 그의 활약은 아주 상세하게 언급하고 있어 주목된다. 아마도 이 묘지명을 지은 이는, 다른 것은 몰라도 이 대목만큼은 절대 시비가 있을 수 없는 객관적이고도 자랑스러운 업적이라고 판단했기 때문일 것이다. 그런데 『고려사』에는 최홍재전에서 '예종 대에 윤관을 따라 동여진을 정벌하였는데 자못 큰 공이 있다'라고 지나가듯이 간단하게 적고 있을 뿐, 여진과 관련된 그의 다른 기록은 하나도 찾아볼 수가 없다. 여진 정벌에 참여한 인물과 그 경과에 대해 『고려사』는 윤관전이나 다른 적절한 곳에서 비교적 자세하게 소개하고 있다는 사실을 감안하면 이는 무척 이례적일 수밖에 없다. 『고려사』 편찬자들이 아무리 최홍재를 간신으로 평가했다고 하더라도, 의도적으로 그의 다른 공로를 무시하거나 삭제했다고 볼 수는 없기 때문이다.

이에 『고려사』 등에 수록된 여진 정벌 기사를 연대기적으로 다시 정리하여, 이것을 묘지명의 기록과 비교해 보았더니, 뜻밖의 사실을 알 수 있게 되었다. 즉 최홍정崔弘正이라는 인물의 경력과 활약이 최홍재의 그것과 상당히 일치한다는 점이다. 이들의 기록을 비교해서 <표>로 정리하면 다음과 같다.

〈최홍재崔弘宰와 최홍정崔弘正의 비교〉

번호	崔弘宰*		崔弘正**	
1	예종즉,11.4.	閤門祗候	예종즉.12.임신	內侍祗候에서 判官이 됨
2	예종2.11.12.	宣諭使 兼 兵馬判官 古羅 등 300명을 투항시킴	예종2.12.을유	兵馬判官 古羅 등 400명을 섬멸
3	예종2,11.14.	冬音城 공격	예종2.12.을미	兵馬鈐轄 冬音城 공격
4	예종2.11.15.	用位洞 공격	예종2.12.병신	伊位洞 공격
5	예종3. 1.16.	加漢村에서 포위된 관군을 冠珎과 함께 구함	예종3. 1.을축	加漢村에서 포위된 관군을 李冠珍과 함께 구함
6	예종3. 2.11.	여진의 雄州城 공격을 4門을 열고 나가 격퇴	예종3. 2.임진	포위된 雄州城에서 4門을 열고 나가 공격하여 크게 승리
7	예종3. 5.	웅주성 공격을 50여 일 동안 막아냄	예종3. 5.	都巡檢使 포위된 웅주성을 27일간 지킴
8	예종4. 3.	都知兵馬使 吉州 전투 승리	예종4. 7.신유	行營兵馬別監承宣 吉州 등 9城에서 철수
9	예종6. 6. 6.	給事中	예종6. 6.정유	給事中
10	예종7.	(기록 없음)	예종7. 1.경진	西北面兵馬使

* 최홍재의 기록은 「최홍재 묘지명」에 의함.
** 최홍정의 기록은 『고려사』 해당 세가·윤관전 및 『고려사절요』 참고.

이 <표>에서 두 사람의 기록을 비교해 보면, 긴 설명이 필요하지 않다고 생각한다. 두 사람의 관직이나 활동 시기와 상황과 배경이 거의 그대로 일치하고 있기 때문이다.[32] 특히 여진정벌에서 공을 세운 최

32) 여진정벌에 관해서는 김상기, 「여진관계의 시말과 윤관의 북정」, 『동방사논총』, 서울대학교출판부, 1974 참고.

홍정에 대한 기록은 위의 표에서 보듯이 예종 7년(1112) 1월을 끝으로 하여 더 이상 사서에서 찾아볼 수가 없다. 이에 비하여 최홍재라는 이름이 사서에 처음 등장하는 시기는 공교롭게도 예종 8년(1113) 11월의 일이다.[33] 그렇다면 결국 최홍정과 최홍재는 같은 사람이며, 아마도 예종 7년 ~ 예종 8년 사이에 최홍정은 이름을 최홍재로 바꾸었다고 보는 것이 합리적인 해석이 되지 않을까 한다. 이렇게 되면 「최홍재 묘지명」을 통해 최홍정이라는 새로운 인물을 찾아낸 셈이 된다. 이제 새로운 금석문 자료의 출현이 보여주는 묘미 하나를 맛보게 된 것이다.

이상에서 검토한 것과 같이 본래 무반가문에서 태어난 최홍정은 문반으로 개반改班하여 문신관료로 출세해 가면서 이름도 최홍재로 바꾸었다는 사실을 알게 되었는데, 이제 마지막으로 그의 가족을 소개하기로 한다. 최홍재는 형부시랑 손경孫烱의 딸과 결혼하여 4남 1녀를 낳았다. 장남의 이름은 상翔, 차남은 승려인 도휴道休, 3남은 온溫, 4남은 단端인데, 인종 2년(1124) 2월에 최홍재가 승주 욕지도로 유배되었을 때 이 아들은 모두 함께 먼 곳으로 유배를 가기도 했다.[34] 이 때 최온의 장인인 노영거盧令琚도 함께 유배형에 처해졌다는 기록을 보면, 아마도 당시 최홍재의 집안은 그야말로 저몰籍沒의 상황에까지 이르렀던 것으로 보인다. 최홍재는 인종 6년(1128) 6월에 뒤늦게 유배에서 풀려나 소환되었는데, 아들도 이때까지 유배생활을 하다가 함께 풀려났는지는 알 수 없다.

최홍재의 자녀 중 3남인 최온은 훗날 지합문사·지문하성사·참지정사·1지추밀원사 등을 역임하면서 국왕의 연회에도 참석하는 등 의종

33) '(예종 8년 11월) 갑오에 전중감 최홍재를 (요에) 보내 방물을 바쳤다'(『고려사』 권13 세가 예종 8년 11월 갑오). 『고려사절요』 권8 예종 8년 11월 기사에도 비슷한 내용이 나온다.

34) 『고려사절요』 권9 인종 2년 2월.

의 총애를 받았고,[35] 또 그의 딸은 윤언이尹彦頤의 차남인 윤자양尹子讓과 결혼하였다.[36] 그러나 최온은 의종 24년(1170) 9월 무신난이 일어났을 때 군인들에게 살해되었다.[37] 4남 최단은 '(의종 2년 8월) 신묘에 고故 봉어奉御 최단崔端의 딸을 받아들여 왕비로 삼았다'라는 기록에 나오는 최단과 같은 인물이라고 생각된다.[38] 이렇게 파평윤씨 뿐 아니라 왕실과도 혼인관계를 맺은 최홍재의 가계는 당대에 최고의 문벌로 군림하였을 것이다.[39]

한편 최홍재의 딸은 머리를 깎고 중이 되어 이름을 경선慶宣이라 하였는데, 최홍재가 사망할 당시에는 정업원淨業院 대사大師로 있었다. 묘지명에는 이 딸이 어릴 때 출가하여 비구니比丘尼가 되었다고 적혀 있다. 이 기록은 고려시대에 여성이 남성과 마찬가지로 공식적으로 출가하여 승려가 되었다는 유일한 것으로, 매우 주목되어야 할 것이다. 그러나 고려시대에 여성의 출가는 법제적으로 금지되어 있었고, 출가도 특수한 상황에서만 허락되었다. 예컨대, 기혼여성들은 남편이 죽거나 남편에게 버림받았을 경우에 허락되었고, 미혼여성은 가난하여 결혼할 수 없는 형편이거나 간통죄나 다른 범죄를 저지른 경우 등 특수한 상황에서 출가가 허락되었다. 말하자면 고려시대에 여성들의 출가는 거의 '비정상적'인 상태에서 이루어졌던 것이다.[40] 이렇게

35) 『고려사』 권18 세가 의종 10년 10월, 21년 5월 무술, 권19 세가 의종 24년 2월 임진, 3월 기사, 7월 갑오 조 기사 참고.

36) 「윤언이 묘지명」, 김용선 편, 『집성』, 114쪽.

37) 『고려사』 권128 반역전2 정중부.

38) 『고려사』 권17 세가 의종 2년 8월 신묘 및 『고려사절요』 권11 의종 2년 8월. 그런데 『고려사』 후비전에는 '莊宣王后는 최씨로 참지정사 端의 딸이다'(『고려사』 권88 후비전1 의종, 장선왕후)라고 되어 있는데, 봉어였던 최단이 사후 참지정사로 추증된 것으로 보인다.

39) 박용운, 「고려전기 문반과 무반의 신분문제」, 『고려사회와 문벌귀족가문』, 경인문화사, 2003, 286~290쪽.

보면, 부친인 최홍재와 그녀의 오라비들이 인종 2년(1124)에 모두 유배형에 처해졌을 때, 이 딸도 함께 '처벌'을 받아 어린 나이에 중이 된 것이 아닌가 생각해 봄직하다. 이와 같은 추론은 앞으로 좀더 검증할 문제라고 여겨진다. 다만 이 묘지명 기록을 중시할 때, 고려시대의 비구니도 남성 승려와 마찬가지로 대사大師라는 승계를 가졌다는 사실만큼은 주목해야 하지 않을까 한다.

이와 같은 「최홍재 묘지명」을 통해 최홍재의 생애와 활동을 검토해 본 결과, 『고려사』 등의 사서에 나오는 최홍정이 최홍재와 같은 사람이라는 사실이 밝혀졌다. 또 무반가문에서 문반으로 개반한 직산 최씨의 가계와 함께 직산이라는 명칭의 유래도 알 수 있게 되었다. 이러한 점에서 이 묘지명은 금석문과 기존사서와의 보완관계를 잘 말해준다. 그러나 동시에 주인공의 유배와 탄핵 등 불리한 기록은 전혀 적지 않고 있다는 점에서, 묘지명 자체가 갖는 기록의 한계도 동시에 잘 보여주는 자료라고 할 수 있다.

▌참 고▐

· 『고려사』 권125 간신전1 최홍재.
· 김용선, 「최홍재·김윤각 묘지명」, 『한국중세사연구』 41, 한국중세사학회, 2015.

40) 김용선, 「고려 승려의 일대기」, 『고려금석문연구』, 일조각, 2004, 340~345쪽.

2. 김극검金克儉 묘지명

소재: 개인 소장

연대: 인종 18년(경신, 1140)

판독문

(1) 　　祁烈公墓誌銘(題額)

(2) 金紫光祿大夫檢校司徒守司空叅知政事尙書左僕射 (缺落) 太子少師柱國致仕金祁烈公墓誌銘 幷序

(3) 　　□部郎中充史館修撰官賜紫金魚袋印 毅 撰

(4) 公諱克儉字伯儀一字汝功夢得也其先□ (缺落) 高祖門下侍中諱審言高祖妃森溪郡夫人崔氏曾祖追

(5) 封尙衣奉御諱化成曾祖妃陽原郡夫人李氏 (缺落) 祖平章事諱行瓊祖妃陽原郡夫人李氏考諱守寧有

(6) 疾不仕公以宰輔追封將仕郎殿中內給事 (缺落) 妣□□郡大夫人公之配曰漢南郡夫人金氏都官員外

(7) 郎台凱之女也公爲人剛直不撓少以□ (缺落) 丙子十二月日調授典獄署丞累遷至丙戌十二月

(8) 日授試閤門祇候知安東府事秩滿授興國衛錄事 (缺落) 御史再遷至癸巳十二月日授尙衣奉御賜緋魚

(9) 袋知洪州事秩滿授試尙衣奉御兼三司判官 (缺落) 尙書考功戶刑部郎中癸卯十二月貶守殷州防禦時

(10) 有巨室擅權枉竄翰林學士鄭克永于南 (缺落) 貶之至丙午年 上知其無罪□之授尙書刑部

(11) 郎中兼三司判官鄭公克永亦忠義之人 (缺落) 於官位公自刑部郎

中遷大僕少卿給事中戶刑

(12) 部侍郎禮賓卿殿中監直門下省知御史臺事 (缺落) 甲寅十二月日授刑部尙書知門下省事遷尙書

(13) 左僕射判尙書工部事金紫光祿大夫判 (缺落) 丙辰十二月日授守司空叅知政事太子少師柱國公以

(14) 年滿三表請老丁巳二月十九日依□致仕 (缺落) 檢校司徒十一月二十七日以疾卒殯于佛恩寺菩

(15) 提院　上聞訃輟朝三日再三遣使致祭 (缺落) 曰祁烈公命有司賻賵權葬于佛隴山神嚴寺之

(16) 北崗公享年七十二凡歷官三十二奉使 (缺落) 階至大夫勳至柱國位至檢校司徒守司空叅知政事

(17) 尙書左僕射判尙書戶部事太子少師可 (缺落) 乎人之兄弟有二人皆早世公有男一人孑然獨

(18) 立其於世系微矣而有二男三女長男甫富 (缺落) 皆可以奉先祖之祀世世不絶者豈非公之積

(19) □所由致也哉男入內侍將仕郞供驛署丞 (缺落) 州龍富寺之東麓以今月十七日將奉其骨而

(20) 葬之先以行狀請爲誌銘予忝爲匿壻不 (缺落) 之曰　公起相門就官以蔭試自署丞屢遷其任

(21) 分憂二邑貶守郡□□佩七使印轄兩營兵馬 (缺落) 凡所歷行□□爲最遂登黃閣□長百官盡瘁事

(22) 國不敢遑安適及懸車　上未忘弃再遣使 (缺落) 逝矣勅賜誄書輟朝三日送以轜車公之先人有

(23) 疾不仕公以制恩贈好官位襲祖世系光 (缺落) 族以□積善之餘子孫蕃衍承有□家亦不絶奠

(24) 有松自籟有草自春銘在其下是公之墳

(25) 庚申五月日將仕郞尙衣直長同正周　之□ (缺落)

역주

기열공祁烈公 묘지명(제액)

금자광록대부 검교사도 수사공 참지정사 상서좌복야 태자소사 주국金紫光祿大夫 檢校司徒 守司空 叅知政事 尙書左僕射 太子少師 柱國으로 벼슬에서 물러나 은퇴한 김기열金祁烈공의 묘지명 및 서문

□부낭중 충사관수찬관□部郎中 充史館修撰官으로 자금어대紫金魚袋를 하사받은 인의印毅가 짓다.

공의 이름은 극검克儉이고 자字는 백의伯儀인데, 또 하나의 자字는 여공汝功으로 꿈에서 얻은 것이다. 그의 선조는 (결락: 영광군靈光郡 출신으로)[1] 고조高祖는 문하시중門下侍中 심언審言[2]이고 고조비高祖妃는 삼계군부인 최씨森溪郡夫人 崔氏이며, 증조曾祖는 상의봉어尙衣奉御로 추봉된 화성化成이고 증조비曾祖妃는 양원군부인 이씨陽原郡夫人 李氏이며, (결락) 조부祖父는 평장사平章事 행경行瓊[3]이고 조비祖妃는 양원군부인 이씨陽原郡夫人 李氏이다. 아버지 수령守寧은 병이 있어 벼슬하지 않았으나 공이 재보宰輔가 됨으로써 장사랑 전중내급사將仕郎 殿中內給使에 추봉되었고, (결락) 어머니는 □□군대부인郡大夫人이다. 공의 부인은 한남군부인 김씨漢南郡夫人 金氏로, 도관원외랑都官員外郎 태개台凱의 딸이다.

---

1) 이 부분은 결락되어 있지만, 출신지나 본관이 적혀 있을 것이다. 『고려사』에는 김극검이 영광군(지금의 전라남도 영광군) 사람이라고 적혀 있다(『고려사』 권97 열전 김극검).

2) 『고려사』 권93 열전 김심언.

3) 김행경은 『고려사』에 전기가 실려 있지는 않으나, 세가와 선거지, 열전 등에 단편적인 기록이 나온다. 한편 그의 둘째 딸의 묘지명에는 그의 시호가 匡文公이라는 사실을 밝히고 있다(「정근 처 김씨 묘지명」, 김용선 편, 『집성』, 37쪽).

공은 사람됨이 강직하고 굽힘이 없었으며, 어려서 (결락: 음서로 벼슬을 하였는데)[4] 병자년(숙종 1, 1096) 12월 일에는 전옥서승典獄署丞이 되었다가 여러 번 관직을 옮겨서 병술년(예종 1, 1106) 12월 일에는 시합문지후 지안동부사試閤門祗候 知安東府事가 되고 임기가 끝나자 흥위위녹사興威衛錄事 (결락) 어사御史가 되었다. 다시 승진하여 계사년(예종 8, 1113) 12월 일에는 상의봉어尙衣奉御가 되고 비어대緋魚袋를 받았으며, 지홍주[5]사知洪州事가 되었다가 임기가 끝나자 시상의봉어 겸 삼사판관試尙衣奉御 兼 三司判官 (결락) 상서고공·호·형부낭중尙書考功·戶·刑部郎中이 되었다. 계묘년(인종 1, 1123) 12월에는 은주[6]방어殷州防禦로 좌천되었는데, 당시 권력자[거실巨室](이자겸李資謙)가 권력을 마음대로 하면서 억울하게 유배를 보내니 한림학사翰林學士 정극영鄭克永을 남쪽으로 (결락: 유배 보내면서?) 좌천시킨 것이다. 병오년(인종 4, 1126)에 임금이 죄가 없음을 알고 □ 상서형부낭중 겸 삼사판관 □尙書刑部郎中 兼 三司判官을 제수하였다. 정극영鄭克永공 또한 충의로운 사람이라 (결락: 유배에서 풀려나서)[7] 관위를 받았다.

---

4) 이 부분의 글자는 결락되어 있다. 그러나 『고려사』 권97 열전 김극검전에는 그가 '祖蔭'으로 관직에 나갔다고 하였고, 이 묘지명의 제(20)행의 銘에 '公起相門 就官以蔭'이라는 구절이 있으므로, 이 부분에는 김극검이 음서를 받아 관리가 되었다는 내용이 들어있으리라 믿어진다.

5) 지금의 충청남도 홍성군으로, 고려시대에 양광도 청주목에 속한 知事郡이었다(『고려사』 권56 지리지1 양광도 청주목 홍주).

6) 지금의 평안남도 순천군 은산면으로, 성종 2년에 은주방어사라고 하였다(『고려사』 권58 지리지3 북계 안북대도호부 은주).

7) 이 부분은 결락되어 있지만, 이자겸이 패망한 뒤 정극영이 유배에서 풀려나 동경유수직을 받았다는 『고려사』의 기록과 비슷한 내용이 적혀 있을 것이다(『고려사』 권98 열전 정극영 참조). 당시 반이자겸파로 몰린 많은 인물 가운데 왜 정극영만 이 묘지명에

공은 형부낭중刑部郎中으로부터 대복소경 급사중 호·형부시랑 예빈경 전중감 직문하성 지어사대사大僕少卿 給事中 戶·刑部侍郎 禮賓卿 殿中監 直門下省 知御史臺事 (결락)를 거쳐, 갑인년(인종 12, 1134) 12월에는 형부상서 지문하성사刑部尙書 知門下省事가 되었고, 상서좌복야 판상서공부사 금자광록대부 판□ (결락) 尙書左僕射 判尙書工部事 金紫光祿大夫 判□로 옮겼으며,8) 병진년(인종 14, 1136) 12월 일에는 수사공 참지정사 태자소사 주국守司空 叅知政事 太子少師 柱國이 되었다.9) 공은 나이가 찼으므로 세 번이나 글을 올려 은퇴하기를 청하였는데, 정사년(인종 15, 1137) 2월 19일에 □에 의하여 벼슬에서 물러나 은퇴하였다.10) 검교사도檢校司徒로 (결락: 인종 17, 1139)11) 11월 27일에 병으로 돌아가시자 빈소를 불은사 보리원佛恩寺 菩提院에 모셨는데, 임금이 부음을 듣고 사흘 동안 조회를 멈추고, 두세 차례 관리를 보내 제□祭□를 다스리게 하고, (결락: 시호를 내려) 기열공祁烈公이라고 하였으며,

---

서 언급하고 있는지 확실하지 않으나, 김극검과 정극영이 매우 가까운 관계에 있었다는 사실은 분명하다고 할 것이다. 이와 관련하여 김극검의 조부인 김행경의 둘째 딸이 鄭僅과 결혼하여 鄭克恭이라는 아들을 두었다는 사실이 참고가 되지 않을까 한다(「정근 처 김씨 묘지명」, 김용선 편, 『집성』, 38쪽). 즉 정극공과 정극영은 같은 시대에 활약한 인물로 서로 같은 항렬을 가지고 있는 바, 이들은 김극검과 서로 인척관계에 있었다고 보여진다.

8) 『고려사』에는 인종 13년 12월에 김극검을 상서좌복야에 임명하였다는 기록이 있다(『고려사』 권16 세가 인종 13년 12월 병인).

9) 『고려사』에는 인종 14년 12월에 김극검을 참지정사로 임명하였다는 기록이 있다(『고려사』 권16 세가 인종 14년 12월 경신).

10) 『고려사』에는 인종 15년 12월에 김극검을 수사공 참지정사 태자소사로 임명하였다는 기록이 있다(『고려사』 권16 세가 인종 15년 12월 갑자).

11) 『고려사』에는 인종 17년(기미) 11월에 참지정사로 치사한 김극검이 사망하였다고 하였다(『고려사』 권17 세가 인종 17년 11월 갑진). 그러므로 결락된 이 부분은 '기미년(인종 17, 1139)'이라는 연대가 있었던 것으로 보아 좋을 것이다.

담당 관리에게 명하여 부의를 보내니, 임시로 불롱산 신엄사佛隴山 神嚴寺 북쪽 언덕에 장례지냈다

공은 향년 72세로, 무릇 32개의 관직을 역임하였다. (결락) 명을 받들어 사신으로 다녀왔고, 계階는 대부大夫에 이르고, 훈勳은 주국柱國에 이르렀으며, 지위는 검교사도 수사공 참지정사 좌복야 판상서호부사 태자소사檢校司徒 守司空 叅知政事 尙書左僕射 判尙書戶部事 太子少師에 이르렀으니, 가히 (결락)라고 할 수 있지 않겠는가.

공은 형제가 2명이 있었으나 모두 일찍 세상을 떠났고, 공도 아들이 한 명으로 외롭게 홀로 서 있으니, 그 세계가 미약하다고 할 것이다. 그러나 (그 아들은) 2남 3녀를 두었는데, 장남은 보당甫當이고 (결락: 차남 至當인데)[12] 모두 가히 선조의 제사를 받들어 세세토록 끊어지지 않도록 할 것이니 어찌 공이 선□善□을 쌓아 이룬 바가 아니겠는가.

아들은 내시內侍에 들어왔다가 장사랑 공역서승將仕郞 供譯署丞이 된 (결락: 김영부金永夫)인데,[13] □주□州의 용부사龍富寺 동쪽 기슭에 이 달 17일에 그 유골을 모시고 장례를 치르려 하면서 먼저 행장을 가지고 묘지명을 청하였다. 나는 외람되게 조카사위가 되어 (결락: 사양하지 못하고?) □ 명銘을 지어 이른다.

---

12) 김보당의 동생은 金至當이다.

13) 이 부분은 결락되어 있지만 아들의 이름이 적혀 있을 것이라고 여겨지는데, 그 이름은 김영부이다. 김극검의 아들인 「김영부 묘지명」에는 '내시에 속하였다가 공역서승으로 옮겼다' 기록이 있어, 김극검 묘지명의 명문과 정확하게 일치한다(「김영부 묘지명」 제(14)행, 김용선 편, 『집성』, 218쪽).

공은 재상의 가문에서 일어나
음서로 관리가 되고
서승署丞으로부터
거듭 옮기면서 관직을 맡았네
두 차례 고을을 다스리고
□ 군수郡守로 좌천되었네
□패佩를 찬 것이 7차례이고
양영兩營의 인할印轄을 맡아
□□의 병마兵馬가 되니
(결락)
무릇 가는 곳마다
□□이 최고였네
마침내는 황각黃閣에 올라
□ 백관의 장長장이 되어
온 힘을 다해 나라를 다스리며
감히 편안할 겨를이 없었네
마침 벼슬을 떠나 쉬게 되자
임금이 잊지 않고
거듭 사신을 보내 □하였으나
(결락)
서거하니
칙명으로 뇌서誄書를 내리고
상여를 보내도다
공의 부친은
병이 있어 벼슬하지 않았는데
공이 임금의 은덕을 받아
좋은 관위를 추증하게 하니
조상의 가문을 이어
(결락) 빛나도다
□족族이 □

선행을 쌓은 덕택으로
자손이 번성하고
□ 집안을 이으니
제사 또한 끊어지지 않네
소나무가 있으니 바람소리 절로 나고
풀이 있으니 봄이 스스로 오듯이
명銘이 아래에 있는 곳은
바로 공의 무덤이네

경신년(인종 18, 1140) 5월 일에 장사랑 상의직장동정將仕郎 尙衣直長同正 주지□周之□(결락)(가 쓴다?).

해 제

장방형 지석 상단의 양쪽 모서리를 줄인 형태의 「김극검金克儉 묘지명」은 상단에 가로로 '기열공묘지명祁烈公墓誌銘'이라고 제액을 쓰고, 그 아래에 세로로 본문을 새겼다. 본문은 모두 25행인데, 행을 구분하는 선은 없으나 해서체의 글자는 일정한 간격을 맞추어 썼으므로, 각 행당 글자수도 동일한 것으로 보인다. 그러나 지석 전체가 가로로 두 부분으로 깨어져 있고 그 부분의 글자도 결락되어 있으므로, 각행 당 글자 수가 원래 몇 자였는지는 정확하게 알 수 없다. 현재 남아있는 지석의 크기는 가로 45cm 세로 64cm이다. 그러나 중간에 결락된 글자 수는 각 행당 대략 6자에서 8자 정도로 추산되는데, 글자의 크기가 1cm정도라는 점을 감안하면 지석의 원래의 세로 크기는 약 70cm 정도가 되지 않았을까 여겨진다.

묘지의 주인공인 김극검은 『고려사』에 간단하나마 그의 열전이 기록되어 있고,[14] 또 그의 아들인 김영부金永夫의 묘지명이 현재 남아있다.[15] 그러므로 이러한 기록들을 통해 지석의 결락된 부분의 내용도 어느 정도 추정이 가능하다. 이에 따라 김극검의 생애를 간단하게 살펴보면 다음과 같다.

김극검은 영광군靈光郡(지금의 전라남도 영광군) 출신으로, 그의 고조 김심언金審言(?~현종 9: ?~1018)은 성종 때에 과거에 급제한 뒤 '봉사 2조封事二條'를 올려 성종의 유교적 정치에 큰 영향을 끼쳤으며, 현종 9년(1018)에 내사시랑평장사로 사망하자 문안공文安公이라는 시호를 받았다.[16] 또 조부 김행경金行瓊(?~?)은 한림학사 등을 거쳐 문하시랑평장사에 올랐으며, 문종 때에는 두 차례 과거의 지공거를 역임하였으며, 사후 광문공匡文公이라는 시호를 받았다.[17] 아버지 김수령金守寧은 질병으로 벼슬하지 않고 뒤에 장사랑 전중내급사에 추증되었지만, 증조나 조부의 행적을 보면 김극검이 태어날 당시 영광김씨 가문은 이미 문벌귀족의 하나로 성장해 있었다고 해도 좋을 듯하다.

김극검은 조음祖蔭, 즉 김행경의 음蔭에 의탁하여 관리가 된 뒤, 숙종대와 예종대를 거치면서 호부와 형부의 낭중에 올랐다. 그러나 인종이 즉위한 뒤 이자겸이 권력을 잡자 은주(지금의 평안남도 순천군 은산면)방어사殷州防禦使로 유배성 좌천을 가게 되었다. 그런데 그의 아들인 김영부의 묘지명에는 인종 4년(1126)에 이자겸의 난이 일어나자 김영부가 궁문으로 쳐들어가 난군과 싸웠다는 기록이 있다.[18] 이러한 점으로 미루어보면 당시 김극검의 집안은 반이자겸파로, 이자겸 일파로부터 상당한 박해를 받았던 것으로 짐작된다. 그 뒤 이자겸이 패망하자 김극검은 서울로 돌아오게 되었고, 여러 관직을 거친 뒤 인종 15년

14) 『고려사』 권97 열전 김극검.

15) 「김영부 묘지명」, 김용선 편, 『집성』, 217~220쪽.

16) 『고려사』 권93 열전 김심언.

17) 「정근 처 김씨 묘지명」, 김용선 편, 『집성』, 37~38쪽.

18) 「김영부 묘지명」, 김용선 편, 『집성』, 217쪽.

(1137)에 참지정사로 벼슬에서 물러나 은퇴하였다. 그리고 인종 17년(1139) 11월에 72세로 사망하자, 국가에서는 기열공祁烈公이라는 시호를 내렸다.

김극검은 김태개金台凱의 딸과 결혼하여 아들 한 명을 두었는데, 그가 바로 김영부이다. 김영부는 인종 3년(1125)에 과거에 급제하여 벼슬이 중서시랑 동중서문하평장사에 오르고, 77세에 사망하사 영간공英簡公이라는 시호를 받았다. 그는 2남 3녀를 낳았는데, 장남은 김보당金甫當이고 차남은 김지당金至當이다. 이 두 형제는 명종 3년(1173)에 무인정권에 반대하여 함께 난을 일으켰다가 실패하고 모두 처형되었다.[19] 이후 김영부의 자손들에 대한 기록이 찾아지지 않는 점으로 보면, 아마 이 가계는 김보당의 난이 실패한 뒤 연좌죄의 처벌을 받아 큰 피해를 입었을 가능성이 크다.

이상과 같이 묘지명을 중심으로 김극검의 생애와 그의 가계를 간단하게 정리해 볼 때, 이 묘지명의 사료적 가치는 다음과 같은 점에서 주목될 수 있지 않을까 한다. 우선 고려전기 영광김씨의 가계를 재구성할 수 있게 되었다는 것이다. 성종~현종 때 큰 활약을 한 김심언은 『고려사』에 영광 출신으로 되어있기는 하나, 그의 자손에 대한 언급은 없다. 그러나 이 「김극검 묘지명」에 의해 김심언 – 김화성 – 김행경 – 김수령 – 김극검 – 김영부 – 김보당으로 이어지는 계보를 확인할 수 있게 되었다. 또 이들 중 김심언은 문안공, 김행경은 광문공, 김극검은 기열공, 김영부는 영간공이라는 시호를 받았다는 사실만 보더라도, 이 가문이 당시 중요한 문벌의 하나로 꼽혔을 것이라는 점도 분명하다고 할 것이다. 이러한 점에서 앞으로 이와 같은 가문 출신인 김보당이 난을

19) 이승휴는 『제왕운기』에서 '(명종 4년) 계사년에 평장사 金永孚의 둘째 아들인 金甫讜이 경상주도 안찰사로 나가 있었고, 형 至讜은 중앙에 있었는데, 서로 호응하여 왕의 복위를 꾀하다가 해를 입은 까닭에 다시 큰 난이 일어났다'라고 적었다. 이 기록은 이름의 표기도 다르고, 김지당이 형이라고 하는 등 약간의 착오가 있으나, 김보당·김지당 형제가 이 난에서 주동역할을 하였다는 사실은 분명하게 지적하고 있다.

일으킨 배경에 대해서도 새로운 시각에서의 평가도 가능해지지 않을까 여겨진다.

다음으로, 이 묘지명에서는 김극검의 선조를 기록하면서 여성들에게 고조비高祖妃·증조비曾祖妃·조비祖妃라고 하여 '비妃'라는 용어를 쓰고 있다는 점이다.[20] 이 경우 '비妣'라는 글자를 쓰는 것이 일반적 표기방식인데, 이 묘지명에서는 특이하게도 '妃'라는 용어를 최소 3번이나 쓰고 있다. 그러므로 이 '비妃'는 '비妣'의 오자는 분명히 아닐 터이고, 일부러 그렇게 썼을 것임이 분명하다. 이에 따라 이러한 표기나 용례가 어떤 의미를 갖는 것인지 앞으로 검토해 볼 필요가 있다. 이러한 점에서 「김극검 묘지명」은 기존의 사서의 부족한 점을 보완해 주는 동시에, 묘지명만이 보여주는 독특한 표기방식을 사용하도 있다는 점에서 중요한 의미가 있다고 할 것이다.

▌참 고▐

· 『고려사』 권97 열전 김극검.
· 「김극검 묘지명」, 『고려·조선묘지 신자료』, 한국사료총서 50, 국사편찬위원회, 2006.
· 김용선, 「새 고려묘지명 여섯 사례의 검토」, 『한국중세사연구』 32, 한국중세사학회, 2012.

20) 단, 김극검의 어머니도 '妃'라고 썼는지는 지석의 글자가 탈락되어 알 수 없다.

3. (승僧)모씨某氏 묘지명

소재: 광주광역시 동곡박물관

연대: 인종 22년(갑자, 1144)(추정)

판독문

(1) (上缺) 甲子二月朔大宋高麗□□□南(?)面進(?)□
(2) 一所(?)兎山 (6~7字 缺落) 二千二百二十文就皇 (缺)
(3) (缺) 買得前件墓田周□□東至靑龍西至
(4) 玄武上至蒼天陸至分明卽日錢財分 (缺)
(5) (缺) 李定度知見人東王公西王母書契人石 (缺)
(6) 畵契人飛上天讀契人入黃泉已後□
(7) 凡可居臺者永避万里若□此 (缺)
(8) □人內外存亡悉皆安吉急急如三(?) (缺)
(9) □者(?)律令

역주

(상결) 갑자년(인종 22, 1144) 2월 초하루에 대송大宋 고려국 □□ 남쪽의 진進(?)□ (결락) 한 곳인 토산兎山(?)에 (결락) 2,220문文으로 황皇 (결락) (묘지를) 샀다. 전건前件의 묘는 둘레가 □□으로, 동쪽은 청룡靑龍에 이르고 서쪽은 (결락) 현무玄武에 이르며, 위

는 창천蒼天에 이르고 땅에 이르러서도 나뉨이 확실하다. 즉일로 돈과 재물을 나누어 □하였으니, (결락) 이정도李定度[1])이고, 지견인知見人은 동왕공東王公과 서왕모西王母[2])이며, 서계인書契人은 석石(결락)이다. 서계인▨契人은 하늘로 오르고 독계인讀契人은 황천黃泉에 들어갔으니, 이후에 (결락) 원래 臺에 살던 이는 영원히 10,000리里 밖으로 피하라. 만일 □ 이와 같이 하는(?) 사람들은 안에 있거나 밖에 있거나 살아있거나 죽었더라도 모두 다 편안하고 길할 것이다.

빨리 3□자三□者는 (결락) 율령律令에 따르기를(?) 청한다.

해제

이 묘지명은 윗면 오른쪽 일부와 아랫면 왼쪽 일부가 깨져있고, 전면에도 군데군데 여러 곳이 마모되어 글자를 읽을 수 없는 곳이 많다. 크기는 대략 가로 21.5cm 세로 14.0cm 정도인데, 테두리 선이나 자간을 구분하는 선은 없다. 명문은 해서체로 쓰여 있는데, 글자 크기나 간격도 일정하지 않다. 특이한 것은 전체 9행 중 제(2)·(4)·(6)·(8)행은 문장을 밑에서부터 위로 올라가면서 거꾸로 새겼는데, 이러한 표기방식은 이미 알려진 「(승)세현世賢 묘지명」과 동일하다.[3])

1) 「(승)세현 묘지명」에는 李定度가 保人으로 나오는데(김용선 편, 『집성』, 78쪽), 이정도는 仙人의 이름이고, 保人은 묘지를 매입했음을 보증하는 역할을 했을 것이라고 생각된다.

2) 동왕공과 서왕모는 중국의 신화에 나오는 신선이다.

3) 「(승)세현 묘지명」, 김용선 편, 『집성』, 78쪽.

이 명문의 앞부분은 깨어져 나갔으므로 주인공의 이름이나 신분은 알 수 없다. 다행히 제(1)행에는 제작연대를 알려주는 '甲子'라는 구절이 남아 있는데, 이 갑자년을 일단 인종 22년(1144)으로 비정하기로 한다. 이 명문의 형식이나 내용이 「(승)천상闡祥 묘지명」(인종 19, 1141)이나,[4] 「(승)世賢 묘지명」(인종 21, 1143)과 거의 비슷하기 때문이다.

명문의 내용은 일정한 금액을 상징적으로 지불하여 일정한 면적의 묘지를 샀다는 것과, 그 사실을 지견인知見人·서계인書契人·독계인讀契人 등의 직책을 가진 증인들이 보증한다는 것이다. 그러므로 이것은 엄밀한 의미에서는 매지석買誌石 또는 매지권買地卷이라고 불러야 하겠지만, 넓은 의미에서는 통상적으로 묘지명에 포함시켜도 무방하리라고 생각한다. 또 명문에 나오는 이정도李定度나 동왕공東王公·서왕모西王母와 같은 증인들은 모두 도교道教와 관련된 신화적 인물들이다. 그러므로 망자를 위한 이 사후세계는 바로 도교사상에 기반을 둔 것이라는 점도 알 수 있다.

한편 이 묘지명의 주인공의 이름은 알 수 없지만, 신분은 승려일 가능성이 높다고 생각한다. 비슷한 내용의 묘지명을 남긴 천상闡祥은 개성의 현화사玄化寺 주지였고, 세현世賢 역시 개성의 송천사松川寺 주지였기 때문이다. 또 제2행에 나오는 토산兎山은, 앞뒤의 글자를 정확하게 판독할 수 없기는 하지만 명칭으로 보아 일단 고려시대에 장단현長湍縣의 속현屬縣인 토산현兎山縣으로 이해해도 좋지 않을까 한다.[5] 그렇다면 토산현에 묻혔을 이 인물은 승려이면서도 한편으로는 도교적 세계 안에서 사후의 안식을 기대하고 있는 셈이 된다. 따라서 이 묘지명은 고려시대에 불교와 도교가 서로 배타적이지 않고 융합되어 있

4) 「(승)천상 묘지명」, 김용선 편, 『집성』, 72쪽.

5) 『고려사』권56 지리지1 왕경개성부 토산현.

었다는 사실을 잘 보여준다. 고려시대 사상계의 이와 같은 개방성은 일찍부터 지적되어 온 것이기도 하다. 그러나 그러한 특성을 실물로서 다시 확인시켜 준다는 점에서 이 묘지명이 출토된 의의는 크다고 생각한다.

| 참 고 |

· 김용선, 「새 고려묘지명 7점」, 『사학연구』 100, 한국사학회, 2010.[6]

6) 이 묘지명을 처음 소개한 이 [참고] 글에는 이 묘지명과 함께 출토되었다고 전해지는 梵語가 새겨진 별도의 지석을 언급하고 있다. 그러나 이 지석은 묘지명의 지석과 비교해 볼 때, 재질이나 글자가 새겨진 방식도 다르거니와 같은 무덤에서 출토되었다는 확증을 가질 수가 없다. 따라서 이 글에서는 이 지석에 대한 언급이나 더 이상의 검토를 하지 않기로 한다.

4. 김자류金子鏐 묘지명

소재: 일본 동경 東洋文庫
(사진소장, '畫像데이터베이스' No.7379 또는
「梅原末治考古資料目錄」 No. 122-1908-11078)

연대: 인종 24년(금 황통 6년, 1146)

판독문

(1) 朝散大夫檢校尙書右僕射判將作監事金公諱子鏐字
(2) 叔寶新羅王之後三韓功臣大匡侍中金禮□七世孫也高
(3) 祖諱殷翼上舍奉御曾祖諱成幸祖諱公信考諱琯並以
(4) 新羅舊都風物佳勝求退爲戶長妣李氏樂浪郡夫人
(5) 公咸雍元年正月戊申生于東京坊北里游學于京師擧
(6) 進士第補三陟縣尉未幾入內侍歷句覆院刪定都監判
(7) 官中尙丞金吾衛錄事叅軍事右拾遺知制誥改左拾遺
(8) 知制誥出補東京留守判官値 睿宗西幸授尙書戶部
(9) 員外郎徵入爲侍御史兼大子司議郎吏部郎中知茶房
(10) 事秘書少監左遷郭(?)州防禦使召爲中書舍人知制誥以
(11) 廻謝宣諭奉使大金左遷知南原府羅州牧使徵爲大府
(12) 少卿三司副使兵部侍郎會國有外家之亂城闕焚蕩究
(13) 爲灰燼 公以重修都監副使率工徒經營土木一如□
(14) 貫以功拜朝散大夫判將作監事夫人崔氏中書令節義
(15) 公沆之孫女也封樂浪郡大君有一男一女男淳(?)□入內
(16) 侍內庄宅判官有子二人長曰就正良醞令次曰就明戶

(17) 部主事女適殿中內給事韓中立有子二人長曰楹秘書
(18) 校書郎次尙幼 公忠儉質直歷位淸顯年六十九以老
(19) 致仕尤尙佛法遍閱藏經享年八十一歲以皇統五年十
(20) 二月辛丑卒越明年二月甲寅葬于桃源館之南銘曰
(21) 公之裔祖　出自新羅　功成社稷　誓著山河
(22) 洎厥祖曾　求還故國　脉屣朝聯　甘心郡職
(23) 惟公奮起　游學京師　三朝際會　一節險夷
(24) 仁者不壽　哲人其萎　死而不朽　略記墓碑

역주

조산대부 검교상서 우복야 판장작감사朝散大夫 檢校檢校 右僕射 判將作監事 김공의 이름은 자류子鏐이고, 자字는 숙보叔寶이다. 신라왕新羅王의 후손으로 삼한공신三韓功臣인 대광 시중大匡 侍中 김례金禮[1]의 7세손이다. 고조高祖 은익殷翼은 상사봉어上舍奉御이며, 증조曾祖 성행成幸과 조부祖父 공신公信과 아버지 관琯은 모두 신라의 옛 도읍의 풍물과 뛰어난 경치를 구하여 퇴직하고 호장戶長이 되었다. 어머니는 이씨李氏로 낙랑군부인樂浪郡夫人이다.

공은 함옹咸雍[2] 원년(문종 19, 1065) 정월 무신에 동경東京(지금의 경상북도 경주시)의 방북리坊北里에서 태어났다. 서울로 유학하여

---

1) 원문의 '金禮□七世孫'의 '□'를 '之'로 추정하여 '김례의 7세손'이라고 해석하였으나, '□'을 인명으로 보고 '김례□의 7세손'으로 해석될 가능성도 충분하다.

2) 요 도종의 연호(1065~1074).

진사제進士第에 합격하자, 삼척현위三陟縣尉에 보임되었다가 얼마 뒤 내시內侍로 들어왔다. 구복원句覆院·산정도감刪定都監 판관判官과 중상승 금오위녹사참군사 우습유 지제고中尙丞 金吾衛錄事叅軍事 右拾遺 知制誥를 역임하고, 좌습유 지제고左拾遺 知制誥로 옮긴 다음 동경유수판관東京留守判官으로 나갔다. 예종睿宗이 서경西京에 행차하자 상서호부원외랑尙書戶部員外郞에 제수되고, 불려 들어와 시어사 겸 대자사의랑 이부낭중 지다방사 비서소감侍御史 兼 大子司議郞 吏部郞中 知茶房事 秘書少監이 되었다. 곽주[3] 방어사郭州防禦使로 좌천되었다가 소환되어 중서사인 지제고中書舍人 知制誥가 되었다. 선유宣諭에 회사廻謝하는 사절로 대금大金에 다녀왔으나 좌천되어[4] 지남원부 나주목사知南原府 羅州牧使가 되었다가 불려와 대부소경 삼사부사 병부시랑大府少卿 三司副使 兵部侍郞이 되었다. 마침 나라에 외가外家의 난(李資謙의 난)이 일어나 성곽과 궁궐이 불타 모두 잿더미가 되었는데, 공은 중수도감부사重修都監副使가 되어 공도工徒들을 거느리고 토목공사를 경영하니 하나 같이 □ 실행하여 끝을 내었다. 그 공으로 조산대부 판장작감사朝散大夫 判將作監事가 되었다.

부인은 최씨崔氏인데, 중서령 절의공中書令 節義公 항沆의 손녀로 낙랑군대군樂浪郡大君에 봉해졌으며, 1남 1녀를 두었다. 아들

3) 지금의 평안북도 정주군 곽산면으로, 고려시대에는 안북대도호부의 방어군이었다(『고려사』 권58 지리지3 북계 안북대도호부 곽주).

4) 인종 4년 12월에 위위경 김자류 등을 회사선유사로 금에 파견하였는데, 이듬해 3월에 돌아왔다(『고려사』 권15 세가 인종 4년 12월 계유 및 동 5년 3월 계사 조). 그런데 금에 머무는 동안 고려의 사절단 일행이 금나라 사람에게 상해를 입힌 사건에 책임을 물어 김자류는 면직되고 좌천되었다.

순□淳□은 내시內侍에 들어가 내장댁판관內庄宅判官이 되었는데, 아들이 2명 있으니 큰 아들 취정就正은 양온령良醞令이고 차남 취명就明은 호부주사戶部主事이다. 딸은 전중내급사殿中內給使 한중립韓中立과 결혼하여 아들 2명을 두었는데, 큰 아들 영榲[5]은 비서교서랑秘書校書郎이고 차남은 아직 어리다.

공은 충성스럽고 검소하며 꾸밈이 없이 곧은 채 청현직淸顯職을 역임하였다. 나이 69세에 연로하여 벼슬에서 물러나 은퇴하자 불법佛法을 더욱 숭상하여 장경藏經을 두루 읽었다. 향년 81세로 황통皇統[6] 5년(인종 23, 1145) 12월 신축일에 돌아가시니 이듬해 2월 갑인일에 도원관桃源館[7]의 남쪽에 장례지냈다.

명銘하여 이른다.

공의 옛 조상은
신라新羅로부터 나왔으나
(고려의) 사직社稷에 공功을 이루겠다는
맹세가 산하에 드러났도다
증조와 조부 때에는
옛 고향으로 돌아가고자 하여
잇달아 벼슬을 버리고
군직郡職을 달게 여겼네
다만 공이 떨쳐 일어나

---

5) 韓榲은 뒤에 이름을 바꾸어 韓彦國이라고 하였는데, 명종 4년(1174) 김보당과 함께 의종을 복위시키려하는 등 무인정권에 반대하는 반란을 일으켰다가 처형되었다.

6) 금 희종의 연호(1141~1148).

7) 고려시대의 22驛道 중에 桃源道가 있고, 그 道 소속의 桃源驛이 개성부의 속현인 송림현(지금의 경기도 장단군 지역)에 설치되어 있었다(『고려사』 권82 병지2 참역 도원도).

서울로 유학하고
3대에 어진 임금을 만나서
힘드나 쉬우나 한결같은 절조를 지켰네
어진 이는 수壽를 누리지 못하고
현명한 이는 쇠약하다고 하나
죽었더라도 사라지지 않도록
간단하게 묘비에 기록하노라

해 제

「김자류金子鏐 묘지명」은 일본 동경 동양문고東洋文庫의 『우메하라 스에지 고고자료목록梅原末治考古資料目錄』에 사진자료로 소장되어 있다. 그러나 동양문고는 사진만 소장하고 있을 뿐, 일본의 고고학자로 일제시대 한국에서 많은 유물을 발굴하고 조사한 우메하라 스에지梅原末治가 언제 어떤 연유로 이 사진을 그의 자료목록에 실을 수 있었는지를 밝혀주는 기록은 남아있지 않다. 따라서 이 묘지명의 실물이 원래 어디에 있었는지, 지금 어디에 보존되어 있는지는 알 수 없다. 또 사진자료 뒷면에는 이 묘지명의 크기가 '曲尺 縱高 1尺2寸, 橫幅 1尺5寸'이라고 묵서墨書로 적혀 있는데, 이 글자도 우메하라가 직접 조사하여 썼는지도 알 수 없다. 사진에 보이는 지석 상태는 상당히 양호한 편으로, 가장자리에는 얇은 2줄의 선을 둘렀고 그 내부에는 가로세로의 선을 그어 글씨를 썼으므로, 글자 크기는 물론이고 각 행당 글자 수도 22자씩 일정하다. 해서楷書로 쓰여진 명문도 몇 글자를 빼고는 거의 다 판독할 수 있다.

김자류(문종 19~인종 23, 1065~1145)는 『고려사』 세가에 몇 개의 단편적인 기록을 남기고 있을 뿐, 다른 사서나 금석문 등에는 전혀 등장하지 않은 인물이다. 그러나 이 묘지명이 새로 발견됨으로써 그의 생애를 다소나마 알게 되었다. 그는 신라왕실의 후손으로 삼한공신 대광 시중三韓功臣 大匡 侍中인 김례金禮의 7세손으로 태어났는데, 고조 은익殷翼은 상사봉어직을 가졌다고 하였으나 증조 성행成幸, 조부 공신公信, 아버지 관琯이 모두 호장戶長이라고 되어 있다. 그러므로 김자류의 선조는 신라 왕족 출신으로, 고려의 건국 당시 공을 세우고 중앙의 관리가 되었다가 증조 때 다시 고향인 경주로 되돌아가 향리鄕吏가 되고 이후 향리직을 세습해 갔음을 알 수 있다. 이와 같이 지방 출신이 중앙관리가 되었다가 다시 귀향하여 향리가 되는 사례는 흥미롭다고 생각한다.[8] 어머니는 낙랑군부인 이씨樂浪郡夫人 李氏인데, 고려시대에 외명부작호 앞에 붙는 지명은 본관을 나타내는 것이 원칙이었다. 따라서 어머니 이씨부인의 본관은 낙랑, 즉 경주였음을 알 수 있다. 또 김자류가 경주에서 태어났다는 사실을 감안하면, 어쩌면 이 부인의 가계도 원래는 경주의 향리 신분이었다가 아들이 출세함에 따라 외명부의 작호를 가지게 된 것이 아니었나 여겨진다.

김자류는 문종 19년(1065, 요 함옹 1년)에 동경東京(경주) 방북리坊北里에서 태어났다. 그러나 그는 서울로 유학하고 진사제에 합격하여[9] 중앙관리의 신분을 다시 얻게 되었다. 과거에 합격한 뒤 그는 삼척현위三陟縣尉 등 여러 관직을 거쳐 판장작감사(종3품)에 올랐다. 그의 관력 중에서

---

8) 성종 초에 주·군·현에서 자제를 선발하여 서울에서 공부하게 하다가, 성종 5년 7월에 원하는 학생들은 귀향을 허락하는 교서를 내린 적이 있다(『고려사』 권74 선거지2 학교, 성종 5년 7월 교). 이 기사가 김자류 선조의 귀향과 직접 연결되지는 않겠지만, 중앙집권화의 과도기 상태에 있던 당시 고려사회의 모습을 잘 보여준다고 생각한다.

9) 그가 과거에 급제한 시기는 기록되어 있지 않다. 그러나 굳이 짐작해 본다면 아마도 20대가 되는 선종 재위 기간(1083~1094)이 아니었을까 여겨진다.

이채로운 것은 두 차례나 좌천된 일이 있다는 점이다. 즉 그는 비서소감 재직시 곽주방어사郭州防禦使로 좌천되었는데, 중서사인 지제고로 소환되었다가 회사선유사廻謝宣諭使로 금에 사신으로 다녀온 뒤 다시 나주목사羅州牧使로 좌천되었던 것이다. 특히 두 번째 좌천과 관련하여 『고려사』에는 다음과 같은 기록이 나온다.

> 간관이 글을 올려, "(김)자류는 금에 들어가 능히 부하를 통솔하지 못하여서 그 종자從者가 금나라 사람과 싸워 상해를 입혔습니다. 금나라 사람이 꾸짖고 나무랐으므로 도부서都部署에서 신석申錫을 붙잡아 형장杖刑을 내렸습니다. 청하건대 왕명을 욕되게 한 죄를 다스리십시오."라고 하자, 이에 관직에서 파면하였다(『고려사』 권15 세가 인종 5년 3월 계사).

즉 김자류는 인종 4년(1126) 12월에 회사선유사로 금에 갔다가[10] 이듬해 3월에 금 황제의 조서를 가지고 귀국하였는데,[11] 금에 머무는 동안 고려의 사절단 일행이 금나라 사람에게 상해를 입힌 사건에 책임을 물어 면직되고 좌천되었던 것이다.

그렇다면 당시 고려와 금 사이에 어떤 일이 벌어지고 있었던 것일까? 인종 4년 4월 고려는 당시 실권자였던 이자겸의 주장에 따라 금에 대한 사대정책을 표방하고 '칭신상표稱臣上表'라는 글을 올렸다.[12] 이에 금은 그 해 9월 사신을 보내 교빙절차와 격식을 요에 대한 구례舊例에 따를 것과, 고려의 변방지역 경내에 있는 여진인을 송환하면 고려의 보주保州 소유를 인정하겠다는 뜻을 알려왔다.[13] 그러자 실리외교를 추구하던 고려는 그 해 12월에 김자류 등을 회사선유사로 파견하여 금에 대해 영원히 조공을 바치겠다고 맹세하는 글을 올렸던 것이다. 그러나 그 글

10) 『고려사』 권15 세가 인종 4년 12월 계유,
11) 『고려사』 권15 세가 인종 5년 3월 계사.
12) 『고려사』 권15 세가 인종 4년 4월 정미.
13) 『고려사』 권15 세가 인종 4년 9월 신미.

의 내용이 적극적인 충성 맹세로 보기에는 너무 평범하다는 불만을 가지고 있던 차에 사절단 일행의 자국인 폭행사건까지 일어나자, 금은 고려에 대해 보다 강한 외교적 압력을 가하기 시작하였다.[14] 김자류의 두 번째 좌천은 바로 금과 고려 사이에 벌어진 이와 같은 외교적 알력 아래에서 일어난 것이었다. 이러한 점에서 이 묘지명 기록은 당시 고려와 금과의 외교관계를 살피는 데 흥미로운 모습을 보여준다. 그러나 그는 곧 복직되었고, 그 뒤 이자겸의 난으로 궁궐이 불타자 중수도감부사重修都監副使가 되어 궁궐을 재건한 공로로 판장작감사로 승진하였다고 묘지명에 기록되어 있다.

김자류는 69세에 은퇴하고 81세로 생을 마쳤는데, 그는 최항崔沆의 손녀와 결혼하였다. 최항은 최언위崔彦撝의 손자로, 성종 때 과거에 급제하고 현종의 옹립에 공을 세웠으며, 사후 현종묘정顯宗廟庭에 배향되었다[15]. 김자류의 처부妻父, 즉 최항의 아들이 누구인지는 알 수 없어 아쉽다. 그러나 경주의 향리 출신에서 중앙관리로 입신한 인물이 하필이면 구경주계舊慶州系 귀족과 결혼하였다는 점도 당시 지배층의 통혼권과 관련하여 흥미있는 현상이라고 생각된다.

김자류는 1남 1녀의 자녀를 두었다. 아들 순□淳□은 취정就正, 취명就明이라는 두 아들을 낳았는데, 이들에 대해서는 『고려사』나 금석문 등에는 다른 기록이 남아있지 않다. 딸은 한중립韓中立과 결혼하여 두 아들을 낳았는데, 큰 아들이 한영韓楹이다. 그는 뒤에 한언국韓彦國으로 이름을 바꾸는데, 무인정권초기에 김보당金甫當과 함께 난을 일으킨 바로 그 인물이다. 그동안 한언국(한영)의 가문에 대해서는 거의 알

14) 이 사행의 성격과 당시 고려와 금과의 외교문제 대해서는 박한남, 「북방민족과의 관계」, 『한국사』 권15 고려전기의 사회와 대외관계, 국사편찬위원회, 1995, 344~360쪽 및 박한남, 「고려 인종대 대금정책의 성격」, 『한국중세사연구』 3, 한국중세사연구회, 1996, 24~66쪽 참조.

15) 『고려사』 권93 열전 최항.

려진 것이 없던 터에,[16] 이 김자류 묘지명을 통해 그의 가계가 일부 밝혀졌다는 것도 기대 밖의 소득이라고 할 수 있을 것이다.

이상과 같이 검토해 볼 때 김자류 가문은 중앙으로 진출했다가 귀향하여 향리가 되고, 그 뒤 다시 중앙으로 진출한 흔하지 않은 사례를 보여준다. 또 김자류의 관력을 통해 당시 금과 고려의 외교관계의 한 면도 엿볼 수 있다. 아울러 무인정권 때 문인의 난을 일으킨 한언국의 가계도 일부 밝혀주고 있다. 이러한 점에서 김자류 묘지명의 사료적 가치가 크다고 할 수 있지 않을까 한다.

❙ 참 고 ❙

· 김용선, 「새 자료 고려묘지명 다섯 점 반」, 『역사학보』 198, 역사학회, 2008.

16) 김용선, 「김보당·한언국의 난-고려귀족사회 속 인맥의 한 단면-」, 『고려금석문연구』, 일조각, 2004, 94~95쪽.

5. 김구부金龜符 묘지명

소재: 경상남도 진주시 토지주택박물관

연대: 의종 즉위년(병인, 1146)

판독문

(1) 　　故刊部郎中金君墓誌

(2) 皇統乙丑十二月初一日辛丑余友金君被疾臥第越丙寅

(3) 正月乙亥遂不起至季春下旬其孤居實腰絰手杖亟來

(4) 叩門曰四月己酉實窆于義龍山西北麓敢属以銘余知君平生

(5) 最詳不可以才薄爲解乃論著大略曰君諱龜符字子虛羅

(6) 州海陽人世爲著姓曾祖諱延保贈將作監祖品先贈右

(7) 僕射皇考諱商佑歷仕宣順肅睿四朝才望爲當世推仰

(8) 嘗如宋及遼名播異域終吏部尙書文德殿大學士妣曰昌

(9) 原郡夫人門下侍郎崔奭之女君少以蔭得官再擧禮部

(10) 不第嘆曰功名吾所自有安用是爲卽棄去累加衛尉

(11) 注簿同正調溟州倅秩滿報罷属李氏擅朝君姻親

(12) 有以非罪陷黨錮者君亦坐廢五年及李氏敗諸公牽

(13) 復乃以君爲東材場判官再朞追敍外課擢叅左右衛軍

(14) 事遷試春坊舍人尋以閤門祗候通判晉州州地勝務劇

(15) 守臣多自拘礙君裁剖詳敏游賞自適吏民愛悅召還

(16) 試祗候遷監察御史逾年賜五品服改試刑部員外郎復入

(17) 殿院就擢臺院久之以疾聞輸　御醫賫藥就療會歲

(18) 終選補試授刑部郎中未拜卒年五十八子壻輩以遺令用

(19) 西域茶毘法藏其骸君初娶守司空洪灌女早卒今夫人試閤

(20) 門祇候韓珦女皆世家三男長卽居實幼篤學世其家以門資

(21) 出身入內侍擢第例出爲晉州司錄父子相距凡八年措置略同

(22) 勤恪過之及君疾乘馹召視先其卒六日至沒喪□□如禮次

(23) 居中方應擧次曇闡依海東宗創師正琳受具爲大德皆頒

(24) 悟後當有立四女長卽洪出適權知式目錄事崔宗夫次適東面

(25) 判官李允脩次適安北司錄安元壽皆善士季未嫁初君未有

(26) 嗣孫爲念及捐館日長婦得男人皆異之外孫男五人女五人

(27) 君風度凝曠不可玩狎及酒酣抵掌雜以嘲謔坐客皆絶倒

(28) 性樂易容物士多傾慕然待賢者特厚若故相李文正

(29) 公子固故禮州金使君谿甫皆一代偉人安子思者亦高士

(30) 隱死伽倻山今在者率皆聞人自童丱手不釋卷該博善

(31) 屬文得蘇于瞻體詩尤奇麗喜佛學尤精性相常讀金剛

(32) 經嘿有所契及属纊略無疑阻自先世至君未嘗營産人

(33) 咨其清初　睿朝召眞靜郭先生處禁苑待以賓友余與

(34) 君皆先生故人子自齠齔師事之一日余方在先生所會天

(35) 大寒因賜坐命酌君適在旁近以一絶調(?)余索酒語奇警

(36) 俄頃　有召先生入訪外事先生以君詩對　上感嘆欲命以

(37) 官問左右君素不附貴近莫爲之助命遂寢晚事

(38) 仁宗被遇特深累居糾劾務擧大體略苛細物論歸重

(39) 上亦雅信及刑部之命眷奬方篤制下十日而君謝世有識

(40) 莫不恨訝余曉以天意而銘之曰

(41) 嗟嗟子虛　一之遺直　□秉洪鈞　以鎭王國

(42) 年未下壽　權纔中郎　天嗇其報　俾示後昌

(43) 友人試兵部尙書三司使金　永錫　誌

역주

돌아가신 형부낭중刑部郎中 김군金君 묘지

황통皇統[1] 을축년(인종 23, 1145) 12월 초하루 신축일에 내 친구 김군金君이 병이 들어 집에 누웠다가 이듬해인 병인년(인종 24, 1146) 정월 을해일에 마침내 영영 일어나지 못하게 되었다. 3월 하순에 아들 거실居實이 허리에는 띠를 두르고 손에는 지팡이를 짚은 채 급하게 찾아와서 문을 두드리며, "4월 기유일에 의룡산義龍山[2] 서북쪽 기슭에 장례를 치르고자 하니, 감히 명銘을 지어주기를 청합니다."라고 하였다. 나는 군의 평생을 가장 자세히 알고 있기 때문에 재주가 박하다고 사양하지 하지 못하고, 이에 대략을 적는다.

군의 이름은 구부龜符이고, 자字는 자허子虛인데, 나주羅州 해양海陽[3] 사람이다. 세상에서 이름난 가문[저성著姓]으로 꼽히니, 증조부 연보延保는 장작감將作監에 추증되었고, 조부 품선品先은 우복야右僕射에 추증되었다. 아버지 상우商佑는 선종宣宗·순종順宗·숙종肅宗·예종睿宗의 네 왕을 섬기면서 재능과 명망으로 당세에 추앙을 받았는데, 일찍이 송宋과 요遼에 가서 이름을 이역異域에 떨쳤으며, 이부상서 문덕전대학사吏部尙書 文德殿大學士로 일생을 마쳤다. 어머니 창원군부인昌原郡夫人은 문하시랑門下侍

---

1) 금 희종의 연호(1141~1148).
2) 개성부 우봉현(지금의 황해도 금천군 우봉면)에 있는 산.
3) 지금의 광주광역시로, 고려시대에 전라도 나주목의 속현이었다(『고려사』 권57 지리지2 전라도 나주목 해양현).

郞 최석崔奭의 딸이다.

군은 어려서 음서蔭敍로 관직을 얻었는데, 거듭 예부시禮部試에 응시하였으나 합격하지 못하자 탄식하며 말하기를, "공명功名은 내가 스스로 가질 수 있는 것인데 어찌 이 (방법)만을 쓸 것인가?"라고 하고 즉시 버리고 떠났다. 여러 직을 거쳐 위위주부동정衛尉注簿同正에 올랐다가 명주溟州[4]의 지방관으로 나갔는데 임기가 찼으나 파직되었다. 이씨李氏(이자겸李資謙)가 정권을 농락하자 군의 인척 중 죄가 없으면서도 당고黨錮로 모함을 받은 자가 있었는데, 군도 또한 연좌되어 5년간 폐직廢職되었던 것이다. 이씨가 패하자 여러 공들이 복직되도록 이끌어주어 이에 군은 동재장판관東材場判官이 되었고, 두 해 동안 다시 지방관 임무를 맡은 뒤 좌우위참군사左右衛叅軍事로 발탁되었으며, 시춘방사인試春坊舍人으로 옮겼다가 곧 합문지후閤門祗候로 진주통판晉州通判이 되었다. 진주晉州(지금의 경상남도 진주시)는 고을의 땅의 경치는 뛰어나나 일이 힘들어 지방관[수신守臣]들이 많이 스스로 꺼리는 곳이었는데, 군은 옳고 그름의 판단이 분명하고 위로함과 상벌이 적절하니 향리와 백성들이 따르고 기뻐하였다. 시지후試祗候로 소환되었다가 감찰어사監察御史로 옮기고, 이듬해에는 5품品의 관복을 하사받고 시형부원외랑試刑部員外郎이 되었다. 다시 전원殿院에 들어가 곧 대원臺院으로 발탁되었으나,[5] 오랫동안 병이 들

4) 지금의 강원도 강릉시로, 고려시대에 동계의 속군이었다(『고려사』 권58 지리지3 동계 명주).

5) 殿院과 臺院은 察院과 함께 중국 당의 어사대 소속의 기구로 시어사·전중시어사·감찰어사가 각각 3院을 분장하였다(『당서』 권44 직관지3 어사대). 고려의 어사대도

어 집무하지 못하자 어의御醫를 보내어 약을 꾸려 치료하게 하였다. 연말의 인사철에 시형부낭중試刑部郎中으로 보해졌으나 취임하지 못한 채 사망하니, 나이 58세이다. 아들과 사위들이 유언에 따라 서역西域의 다비법茶毘法에 따라 유해를 모셨다.

군은 처음 수사공守司空 홍관洪灌의 딸과 결혼하였으나 일찍 사별하였고 지금의 부인은 시합문지후試閤門祗候 한향韓珦의 딸인데, 모두 세가世家 출신이다. 세 아들을 두었는데, 장남은 곧 거실居實로 어려서부터 열심히 공부하여 그 가업을 이었다. 문자門資(문음門蔭)로 출신하여 내시內侍에 들어갔다가 과거에 급제하자 예에 따라 지방으로 나가 진주사록晉州司祿이 되었다. 부자가 서로 8년의 거리를 두었는데, 일을 처리하는 것은 서로 비슷하나 부지런함과 정성됨은 더함이 있었다. 군이 병이 들자 역마驛馬를 달려 불러와 돌보게 하니 사망하기 6일 전이었다. 돌아가시자 장례를 □□(치르니) 예禮에 따른 것이다. 다음은 거중居中인데 바야흐로 과거에 응시 중이고, 다음은 담천曇闡인데 해동종海東宗의 창사創師인 정림正琳에게 의탁하여 구족계具足戒를 받고 대덕大德이 되었으니, 모두 깨달음을 얻어 뒤에 자립自立하게 될 것이다.

딸은 넷인데, 장녀는 홍씨부인의 소생으로 권지식목녹사權知式目錄事 최종부崔宗夫와 결혼하였고, 둘째는 동면판관東面判官 이윤수李允脩와, 셋째는 안북사록安北司祿 안원수安元壽와 결혼

이러한 조직으로 되어있는지는 확실하지 않으나 본문의 표현은 다소 수사적인 것이라고 여겨진다.

하였는데, 모두 훌륭한 선비이다. 막내는 아직 결혼하지 않았다. 이전에 군은 대代를 이을 손자가 없는 것을 아쉬워하였는데, 세상을 떠나던 날에 큰 며느리가 사내아이를 낳으니 모두가 기이하게 여겼다. 외손外孫은 남자가 5명, 여자가 5명이다.

군은 풍채와 몸가짐이 엄정하고 웅대하여 가볍게 대할 수가 없었다. 그러나 술이 취하면 손뼉을 치며 우스개소리를 하여 좌객들이 모두 까무라쳐 넘어질 정도로 성품이 낙천적이고 사물을 잘 포용하였으므로 선비들이 많이 우러러 사모하였다. 어진 이를 특히 후하게 대하였는데, 돌아가신 재상 문정공文正公 이자고李子固(이지저 李之氐)[6]와, 돌아가신 예주사禮州使 김계보金谿甫(김수자金守雌)[7]는 모두 당대의 위인이고, 안자사安子思[8] 역시 품행이 높은 선비로 가야산伽倻山에 숨어 살다가 사망하였으며, 지금 살아계신 이들도 모두 이름난 분들이다.

공은 어릴 때부터 손에서 책을 놓지 않아서 아는 것이 많았고, 글을 잘 지었는데 소우첨蘇于瞻(소동파蘇東坡)[9]의 체體를 얻어

---

6) 子固는 李之氐의 字이다. 이지저(선종 9~인종 23: 1092~1145)는 인주이씨 출신으로 인종 때에 과거에 급제한 뒤 전중내급사에 올랐으나, 이자겸이 집권하자 지방관으로 좌천되기도 하였으며, 묘청의 난 때에는 문공인 등을 파면할 것을 건의하기도 하였다. 뒤에 정당문학 참지정사 등을 거쳐 중서시랑평장사가 되었고, 사후 文正이라는 시호를 받았다(『고려사』 권95 열전 이자연 부 지저).

7) 谿甫는 金守雌의 字이다. 김수자(?~?)는 상주 출신으로 과거에 급제한 뒤 국학학유 등을 역임하였으나, 한때 벼슬을 그만두고 직접 전원을 가꾸고 채소를 팔아 생계를 꾸려나가면서 매일 아이들을 가르치는 것을 낙으로 삼기도 하였다. 뒤에 다시 벼슬에 나갔는데 이자겸의 난으로 궁궐이 불타자, 직사관으로 궁중에서 숙직하다가 『國史』를 짊어지고 산호정 북쪽에 이르러 땅을 파고 묻어 소실되는 것을 막았다. 이 공으로 사후 이부시랑 한림시독학사 지제고에 추증되었다(『고려사』 권98 열전 김수자).

8) 인적 사항 미상.

9) 본문의 于瞻은 子瞻의 잘못일 것이다. 子瞻은 중국 북송의 시인인 소동파의 호이다.

시가 특히 기묘하고 아름다웠다. 불학佛學도 즐겨하여 본성本性에 밝았는데, 항상 『금강경金剛經』을 즐겨 읽어 말을 하지 않아도 뜻이 서로 닿아서 임종 시에도 대략 두려워하거나 의심함이 없었다. 선대로부터 군에 이르기까지 일찍이 살림살이를 돌보지 않았으므로 사람들이 그 청렴함에 탄복하였다.

이전에 예종이 진정眞靜 곽선생郭先生(곽여郭輿)[10]을 불러 금원禁苑에 모셔두고 빈우賓友로 대우하였는데, 나와 군은 모두 선생의 옛 친구의 아들로 어릴 때부터 스승으로 섬겼다. 하루는 내가 바야흐로 선생과 함께 있었는데, 마침 날씨가 몹시 추웠으므로 자리를 내주면서 술을 따르라 명하였다. 마침 군은 가까이에 있다가 단번에 절조絶調를 짓고 나는 술을 마셨는데, 시어詩語가 기이하고 놀라웠다. 얼마 뒤 부름을 받고 선생이 (궁에) 들어가자 임금이 바깥일을 물으니 선생은 군의 시를 말씀드렸다. 임금이 감탄하여 관직을 주고자 좌우에게 물었으나, 군은 평소에 귀근貴近에게 아부하지 않았으므로 끝내 도움을 받지 못하고 명命은 가라앉은 채 끝나고 말았다. 인종으로부터도 특별히 깊게 대우받아서 여러 차례 규핵糾覈의 임무를 맡았는데, 대체大體를 받드는 데 힘쓰고 사소한 부분에는 까다롭지 않았으므로 논자들이 중하게 여겼다. 임금 또한 평소에 신임하여 형부刑部로 명을 내었으니 돌봄과 칭찬이 바야흐로 돈독하였던 것인데, 제서制書가 내

10) 眞靜은 郭輿의 시호이다. 곽여(문종 12~인종 8, 1058~1130)는 문종 때 과거에 급제하고, 여러 관직을 거쳐 예부원외랑이 되었으나 사직하고 金州에 은거하였다. 예종이 즉위하자 곽여를 궁궐로 불러서 살게 하고 선생이라고 불렀다. 곽여는 검은 건[烏巾]과 鶴氅衣를 입고 도교·불교·의약·음양의 설까지 두루 섭렵하였는데, 당시 사람들이 金門羽客이라고 불렀다(『고려사』 권97 열전 곽상 부 여).

려진 지 열흘 만에 군이 세상을 하직하니 식자識者들이 한탄하고 놀라지 않음이 없었다.

내가 하늘의 뜻임을 깨닫고, 명銘을 지어 이른다.

아, 자허子虛여
한결같이 올곧았네
천지를 다스릴 □(재주를?) 겸하여
왕국을 편안하게 할 수 있었으나
나이는 60이 되지 못하고
지위는 경우 중랑中郎에 그쳤네
하늘이 베풂에 인색하였으나
후손에게는 창성함을 보이게 할 것이네

친구인 시병부상서 삼사사試兵部尙書三司使 김영석金永錫이 짓다.

해제

「김구부金龜符 묘지명」은 크기가 가로 76.2cm 세로 30.7cm의 장방형 형태로, 묘지석 주위에 얇은 테두리 선이 둘려져 있으나 주위를 장식하는 특별한 무늬는 없다. 자간을 구획하는 선도 없는데, 전체 43행에 달하는 전체명문은 해서체로 1행당 글자수가 최대 25자에서 최저 13자로 불규칙하게 쓰여져 있다.

김구부는 『고려사』에 단 하나의 기사만 남기고 있을 뿐인데, 이제 묘지명을 통해서 그의 생애와 이력을 자세하게 알 수 있게 되었다. 묘지명에는 그가 황통皇統 을축, 즉 인종 23년(1145)에 58세의 나이로 사망하였다고 하였는데, 이를 토대로 역산해 보면 출생한 해는 선종 5년(1088)이 된다.

그의 본관은 나주羅州 해양현海陽縣(지금의 광주광역시)으로, 증조 연보延保는 장작감, 조부 품선品先은 우복야에 각각 추증되었고, 아버지 김상우金商祐는 어사대부·예부상서 등을 거쳐 이부상서·문덕전학사를 역임했으며, 예종 4년에는 예부시의 동지공거가 되기도 했다.[11] 어머니 창원군부인 최씨昌原郡夫人 崔氏는 문하시랑을 역임한 최석崔奭의 딸인데, 고려중기에 활약한 최유청崔惟淸(선종 10~명종 4: 1093~1174)[12]과는 남매지간이다. 이로 볼 때 김구부의 집안은 비교적 일찍부터 고려의 중앙귀족으로 성장해 갔으며, 아버지 대에 이르러서는 이미 중앙의 유력한 가문으로 자리잡고 있었다고 볼 수 있다.[13]

한편, 김구부의 누이의 존재도 확인되고 있다. 즉, 김상우의 둘째 딸이 대흥한씨大興韓氏 가문의 한유충韓惟忠(문종 34~인종 24: 1080~1146)과 결혼하여 4남 4녀를 낳았는데,[14] 한유충의 나이로 볼 때 이 딸은 김구부의 손위누이일 가능성이 크다고 생각된다. 또 한 명의 딸은 자신의 묘지명을 남겼는데, 가족 관계는 알 수 없으나 선종 11년(1094)에 태어나 63세가 되던 의종 10년(1156)에 사망했으므로 김구부의 누이동생이 된다.[15] 그러므로 김구부에게는 적어도 세 명의 여자 형제가 있었다고 할 수 있다.

김구부는 음서로 관리가 된 뒤 거듭 과거에 응시하였으나 합격하지 못하자, 과감하게 과거의 길을 포기한 뒤 위위주부동정을 거쳐 명주溟州의 수령이 되었다. 그 뒤 이자겸이 권력을 잡자 모함을 받고 5년 동안 파직되기도 하였으나, 이자겸이 패한 뒤 복직되어 동재장판관·합문지후·

11) 『고려사』 권73 선거지1 과목1 선장, 예종 4년 3월 조 기사 참조. 그밖에 김상우에 대한 기사는 『고려사』 예종 세가에 몇 군데 나온다.

12) 「최유청 묘지명」, 김용선 편, 『집성』, 221~227쪽 및 『고려사』 권99 열전 최유청.

13) 박용운, 「고려시대 정안임씨·철원최씨·공암허씨 가문분석」, 『고려사회와 문벌귀족가문』, 경인문화사, 2003, 236~240쪽 참고.

14) 「한유충 묘지명」, 김용선 편, 『집성』, 90쪽.

15) 「김상우의 딸 김씨부인 묘지명」, 이 책, 130~135쪽.

진주통판·감찰어사 등을 거쳐 5품인 시형부원외랑이 되었으며, 인종 23년(1145) 겨울에 시형부낭중으로 선보選補된 뒤 바로 사망하였다.[16] 김구부는 이듬해 4월 의룡산義龍山 서북기슭에 매장되었는데, 의룡산은 당시 왕경 개성부의 속현이던 우봉군牛峯郡(지금의 황해도 금천군 우봉면)에 있던 산이다.[17]

김구부는 처음 수사공 홍관洪灌의 딸과 결혼했으나 부인이 일찍 죽자, 다시 시합문지후 한향韓珦의 딸과 결혼하였다. 자녀로는 3남 4녀를 두었는데, 장남 김거실金居實은 문자門資, 즉 음서로 관리가 되었다가 뒤에 과거에 급제하였는데, 민영閔瑛의 딸과 결혼하였다.[18] 이 묘지명 제(16)행에는 부친인 김구부가 사망하던 바로 그 날 첫 아들을 낳았다는 기이한 사정도 소개하고 있는데, 김거실은 훗날 무신난이 일어났을 때 순검군巡檢軍에게 살해되었다.[19] 한편 차남 김거중金居中과 해동종海東宗 승려가 된 3남 담천曇闡에 대해서는 다른 기록이 나오지 않는다. 장녀는 첫부인인 홍씨가 낳았는데 권지식목녹사 최종부崔宗夫[20]와 결혼하였고, 한씨부인의 소생인 차녀는 동면판관 이윤수李允脩와, 3녀는 안북사록 안북수安元壽와 결혼하였는데, 이들에 대해서도 별다른 기록은 나오지 않는다.

이렇게 볼 때 58세에 형부낭중으로 사망한 김구부 자신이나, 사서에 별다른 기록을 남기지 않은 아들과 사위들이 크게 현달했다고 할

16) 『고려사』에는 인종 22년 12월에 금의 황제가 동경에 오자 소부소감 김구부 등을 보내 방물을 바쳤다고 기록되어 있으나(『고려사』 권17 세가 인종 22년 12월 정해), 묘지명에는 이 사실을 적지 않았다.

17) 「이식 묘지명」에는 이식을 '우봉군 의룡산 동쪽 기슭에 장례지냈다'라고 되어 있다(김용선 편, 『집성』, 150쪽). 우봉군이 왕경 개성부의 속현이었음은 『고려사』 권56 지리지1 왕경 개성부 조 참고.

18) 「민영 묘지명」에는 민영의 딸이 김구부의 아들 김거실과 결혼하였다고 하였다(김용선 편, 『집성』, 123쪽).

19) 『고려사』 권128 반역전2 정중부.

20) 「최시윤 묘지명」에는 최시윤의 큰 아들이 봉원전직 권지식목도감녹사인 최종부라고 하였다(김용선 편, 『집성』, 85쪽).

수는 없을 것이다. 그러나 묘지명에 의할 때 음서출신자인 김구부는 비록 과거에는 급제하지 못하였으나 특히 소동파蘇東坡의 문체文體를 터득하는 등 글을 잘 지었고, 불학佛學에도 심취하여 항상 『금강경金剛經』을 읽었다고 한다. 또 예종 때 금문우객金門羽客으로 유명하던 곽여郭輿의 가르침을 받았으며,[21] 가야산에서 은둔한 채 일생을 마친 안자사安子思, 같은 경원이씨 출신이면서도 이자겸의 부패를 비판하는 입장에 서 있었던 이지저李之氐,[22] 궁중에서 숙직하다가 마침 이자겸의 난이 일어나자 『국사國史』를 땅에 파묻어 온전하게 보관시킨 공로로 유명한 김수자金守雌[23] 등과 친하게 지냈다. 또 그의 묘지명도 친구이자 함께 곽여의 제자였던 김영석金永錫이 써주었는데, 아들 김거실의 부탁으로 쓰게 되었다고 하였다. 그런데 훗날 김영석이 죽자 또 그의 아들의 부탁으로 김거실이 김영석의 묘지명을 써 주기도 하였다.[24]

이러한 점에서 「김구부 묘지명」은 예종~인종~의종 때에 전성기를 구가하던 고려문벌귀족사회의 내부 모습을 보여주는 흥미로운 자료가 되리라고 생각한다.

❙ 참고 ❙

· 김용선, 「새 고려묘지명 7점」, 『사학연구』 100, 한국사학회, 2010.

21) 이 묘지명 제(33)행에 나오는 眞靜은 곽여의 시호이다. 곽여에 대해서는 『고려사』 권97 열전 곽상 부 여 및 앞의 각주 10) 참조.

22) 이 묘지명 제(28)행에 나오는 文正은 이지저의 시호이다. 이지저에 대해서는 『고려사』 권95 열전 이자연 부 지저 및 앞의 각주 6) 참조.

23) 이 묘지명 제(29)행에 나오는 谿甫는 김수자의 字이다. 김수자에 대해서는 『고려사』 권98 열전 김수자 및 앞의 각주 7)참조.

24) 「김영석 묘지명」, 김용선 편, 『집성』, 205쪽.

6. 정언심井彦深 묘지명

소재: 서울 국립중앙박물관(No. 본관7980)

연대: 의종 즉위년(병인, 1146)

판독문

(1) 禮部員外郞井公諱彦深少
(2) 好學擧進士越壬辰年中第
(3) 歷登館閣三分憂寄皆有政
(4) 譽東北二蕃兵馬監察聲價
(5) 每爲第一及奉使金國延譽
(6) 四方則臣子輔國□心無愧
(7) 古人命之不□享年六十四
(8) 而卒然其於功績使後人傾
(9) 耳而聽拭目而觀不其休哉
(10) 銘曰
(11) 偉歟我公□聖之門
(12) □窮性命學究□源
(13) 匪雷匪霆其聲其名
(14) □銘于石斯立孝誠
(15) 丙寅八月十七日□記

역주

예부원외랑禮部員外郎 정언심井彦深공은 어려서부터 학문을 좋아하였는데, 진사시進士試에 응시하여 임진년(예종 7, 1112)에 합격하였다.[1] 관館과 각閣을 두루 거치고, 세 차례 지방관직을 맡았는데 모두 잘 다스린다는 칭송을 들었으며, 동계東界와 북계北界의 병마감찰兵馬監察이 되어서는 그 성가가 매번 으뜸이었다. 금金나라에 사신으로 가서는 그 명예가 사방에 떨친 즉 신하로서 나라에 보탬이 되었다.[2] □ 마음이 옛 사람에게 부끄럽지 않았는데, 목숨이 □하지 않아, 향년 64세로 돌아가셨다. 그러나 그 공적에 있어서는 뒷 사람들이 귀를 기울이고 눈을 비비며 보게 될 것이니, 어찌 아름답지 않겠는가.

명銘하여 이른다.

위대하도다, 우리 공은 □성聖의 문도門徒로
□은 성명性命을 다하고 학문은 □원源을 탐구했네.
천둥도 아니고 번개도 아니면서 성가와 명성을 떨쳤으니
돌에 □ 명銘을 새겨 이에 그 효孝와 성誠을 밝히노라.

병인년(의종 즉위년, 1146) 8월 17일에 □ 쓰다.

---

1) 이 과거에 대해 『고려사』에는 '(예종) 7년 3월에 평장사 吳延寵이 지공거가 되고 시랑 林彦이 동지공거가 되어 진사를 뽑았는데, 을과에 鄭之元 등 3명, 병과 6명, 동진사 16명, 명경 3명에게 급제를 주었다'(『고려사』 권73 선거지1 과목1 선장 조)라고 기록되어 있다. 이 과거에 뽑힌 인물로 井彦深과 鄭之元(鄭知常) 이외에 崔惟淸(「최유청 묘지명」, 김용선 편, 『집성』, 221~227쪽), 文公裕(「문공유 묘지명」, 김용선 편, 『집성』, 172~175쪽), 權適(「권적 묘지명」, 김용선 편, 『집성』, 95~98쪽)의 이름이 알려져 있다.

2) 이에 대하여 『고려사』에는 '차위위경 정언심을 금에 보내 (왕의) 생신을 축하해 준 것에 대해 사례하였다'(『고려사』 권17 세가 인종 23년 윤11월 임신)라는 기록이 있다.

해 제

고려시대 지배층들의 장례방식은 화장을 한 뒤 유골을 추려서 석관石棺에 넣고 매장하는 것이 일반적이 방식이다. 그때 별도의 지석으로 묘지명을 만드는 것이 대부분이지만, 석관에 직접 명문을 쓰는 경우도 가끔 있다. 「정언심井彦深 묘지명」도 석관의 한 면에 직접 쓰여 있다. 즉 6매로 구성된 석관의 한 겉면에 4신四神의 하나인 현무玄武를 새기고, 그 뒷면에 명문을 적은 것이다.[3] 해서체로 쓰인 명문은 모두 11행인데, 행을 구분하는 선은 없으며, 서문은 행당 11자씩, 명銘은 8자씩 일정하게 쓰여 있다. 크기는 가로 52.8cm, 세로 30.1cm이다.

내용은 비교적 간단하지만, 정언심井彦深은 『고려사』에 단 하나의 기록을 남기고 있기 때문에 이 묘지명에 의해 그의 생애가 다소나마 알려지게 된 것은 다행이라고 생각한다. 묘지명에는 정언심이 병인년(의종 즉위년, 1146)에 64세로 사망하였다고 하므로, 그가 태어난 해는 1083년으로 순종 즉위년에 해당한다.

그의 성이 정씨井氏라는 점이 특이한데, 그의 가계나 출신지에 대해서는 기록되어 있지 않다. 이 정씨에 대해서는 통일신라 후기 금산사金山寺를 창건한 진표眞表가 완산주 만경현 完山州 萬頃縣, 즉 지금의 전라북도 김제시 만경읍 출신으로 성이 정씨井氏라는 사실은 잘 알려져 있다.[4] 또 조선 중종 25년(1530)에 만들어진 『신증동국여지승람』의 성씨 조에는 경기도의 강화·연천, 충청도의 면천, 전라도의 고부·정읍·순창·장수, 황해도의 배천白川에 정씨井氏가 있다고 기록되어 있다.[5]

---

3) 사신도에서 현무는 북쪽의 방위신을 상징한다. 이와 달리 「정후영 묘지명」은 남쪽의 방위신인 주작이 그려진 석관의 뒷면에 새겨져 있다(이 책, 294~299쪽).

4) 『삼국유사』 권4 의해5 진표전간.

5) 『신증동국여지승람』 권12·13·19·33·34·39·43의 해당 지역 성씨 조 참고.

그러나 고려시대의 기록에는 이에 대해 적혀 있는 것이 없으므로, 정언심의 출신지가 어디인지 정확하게 말하기는 어렵다. 단지 『고려사』에는 현종의 공주인 아지阿志를 검교소감 정민상井民相에게 시집보냈다는 기록과[6] 인종 10년(1132)의 기록에 국학생 정언백井彦伯이라는 인물이 나온다.[7] 또, 『보한집補閑集』에는 명종대에 과거에 급제한 것으로 추정되는 청풍감무 정정후井宗厚라는 인물도 나오므로,[8] 당시 정씨는 나름대로 고려사회에서 이름이 알려져 있는 가문이라고 할 수 있을 것이다.

어쨌든 정언심은 30세 되던 예종 7년(1112)에 과거에 급제하였는데, 이 과거에 대해 『고려사』에는 다음과 같이 기록되어 있다.

> (예종) 7년 3월에 평장사 오연총吳延寵이 지공거가 되고 시랑 임언林彦이 동지공거가 되어 진사進士를 뽑았는데, 을과乙科에 정지원鄭之元 등 3명, 병과丙科 6명, 동진사同進士 16명, 명경明經 3명에게 급제를 주었다(『고려사』 권73 선거지1 과목1 선장 조).

장원을 한 정지원은 뒤에 정지상鄭知常으로 이름을 고쳤는데, 당시에 뛰어난 시인이었으나 묘청의 난 때 김부식에게 처형되었음은 잘 알려진 사실이다.[9] 그밖에 동기생 중에는 최유청崔惟淸[10], 문공유文公裕[11], 권적權適[12]의 이름이 알려져 있다.

과거에 급제한 뒤 정언심은, 묘지명에 쓰여 있듯이, 관館과 각閣을 두루 거치고 세 차례 지방관직을 맡았다고 하였으나, 동계東界와 북계北界의 병마감찰이 되었다는 사실 이외에는 구체적인 관직을 알 수가

6) 『고려사』 권91 공주전 현종 8녀 아지.
7) 『고려사』 권16 세가 인종 10년 5월 병자.
8) 『보한집』 하 「趙承宣伯琪」.
9) 『고려사절요』 권10 인종 13년 정월 갑인.
10) 「최유청 묘지명」, 김용선 편, 『집성』, 221~227쪽 및 『고려사』 권99 열전 최유청.
11) 「문공유 묘지명」, 김용선 편, 『집성』, 172~175쪽.
12) 「권적 묘지명」, 김용선 편, 『집성』, 95~98쪽.

없다. 단지 그가 금에 사신으로 갔다는 기록에 대해 『고려사』에는 다음과 같이 밝혀져 있다.

> 차위위경借衛尉卿 정언심井彦深을 금에 보내 (왕의) 생신을 축하해 준 것에 대해 사례하였다(『고려사』 권17 세가 인종 23년 윤11월 임신).

이 기록은 사서에 남아있는 정언심에 관한 유일한 기록이다. 인종 23년(1145)은 정언심의 나이는 63세 되던 해인데, 당시 그의 관직은 차위위경이었다. 위위경은 종3품직이기는 하나 비정규 임시직임을 뜻하는 차借가 붙어있으므로 그의 실직實職은 아니었다. 금에 다녀온 이듬해 그는 64세의 나이에 사망하였는데, 묘지명에는 그의 관직이 정6품인 예부원외랑이라고 되어 있다. 이러한 점에서 볼 때 그는 그다지 현달했다고 할 수는 없다. 그의 과거 동기생인 권적(1094~1146)이 인종 20년에 예부시랑(정4품),[13] 문공유(1088~1159)가 인종 21년에 형부시랑(정4품),[14] 최유청(1093~1174)이 인종 22년에 예부시랑(정4품)이 된 것[15]과 비교해 보더라도 그의 승진은 매우 늦은 것이다. 그 이유는 알 수 없으나, 이 묘지명에 의해 정언심이라는 인물과 고려시대 정씨井氏 가문의 일부를 알 수 있게 된 것은 적지 않은 소득이라고 할 수 있을 것이다.

▌참 고▐

· 서성호, 「정언심 묘지명 소개」, 『다시 보는 역사편지 고려묘지명』, 국립중앙박물관, 2006.

---

13) 「권적 묘지명」, 김용선 편, 『집성』, 97쪽.

14) 「문공유 묘지명」, 김용선 편, 『집성』, 173쪽.

15) 「최유청 묘지명」, 김용선 편, 『집성』, 223쪽.

7. 김윤각金尹覺 묘지명

소재: 개인 소장

연대: 의종 1년(정묘, 1147)(추정)

판독문

(1) 公姓金諱尹覺中和縣人代我
(2) 大祖亡身衛社功臣大師三重
(3) 大匡金樂之內玄孫也父檢校
(4) 大子大師膺柬祖檢校大子大
(5) 保洪寶曾祖將軍金賢外祖將
(6) 軍李惟一也　公曾賴功臣之
(7) 蔭點吏職嘗仕近密爲人蹇諤
(8) 其本職至于檢校少詹事行試
(9) 掌冶令越壬戌年職受試大府
(10) 注簿越癸亥年正月三日沮落
(11) 越丁卯年五月二十有三日藏
(12) 骨于松林縣東南之隅鄕名世生
(13) 谷洞崗卜宅兆而安之其爲銘
(14) 曰嗚呼堆　公名世賢良其爲
(15) 祿爵漸以綏將何其下壽忽以
(16) 終堂占以吉地安於碧崗庶幾
(17) 來世垂裕無彊

역주

공은 성이 김金이고, 이름은 윤각尹覺으로, 중화현中和縣[1] 사람이자 우리 태조를 대신해서 죽어 사직을 지킨 공신[위사공신衛社功臣]인 대사 삼중대광大師 三重大匡 김락金樂의 내현손內玄孫이다.

아버지는 검교대자대사檢校大子大師 응간膺柬이고, 조부는 검교대자대보檢校大子大保 홍보洪寶이고, 증조는 장군將軍 김현金賢이며, 외조는 장군將軍 이유일李惟一이다.

공은 공신음서[공신지음功臣之蔭]에 의거하여 이직吏職을 받았는데, 항상 임금을 가까이서 모시는 근밀近密로 벼슬하였다. 사람됨이 충직하고 바른 말을 하였으며, 그의 본직本職은 검교대자대보檢校大子大保에 이르렀다가 임술년(인종 20, 1142)[2]에 시대부주부試大府注簿직을 받았다.

계해년(인종 21, 1143) 정월 3일에 사망하자, 정묘년(의종 1, 1147) 5월 23일에 송림현松林縣[3] 동남쪽 모루의 향鄕인 명세생곡名世生谷의 골짜기 언덕[4]에 유골을 묻었다. 무덤자리를 점쳐서 안장하면서 명銘하여 이른다.

슬프다, 공의 흙무덤이여

---

1) 고려시대의 북계 서경유수관의 속현으로(『고려사』 권58 지리지3 북계 서경유수관 중화현), 지금의 평안남도 중화현이다.

2) 이하 연대 비정에 대해서는 아래의 해제 참조.

3) 고려시대에 왕경 개성부의 속현으로(『고려사』 권56 지리지1 왕경 개성부 송림현), 지금의 경기도 장단군 일부에 해당한다.

4) 원문은 '松林縣東南之隅鄉名世生谷洞崗'인데, 다르게 번역할 여지도 있다.

어질고 착한 신하로 세상에 이름을 떨치고
그 녹봉과 벼슬이 점점 장래에 늘어날 터인데
어찌 수를 누리지 못하고
갑자기 돌아가시는가
좋은 땅을 점쳐서
푸른 언덕에 편안히 모셨으니
바라노니 다음 세상에도
(그 덕이) 무궁하게 후손에게 드리우리라

해 제

「김윤각金尹覺 묘지명」은 가로 26.6cm, 세로 21.3cm, 두께 2.3cm로 비교적 작은 모습이다. 장방형 지석의 테두리에는 특별한 무늬나 장식이 없으며, 전면에 걸쳐 가로세로로 얇은 선을 그어 칸을 만들고 그 안에 글자를 새겼다. 지석의 맨 위와 아래 칸 및 좌우의 한 칸씩은 모두 빈 칸으로 남겨두고 글자를 새겼는데, 전체 행수는 17행이고 1행당 글자는 12자씩으로 일정하다. 단, 제(12)행만은 맨 아래 칸에 글자를 하나 더 새겼고, 명문 중간에 두 차례에 걸쳐 피장자를 뜻하는 '公'이라는 글자가 나올 때는 앞 글자를 비워두고 한 칸씩 띄어쓰기를 하였다. 글자는 모두 196자로 이체異體가 많이 섞인 해서체이나, 지석의 상태가 좋아서 모든 글자를 다 읽어낼 수 있다.

묘지명에는 김윤각이 중화현中和縣(지금의 평안남도 중화군) 출신이라고 하였다. 고려시대에 중화현은 서경西京의 속현이었으나, 훗날인 충숙왕 9년(1322)에 태조통합공신인 김낙金樂과 김철金哲의 내향內鄉이라고 하여 군郡으로 승격되었다.[5]

한편, 이 묘지명에는 김윤각이 김낙의 내현손內玄孫이라고 하였다. 즉 김낙은 김윤각의 친현조부가 된다. 김낙은 고려가 건국한 지 두 달 뒤인 태조 원년(918) 8월에 개국의 공로자를 대대적으로 포상할 때 2등 공신으로 책봉되었고,[6] 태조 10년(927) 7월에는 재충在忠과 함께 대량성大良城(지금의 경상남도 합천군 대양면)을 공격하여 후백제의 장군 추허조鄒許祖 등 30여 명을 사로잡는 공을 세웠다.[7] 그러나 그 해 9월에 김낙은 공산公山 동수桐藪(지금의 대구광역시 동구 지묘동)에서 벌어진 후백제군과의 전투에서 위기에 처한 태조를 구하려다 신숭겸申崇謙 등과 함께 전사하였다.[8] 이에 태조는 지묘사智妙寺를 세워 그들의 공을 기리고 명복을 빌었다.[9]

「김윤각 묘지명」에 김낙이 '위사공신衛社功臣'이라고 적혀 있는 것을 보면, 그는 개국공신에서 사후에 위사공신으로 다시 책봉된 듯하다. 또 전사 당시의 그의 관직은 좌상左相이라고 사서에 적혀 있는데,[10] 이 묘지명에는 대사 삼중대광大師 三重大匡이라고 한 것은 사후에 이 관직이 추증되었기 때문이라고 생각된다.

김낙의 공로는 후대에도 계속 칭송되었다. 예종 15년(1120)에 팔관회가 열렸을 때 잡희雜戲에 등장한 그와 신숭겸의 우상을 보고 왕은 감탄하여 시를 직접 지었는데,[11] 이 시는 「두 장수를 추모하는 노래」[도이장가悼二將歌]라는 제목으로 잘 알려져 있다. 또 현종·문종·숙종·예종 등의 역대왕들은 여러 차례에 걸쳐 태조의 공신들을 서용하라는 조서

5) 『고려사』 권58 지리지3 북계 서경유수관 평양부 중화현.
6) 『고려사』 권1 세가 태조 원년 8월 신해.
7) 『고려사』 권1 세가 태조 10년 7월 무오.
8) 『고려사』 권1 세가 태조 10년 9월.
9) 『고려사』 권92 열전 홍유 부 신숭겸.
10) 『고려사』 권1 세가 태조 10년 12월.
11) 『고려사』 권14 세가 예종 15년 10월 신사.

를 내렸는데,12) 김낙의 후손들도 이 조처에 따라 음서의 혜택을 받았을 것임은 분명하다.

이와 관련하여 이 묘지명에는 김윤각이 공신음서[공신지음功臣之蔭]를 통해 이직吏職을 받았다고 적혀 있다. 그런데 김윤각의 아버지 응간膺柬은 검교대사대사, 조부 홍보洪寶는 검교대사대보, 증조 김현金賢은 장군이고, 외조 이유일李惟一은 장군을 역임하였다고 적혀 있으나, 이들이 공신으로 책봉되었다고 적지는 않았다. 그러므로 이들은 고위관료이기는 하되 공신으로 책봉되었을 가능성은 극히 희박하다. 그렇다면 김윤각은 그의 5대조인 김낙을 탁음자托蔭者로 하여 '공신음서'를 받았다고 할 수 있다. 김윤각이 언제 음서를 받았는지는 알 수 없지만, 이 음서는 전형적인 '공음功蔭'에 해당하는 것이자 탁음자 기준으로는 '현조음玄祖蔭'에 속한다고 볼 수 밖에 없다. 이러한 점에서 「김윤각 묘지명」은 『고려사』 선거지의 '서공신자손敍功臣子孫' 조 기사가 실제로 시행된 사례로서 주목되어야 할 것이다.

한편, 이 묘지명에는 김낙 – ? – 김현 – 김홍보 – 김응간 – 김윤각으로 이어지는 중화김씨의 계보와 함께, 김윤각의 외조부가 장군인 이유일이라는 점도 밝히고 있다. 이들 중에서 김낙을 제외한 김현만이 유일하게 사서에 기록을 남겼다. 즉, 『고려사』에는

> (예종4년) 2월 경진에 건덕전乾德殿 남문 밖으로 행차하여 장군 김현金賢·임좌林佐 등의 군사를 사열하고 술과 은병銀甁을 내려주었다(『고려사』 권13 세가 예종 4년 2월 경진).

라고 하여, 예종 4년(1109)에 김현이 장군직을 가지고 있었다는 사실을 알려준다. 김윤각의 외조부도 장군이었으므로, 김윤각은 무반가문에서 태어났음이 분명하다. 그러나 김윤각은 공신음으로 이직을 받은 뒤 문반

---

12) 『고려사』 권75 선거지3 전주 서공신자손 조의 기사 참고.

관리로 승진해 갔으므로, 그는 음서를 통해 문반으로 개반改班한 인물로 분류할 수 있다.

한편, 김낙이 전사한 태조 10년이 서기연대로는 927년이므로, 그의 손자인 김현이 예종 4년인 1109년에 장군으로 생존해 있었다는 이 기록은 김윤각의 활동 시기를 짐작하는 데 결정적인 도움을 준다. 이 묘지명에는 김윤각의 출생과 사망, 입사 등에 대해 절대적인 연대는 적혀 있지 않다.단지 그가 임술년에 시대부주부가 되고, 계해년 정월에 사망하였으며, 정묘년 5월에 무덤에 안장하였다고만 적혀 있다. 위의 『고려사』 기록에 따라 김현이 장군으로 있던 1109년 이후의 임술, 계해, 정묘년을 찾아보면 다음과 같다.

임술년: 1142년(인종 20), 1202년(신종 5)
계해년: 1143년(인종 21), 1203년(신종 6)
정묘년: 1147년(의종 1), 1207년(희종 2)

이 중에서 김윤각의 묘지명에 나오는 임술년 등의 절대연대는 1140년대의 해당시기로 비정하는 것이 타당하다고 생각한다. 증조가 1109년 당세에 생존한 것에 비해 증손자가 1143년에 사망했다는 것이 다소 이르다는 느낌을 주기는 한다. 그러나 김윤각 묘지명에는 그가 '하수下壽'를 누렸다고 적혀 있는데, 이 기록과 그가 김낙의 현손이라는 점을 동시에 감안하면 1200년 초반으로의 연대 비정은 너무 늦다는 인상을 준다. 이와 같이 생각할 때에, 김윤각은 1142년(인종 20)에 시대부주(종7품)[13)]에 오른 뒤, 이듬해인 1143년(인종 21)에 '하수' 즉 이른 나이로 사망하고, 1147년(의종 1)에 장례를 치렀다고 보는 것이 합리적이지 않을까 한다. 그러나 그의 출생연도는 비정할 수가 없다.

묘지명에는 아쉽게도 김윤각의 처나 자녀에 대한 기록은 나오지 않는

13) 문종 관제에서 대부주부는 종7품의 관직이었다(『고려사』 권76 백관지1 내부시).

다. 그런데 중화김씨 출신의 다른 인물로 김신련金臣璉(순종 1~의종 15: 1083~1161)이 알려져 있다. 그는 인종 대에 묘청의 난을 진압하는데 공을 세웠으며, 벼슬이 상서우승에 오른 뒤 은퇴하였다. 그의 아버지 김지간金知幹은 호부시랑, 조부 김약진金若珍은 중서평장사, 증조부 김여탁金如琢은 상서좌복야를 지냈으므로, 나름대로 고위관료를 배출한 가문이라고 할 수 있다.[14)]

같은 중화현 출신인 김신련과 김윤각의 가계가 어떤 관련이 있는지는 알 수 없다. 그러나 두 가계를 함께 놓고 보면, 당시 중화김씨는 고려 귀족사회에서 비교적 잘 알려진 가문에 속한 것이 아니었나 생각된다. 그러한 지위를 차지하는 데에는 이 가문이 공신인 김낙을 선조로 두었다는 사실도 유리한 요인으로 작용을 하였을 것이다. 이렇게 보면 김윤각이 공신음功臣蔭을 받았고, 하필이면 김신련도 선조음先祖蔭을 받아 관리가 되었다는 사실도 묘한 여운을 남겨준다.

이상 「김윤각 묘지명」에 보이는 김윤각(?~인종 21: ?~1143)의 생애와 가계를 간단하게 살펴보았다. 중화현 출신의 그는 태조대의 개국공신이자 위사공신인 김낙의 내현손으로, 이 김낙의 음덕에 의탁한 공신음서를 받아 관리가 되었다. 그는 시대부주부라는 관직에 오른 뒤 장수하지 못한 채 죽었고, 자녀에 대한 기록도 남기지 않았다. 그러나 그의 묘지명을 통해 공신인 김낙의 가계와 김윤각의 생애를 알 수 있게 된 것은 소득이 크다고 생각한다. 아울러 『고려사』 선거지에 나오는 '공신음서'의 실제 시행 사례를 보여준다는 점에서 이 묘지명이 갖는 사료적 의의도 큰 것이 아닌가 한다.

---

14) 「김신련 묘지명」, 김용선 편, 『집성』, 189~190쪽.

▌참 고▐

· 김용선, 「최홍재·김윤각 묘지명」, 『한국중세사연구』 41, 한국중세사학회, 2015.

8. 낙랑군부인 최씨樂浪郡夫人 崔氏 묘지명

소재: 일본 동경 대동문화대학 서도연구소
(탁본소장, No.整1623)
연대: 의종 3년(금 황통 9년, 1149)

판독문

(1) 樂浪郡夫人崔氏墓
(2) 皇統九年歲在己巳正
(3) 月辛丑卒二月壬申茶
(4) 毘于京城之西四月庚
(5) 午葬於普光寺北崗

역주

낙랑군부인 최씨樂浪郡夫人 崔氏 묘

황통皇統[1] 9년 기사년(의종 3, 1149) 정월 신축에 돌아가시니 2월 임신에 경성京城 서쪽에서 다비茶毘하고, 4월 경오에 보광사普光寺[2] 북쪽 언덕에 장례지냈다.

---

1) 금 희종의 연호(1141~1148). 1149년에 희종에 이에 황제가 된 제량은 그 해에 연호를 天德이라고 고쳤다.
2) '京北山普光寺'(「방청련 처 피씨 묘지명」, 김용선 편, 『집성』, 280쪽)라는 기록에서 보듯이, 보광사는 개성의 북쪽에 있던 사찰이었다.

해 제

「낙랑군부인 최씨樂浪郡夫人 崔氏 묘지명」은 일본 동경 대동문화대학大東文化大學 서도연구소書道硏究所 우노 세쓰손 문고宇野雪村文庫에 탁본으로 소장되어 있다. 우노 세쓰손宇野雪村은 일본의 서예가이자 금석문과 탁본자료 등의 수집가와 연구자로 유명한데,[3] 이 문고에는 탁본만 전해질 뿐, 그가 어떻게 이 묘지명 탁본을 입수하였고 실물이 지금 어디에 있는지를 알려주는 기록은 없다. 탁본을 보면 지석 표면에 무늬나 선은 그려져 있지 않고 5행에 걸쳐 43자만 쓰여 있다.

묘지명 전문은 낙랑군부인 최씨가 의종 3년(금 황통 9년, 기사, 1149) 정월 신축에 사망하고, 2월 임신에 서울 서쪽에서 화장하였으며, 4월 경오에 서울의 북산北山에 있던 보광사普光寺의 북쪽 언덕에 장례지냈다는 내용이다. 기록이 너무 소략하여 부인의 가계, 남편의 이름, 가족관계를 전혀 알 수 없다는 점이 아쉽다. 단지, 군부인이라는 정6품의 외명부 작호는 주로 5~6품 관리의 어머니나 처에게 주어다는 점을 감안하면[4] 부인의 가족의 신분을 짐작해 볼 수 있다. 또 낙랑이라는 칭호는 부인의 본관이 경주慶州였으리라는 사실을 말해 준다. 이와 아울러 정월 신축일(18일)에 사망한 부인이 2월 임신(19일)에 화장하기까지의 기간이 31일, 또 화장을 한 뒤 4월 경오(19일)에 장례를 치르기까지의 기간이 꼭 58일이었다는 기록은 고려시대의 상장례喪葬禮를 이해하는 데 소중한 정보를 제공해 준다고 할 것이다.[5]

3) 대동문화대학 서도연구소 宇野雪村文庫 홈페이지 참고(http://www2.daito.ac.jp).
4) 김용선, 「고려시대의 외명부제와 봉작체계」, 『진단학보』 135, 진단학회, 2020, 82~84쪽.
5) 해당 간지일의 날자 비정에 대해서는 「삭윤표」, 『한국사』 연표, 진단학회, 1959, 47쪽 참고.

▌참 고▐

· 김용선, 「새 자료 고려묘지명 다섯 점 반」, 『역사학보』 198, 역사학회, 2008.

9. 윤언식尹彦植 묘지명

소재: 서울 성공회대학교 성공회역사자료관

연대: 의종 3년(1149)

판독문

(1)　□□□墓誌銘

(2)　　朝請大夫試國子監太司成知尙書都省事知制誥金子儀 撰

(3) □□□守司空尙書右僕射天水公以疾告歸其政 上不許其辞

(4) □□□從之五月二十九日薨于天壽院年六十三贈金紫光祿太夫檢

(5) 校司徒守司空尙書左僕射諱彦植字無爲姓尹氏鈴平縣人也曾

(6) 王父追封軍器監諱先之太王父追封太子太保諱執衡王父開府

(7) 儀同三司推忠佐命平戎拓地鎭國功臣守太傅門下侍中判尙書吏

(8) 部事鈴平縣開國伯修國史上柱國諱瓘贈謚文肅公入太廟配

(9) □□　睿宗公在妙齡以門廕登仕先娶 明懿太后之弟柳氏女

(10) □卒無子後娶其黨故衛尉少卿柳公仁茂之女今封河源郡

(11) 夫人生四男三女長雜織署丞平壽二尙食直長同正敦裕三曺

(12) 溪宗入選雲辯四禮賓主簿同正永壽女三人長適京市署

(13) 丞金隨次兩女皆幼焉公爲人淸明坦夷表裏洞達雖未擢進士

(14) 第常讀佛老以自曠望之有儼然可畏之色卽之也溫丙戌入

(15) 閣官十九拜閤門祗候遷尙書考功員外郎賜緋衣銀魚轉尙

(16) 書右司郎中戊戌出知淸州入爲試給事中賜紫金魚袋壬寅三月

(17) 拜衛尉少卿兼太子中允十一日入樞密院左副承宣餘並如故十二月轉

(18) 試工部侍郎兼三司副使乙巳又出爲南京留鑰及丙午之乱有一姧

(19) 臣讒譖竄于鵝州公之忠誠有如皦日擧國寃之未幾
(20) 仁宗乃解召還蓋其室柳氏力也以故世號爲柳□古所謂烈女也
(21) 丁未又出守完山庚申閏月拜尙書左丞辛酉徙判閣門事兼三
(22) 司使壬子四月以尙書兵部侍郎知東北面兵馬事乙卯正月西京叛
(23) 五月公爲殿中監餘如故知西北面兵馬事皆稱 旨仍奉使太金金
(24) 人望其風彩皆以手加額以嘆曰此高麗文肅公之子也嗚呼何其
(25) 英偉而淸遠如此之至也遂遍歷淸途至吏部尙書皇統七年
(26) 拜光祿太夫尙書右僕射兼三司使八年銀靑光祿太夫守司空餘
(27) 如故方是時人皆以晩登相府爲嘆以不幸短命悲夫八月壬申葬
(28) 于朔寧縣甕谷之東麓謚曰懿淸銘曰
(29) 嗟乎尹公眞君子也珪璋具表冰雪其姿天族聯華台司鬱望出入四朝德
(30) 望益峻讒邪遂起晏然不疑 上亦注意人皆仰之謂享瓰壽復正三韓何
(31) 與一朝蕭然化去音容何在天其蒼蒼一點靈臺丹靑莫狀

역주

□□□묘지명圖誌銘

조청대부 시국자감태사성 지상서도성사 지제고朝請大夫 試國子監太司成 知尙書都省事 知制誥인 김자의金子儀가 지음

□□□ 수사공 상서우복야守司空 尙書右僕射인 천수공天水公이 병이 들어 정사에서 물러날 것을 아뢰었다. 임금(의종)이 사직을 허락하지 않았으나 그 (뜻이 완강하므로?) 좇았는데, 5월 29일에 천수원天壽院에서 돌아가시니, 63세이다.

금자광록태부 검교사도 수사공 상서좌복야金紫光祿太大 檢㊔同徒 守司空 尙書左僕射로 추증된 언식彦植은 자가 무위無爲이고, 성은 윤씨尹氏이며, 영평현鈴平縣[1] 사람이다. 증조부는 군기감軍器監으로 추봉된 선지先之이고, 조부는 태자태보太子太保로 추봉된 집형執衡이다. 아버지는 개부의동삼사 추충좌명평융척지진국공신 수태부 문하시중 판상서이부사 영평현개국백 수국사 상주국開府㊗㊐㊂司 推忠佐命平戎拓地鎭國功臣 守太傅 門下侍中 判尙書吏㊕㊖ 鈴平縣開國伯 修國史 上柱國인 관瓘인데, 문숙공文肅公이라는 시호를 추증받았고, 태묘太廟에 들어가 예종睿宗의 □□(묘정에?) 배향되었다.

공은 젊은 나이에 문음門廕으로 벼슬길에 올랐다. 처음 명의태후明懿太后[2]의 동생인 유씨柳氏의 딸과 결혼했으나 □(일찍?) 죽었는데, 자식은 없다. 뒤에 그의 친족[당黨]인 돌아가신 위위소경衛尉少卿 유인무柳仁茂 공의 딸과 결혼했는데, 지금 하원군부인河源郡夫人으로 봉해졌다. 4남 3녀를 낳았는데, 장남은 잡직서승雜織署丞인 평수平壽이고, 차남은 상식직장동정尙食直長同正인 돈유敦裕이고, 3남은 조계종曺溪宗의 승선僧選에 합격한 운변雲辯이고, 4남은 예빈주부동정禮賓主簿同正인 영수永壽이다. 딸은 세 명으로, 장녀는 경시서승京市署丞인 김수金隨와 결혼하였는데, 다음 두 딸은 모두 어리다.

---

1) 고려시대에 왕경 개성부의 속현인 波平縣의 別號로(『고려사』 권56 지리지1 왕경 개성부 파평현), 지금의 경기도 파주시이다.

2) 숙종의 왕비로, 貞州 출신 문하시중 柳洪의 딸이다(『고려사』 권88 후비전1 숙종 명의태후 유씨).

공은 사람됨이 맑고 밝으며 마음이 너그럽고 넓었으며 사리를 꿰뚫었다. 비록 진사제進士第에는 합격하지 못했으나 항상 불서佛書와 노자老子를 읽었으며, 멀리서 바라보면 엄숙하여 가히 두려운 기색이 있었으나 가까이에서 대하면 온화하였다.

병술년(예종 1, 1106)에 엄관閹官(내시內侍)에 들어갔는데, 19세에 각문지후閣門祗候에 제수되었다가 상서고공원외랑尙書考功員外郎으로 옮기고 비의緋衣와 은어銀魚를 받았으며, 상서우사낭중尙書右史郎中으로 옮겼다. 무술년(예종 13, 1118)에 청주지사淸州知事로 나가고 들어와서는 시급사중試給事中이 되어 자금어대紫金魚袋를 받았다. 임인년(예종 17, 1122) 3월에는 위위소경 겸 태자중윤衛尉少卿 兼 太子中允에 제수되었다가 11일에는 추밀원樞密院에 들어가 좌부승선左副承宣이 되었는데, 나머지는 전과 같다.[3] 12월에는 시공부시랑 겸 삼사부사試工部侍郎 兼 三司副使로 옮기고, 을사년(인종 3, 1125)에는 다시 지방으로 나가 남경유약南京留鑰이 되었다. 병오년(인종 4, 1126)에 (이자겸의) 난이 일어나자, 한 간신奸臣이 거짓으로 참소하여 아주鵝州[4]로 귀양갔으나 공의 충성이 빛나는 태양과 같아 온 나라가 원통해 하였다. 얼마 뒤 인종仁宗이 이에 오해를 풀고 소환하였으니 대개 부인인 유씨柳氏가 힘쓴 것이었다. 그러므로 세상에서 유□柳□라고 부르니, 옛날의 이른바 열녀烈女라고 할 것이다.

---

3) 예종은 재위 17년인 4월 7일(병신)에 사망하자 다음날인 8일(정유)에 태자인 인종의 새 왕으로 즉위하였다(『고려사』 권15 세가 인종 즉위년 4월 기사 참조).

4) 고려시대에 경상도 진주목 거제군의 영현으로(『고려사』 권57 지리지2 경상도 진주목 거제현 아주현), 지금의 경상남도 거제시의 거제도 일부에 해당한다.

정미년(인종 5, 1127)에 다시 지방으로 나가 완산完山(지금의 전라북도 전주시)의 수령이 되었고, 경신년(인종 18, 1140) 윤달[5)]에는 상서좌승尙書左丞에 제수되었으며, 신유년(인종 19, 1141)에는 판각문사 겸 삼사사判閣門事 兼 三司使로 옮겼다.

임자년(인종 10, 1132) 4월에 상서병부시랑尙書兵部侍郞으로 지동북면병마사知東北面兵馬事가 되었다. 을묘년(인종 13, 1135) 정월에 서경西京이 반란을 일으키자(묘청妙淸의 난), 5월에 공은 전중감殿中監이 되었는데 나머지는 전과 같았고, 지서북면병마사知西北面兵馬使가 되어서는 모두 왕의 뜻을 받들었다. 이에 명을 받아 대금[太金]에 사신으로 가니,[6)] 금나라 사람들이 그의 풍채를 바라보고 모두 손을 이마에 올리면서 탄식하여 말하였다. "이 분이 바로 고려 문숙공文肅公의 아들이구나. 아, 어찌하여 그 뛰어나고 맑은 모습이 이에 이를 수 있단 말인가."

드디어 청요직淸要職을 두루 거치고 이부상서吏部尙書에 이르렀다. 황통皇統[7)] 7년(의종 1, 1147)에 광록태부 상서우복야 겸 삼사사光祿太夫 尙書右僕射 兼 三司使가 되었으며, 8년(의종 2, 1148)에는 은청광록태부 수사공銀靑光祿太夫 守司空이 되었는데 나머지

5) 이 해의 윤달은 6월이다(「삭윤표」, 『한국사 연표』, 진단학회, 1959, 45쪽 참고).

6) 이와 관련하여 『고려사』 권64 예지6 흉례 上國喪 조에는 다음과 같이 적혀 있다.
'인종 14년 2월 병진에 금이 사신을 보내 태황태후의 喪을 알리니, 온나라가 사흘 동안 소복을 입었고, 정묘에는 전중감 윤언식과 좌사간 최윤의를 금에 보내 弔祭하게 하였다.'
『고려사』 권16 세가 인종 14년 2월의 병진·정묘 조에도 같은 내용의 기사가 나뉘어 실려 있다.

7) 금 희종의 연호(1141~1148).

는 전과 같다. 바야흐로 이때에 사람들이 모두 늦게서야 상부相府에 올랐다고 탄식하였는데, 불행히도 명이 짧으니 슬퍼할 따름이다.

8월 임신일에 삭령현朔寧縣[8] 옹곡甕谷의 동쪽 골짜기에 장례를 치르니, 시호를 의청懿淸이라고 하였다.

명銘하여 이른다.

아, 윤공尹公은
참된 군자君子로
옥그릇같이 맑은 모습과
얼음과 눈같이 깨끗한 자태를 가졌네
하늘이 내린 집안은 귀한 벼슬을 잇달아 하며
태사台司를 가득 채우니
네 임금의 조정에 출입하면서
덕망은 더욱 높아졌네
거짓 참소가 마침내 일어났으나
편안하고 침착하게 두려워하지 않으니
임금 또한 생각을 고치고
사람들은 모두 우러러 보네
보기 드문 수명을 누리면서
삼한三韓을 다시 바로 잡기를 바랐으나
어찌하여 하루아침에
쓸쓸하게 돌아가시는가
목소리와 얼굴은 어디에 있는지
하늘은 푸르기만 한데
한 점 무덤[영대靈臺]에는
단청丹靑만이 아득하도다

---

8) 고려시대에 경기에 속한 현의 하나로(『고려사』 권56 지리지1 왕경 개성부), 지금의 강원도 철원군의 일부 지역에 해당한다.

해 제

「윤언식尹彦植 묘지명」은 서울의 성공회대학교 성공회역사자료관이 소장하고 있다. 크기가 세로 45,5cm, 가로 55,5cm, 두께 2,0cm인 직사각형의 형태로 되어 있는데, 표면에 아무런 장식이나 문양도 없는 소박한 모습이다. 지석 가장자리에는 얇은 선을 두 줄로 두르고 그 안에 총31행에 걸쳐 명문을 새기고 있으며, 행이나 자간을 구분하는 선은 그어져 있지 않다. 각 행당 글자 수는 최고 29자에서 최저 15자로 일정하지 않으나, 1행당 대략 25자 내외의 글자를 새기고 있다. 현재 지석의 오른쪽 윗부분 일부가 깨어져 있으므로 제(1)행부터 제(10)행까지는 처음의 두세 글자씩을 읽을 수가 없고, 제(1)행의 제목이 적혀 있는 앞부분도 서너 글자가 깨어져 나갔다. 그러나 지석의 깨진 부분은 어느 정도는 글자를 복원할 수 있고, 나머지 부분도 상태가 양호하여 몇 글자를 제외하고는 대부분을 무리 없이 판독할 수 있다. 글자체는 해서체이다.

이 묘지명은 제(1)행의 앞부분이 깨어져 나가서 정확한 제목은 알 수 없다. 그러나 전체명문의 내용으로 보아 윤언식의 묘지임이 분명하다. 단지 명문에는 출생과 사망연도가 정확하게 밝히지는 않았으나, 제(4)행에는 그가 63세가 되던 5월 29일에 사망하였다고 적고 있다. 그런데 『고려사』에는

> (의종3년5월) 경술에 수사공 좌복야 윤언식이 사망하였다(『고려사』 권17 세가 의종 3년 5월 경술).

라는 기록이 있다. 이를 「삭윤표」와 대조해 보면 의종 3년 5월 29일의 간지가 경술이므로,9) 『고려사』의 기록과 묘지명의 기록은 정확하게 일치한다. 따라서 윤언식은 의종 3년, 즉 1149년에 사망하였으며, 이를 통해 거꾸로 계산해 보면 그는 선종 4년인 1087년에 태어났음을

9) 「삭윤표」, 『한국사 연표』, 진단학회, 1959, 47쪽 참고.

확인할 수 있다.

윤언식에 관해서는 『고려사』의 세가와 지에 약간의 단편적인 기록이 남아있을 뿐이고, 열전에도

> (윤관의 아들은) 언인彦仁·언순彦純·언식彦植·언이彦頤·언민彦旼인데, <중략> 언식은 타고난 성품이 고상하고 우아하였으며 손님 접대하기를 좋아하였는데, 벼슬은 수사공 좌복야에 이르렀다(『고려사』 권96 열전 윤관).

라고 간단하게 적혀 있다. 그 밖에 『고려도경』과 『동문선』에도 하나씩의 기록이 남아있다.[10] 그러나 이제 그의 묘지명이 나타남으로 해서, 그에 대해 더 자세한 정보를 얻을 수 있게 된 것이다. 또 그의 동생인 윤언이와 윤언민의 묘지명이 각각 전해지고 있으므로,[11] 이들 형제가 속한 파평윤씨의 가계에 대해서도 그만큼 더 자세한 모습을 알게 되었다.

다만, 위의 『고려사』 기록에는 윤언식이 윤관의 셋째 아들처럼 적혀 있지만, 『고려사』에 나오지 않는 윤언영尹彦榮이라는 셋째 아들을 확인할 수 있다.[12] 그러므로 윤언식이 윤언영의 동생임은 분명하지만, 그 사이에 혹시 출가한 중이나 다른 형제가 있는지 지금으로서는 확인할 수 없다. 따라서 윤언식이 윤관의 넷째 아들이라고 단정짓는 일은 잠시 보류하기로 한다.

이 윤언식의 묘지명과 그의 동생 윤언이의 묘지명은 모두 김자의金子儀가 썼다.[13] 바꿔 말해 김자의는 이들 형제와 매우 가까웠고, 또 그

---

10) 『고려도경』 권8 인물 「접반 정봉대부 형부상서 주국 사자금어대 윤언식」 및 『동문선』 권25 제고 「윤언식가공부상서」.

11) 「윤언이 묘지명」·「윤언민 묘지명」, 김용선 편, 『집성』, 110~116·141~142쪽.

12) 「윤언영 처 유씨 묘지명」, 김용선 편, 『집성』, 47쪽.

13) 김자의는 이밖에도 「권적 묘지명」(김용선 편, 『집성』, 95~98쪽), 「박복야 묘지명」(김용선 편, 『집성』, 650~654쪽)을 썼다. 과거에 합격한 그는 한림학사, 국자감대사성 등을 역임하고 의종대에 간관으로 많은 활약을 했다.

만큼 당시 파평윤씨 가문의 상황도 잘 알고 있었으리라는 것이다. 이러한 점에서도 이 「윤언식 묘지명」은 사료적 가치가 더욱 커진다고 생각한다.

이 묘지명에는 윤언식이 영평현(鈴平縣, 지금의 경기도 파주시) 사람, 즉 파평윤씨 출신으로, 증조부는 윤선지尹先之, 조부는 윤집형尹執衡, 아버지는 윤관尹瓘이라고 밝히고 있다. 어머니에 대한 기록은 없으나, 「윤언민 묘지명」에는 어머니 이씨가 경원군부인으로, 검교태자대보를 지낸 이성간李成幹의 딸이고, 윤언민의 처 역시 경원이씨 출신이라고 하였다.[14)] 이렇듯 당대 최고의 문벌의 하나인 윤관 가문은 역시 당시 최고 문벌로 군림하던 경원이씨慶源李氏 가문과 겹쳐진 혼맥을 형성했던 것이다.[15)]

이러한 가문에서 태어난 윤언식의 출사에 대해 묘지명에는 다음과 같이 적고 있다.

> 공은 젊은 나이에 문음門蔭으로 벼슬길에 올랐다. <중략> 병술년(예종 1, 1106)에 엄관閹官(내시內侍)에 들어갔는데, 19세에 각문지후에 제수되었다가 상서고공원외랑으로 옮기고 비의緋衣와 은어銀魚를 받았으며, 상서우사낭중으로 옮겼다(묘지명 제(9)행 및 제(14)~(15)행).

그는 문음을 통해 관리가 되었는데,[16)] 병술년인 예종 1년(1106)에 엄관, 즉 내시에 들어갔고 19세에는 각문지후가 되었다는 것이다. 그런데 이 기록은 연대의 순서가 바뀌어 적혀 있어서 다소 혼란을 주고 있

14) 「윤언민 묘지명」, 김용선 편, 『집성』, 141~142쪽.

15) 고려 전기의 파평윤씨의 가계에 대해서는 박용운, 「고려시대의 해주최씨와 파평윤씨 가문분석」, 『고려사회와 문벌귀족가문』, 경인문화사, 2003, 203~210쪽 참고. 한편 李成幹은 별다른 기록이 없는데, 『인천이씨세보』에는 그가 李許謙의 손자이자 李訥의 아들이라고 되어있다(이만열, 「고려 경원이씨 가문의 전개과정」, 『한국학보』 21, 1980, 6~7쪽).

16) 앞의 각주 10)에서 언급한 『동문선』 기사에도 '문음으로 출신하였다'는 구절이 있으므로, 그가 음서출신자임은 이미 잘 알려져 있다.

다. 앞에서 살핀 바와 같이 그는 1087년생이므로, 병술년인 1106년은 20세가 되는 해이고, 19세는 그보다 한 해 앞선 1105년이 된다. 그렇다면 그는 1105년에 각문지후가 되고 그 다음해에 내시에 들어갔다고 보아야 할 터인데, 묘지명에는 그 연대를 바꾸어서 기록하고 있는 것이다.

이렇게 기록되어 있는 사정을 어떻게 이해해야 할 것인가? 어쩌면 이 묘지명을 지은 김자의가 '병술'이라는 간지를 잘못 썼거나, 아니면 '19'라는 숫자를 잘못 썼을 가능성도 있다. 그러나 이 묘지명의 다른 부분을 살펴보면, 시간의 순서대로 글을 쓰지 않고 순서를 바꾸어 기록한 부분이 더 나온다. 즉, 제(21)~(22)행을 보면 경신년(인종 18, 1140)과 신유년(인종 19, 1141)에 대해 언급하다가 바로 이어서 임자년(인종 10, 1132)과 을묘년(인종 13, 1135)에 관한 사실을 뒤늦게 기록하고 있다. 이러한 점을 감안하면, 이것은 착오가 아니라 의도적으로 20세의 기록을 먼저 적고, 그 뒤에 19세의 일을 적었다고 이해해도 좋지 않을까 한다.

19세에 그가 제수받은 각문지후(합문지후)직은 문종 관제에 의할 때 정7품에 해당한다.[17] 고려전기에 초음직으로 정8품과 정9품의 관직이 주어지는 것이 일반적인 경향이기는 하지만,[18] 최홍재崔弘宰와 이자겸李資謙도 초음직으로 합문지후 직을 받은 사례가 있다.[19] 이러한 점에 비추어 보면, 윤언식은 19세에 각문지후라는 관직을 초음직으로 받으면서 관리가 되었다고 해석해도 좋을 것이다.

어떻든 윤언식은 '문음門蔭'을 통해 관리가 되었는데, 특이한 점은 그의 두 동생인 윤언이와 윤언민도 각각 '부음父蔭'과 '가음家蔭'으로 관리가 되었다는 사실이다.[20] 즉, 윤관의 여러 아들 중 적어도 세 명이

---

17) 『고려사』 권76 백관지1 통례문.

18) 김용선, 『고려음서제도연구』, 일조각, 1991, 104~112쪽.

19) 『고려사』 권125 간신전1 최홍재 및 권127 반역전1 이자겸.

모두 음서를 통해 관리가 된 것이다. 이러한 사례는 고려시대 음서제도의 운영과 관련하여 매우 주목된다. 그러나 이 세 아들이 받은 음서의 명칭이 적어도 표기상으로는 각기 다르다는 점과, 특히 김자의가 두 형제의 묘지명을 직접 지으면서 음서의 명칭을 '문음'과 '부음'이라고 서로 다르게 표현한 사실도 주목해야 마땅하지 않을까 한다.

그런데 19세의 윤언식이 음서를 받은 것으로 추정되는 1105년은 공교롭게도 예종이 즉위한 해이다. 고려시대에 국왕이 즉위하거나 국가적 경사가 있을 때 음서가 시행되는 사례가 자주 있었다는 점을 감안하면,[21] 어쩌면 윤언식의 음서는 이런 배경 아래 시행된 것이 아닌가 한다.[22] 이러한 점에서 이들 세 형제가 받은 음서의 상이한 표현과 그 음서가 제수되는 상황에 대해서는 앞으로 좀더 검토를 해야 할 문제가 될 것이다.

음서를 통해 관리가 된 윤언식은

> 비록 진사시進士試에 합격하지 못했으나, 항상 불서佛書와 노자老子를 읽었다(묘지명 제(13)~(14)행).

라고 하였다. 이러한 기록은 음서로 관리가 된 그가 뒤에 다시 과거에 도전하였으나 실패하였다는 의미로 읽혀진다.[23] 이렇듯 윤언식은 음서출신자로 남아있게 되었지만, 이후 그는 순조롭게 관직생활을 이어갔다.

이 과정에서 특기할 사항은 인종 4년(1126)에 이자겸의 난이 일어났

20) 「윤언이 묘지명」, 김용선 편, 『집성』, 111쪽 및 「윤언민 묘지명」, 김용선 편, 『집성』, 141쪽.

21) 김용선, 『고려음서제도 연구』, 일조각, 1991, 32~36쪽.

22) 김용선은 5품 이상 관리 자손에게 시행되는 일반 음서인 '門蔭'과 대비시켜, 이러한 음서를 '功蔭'이라고 불렀다. 위의 책, 27~30쪽.

23) 음서를 받은 세 형제 중 윤언이는 뒤에 과거에 다시 합격하였다(「윤언이 묘지명」, 김용선 편, 『집성』, 111쪽).

을 때, 40세의 그는 참소를 받고 멀리 거제현의 아주鵝州로 유배를 가게 되었다는 기록이다.24) 묘지명에는 한 간신이 참소를 했기 때문이라고 하였지만, 실상 그는 정치적으로는 이자겸 세력에 속해 있었다. 그의 어머니와 동생인 윤언민의 처가 모두 경원이씨 가문 출신임은 앞에서 언급했지만, 다음의 기록은 당시 파평윤씨 가문과 이자겸과의 관계를 잘 보여준다.

> (윤관의 집안은) 대대로 이씨李氏와 통혼을 하였고, 이자겸과 매우 친하였다(『고려도경』 권8 인물 「접반 정봉대부 형부상서 주국 사자금어대 윤언식」).

이 기록은 인종 1년(1123)에 고려에 사신으로 와 개경에서 여러 달 체류하다 돌아간 중국인 서긍徐兢이 『고려도경』을 통해 보고한 내용 중의 하나이다.25) 그는 윤관·윤언식 부자가 경원이씨 뿐 아니라 이자겸과도 매우 친밀한 사이였다고 단적으로 증언하고 있다.

그러나 인종은 그를 유배에서 곧 풀어 주었다. 묘지명 제(20)행에는 그의 부인인 유씨가 애쓴 결과라고 하였다. 이 부인은 유인무柳仁茂의 딸로, 숙종의 왕비이자 인종의 할머니가 되는 명의태후 유씨明懿太后 柳氏의 친척[당黨]이었다<묘지명 제(9)~(10)행>. 그런데 서긍은 위에서 인용한 기록에 이어 또 다음과 같이 증언하고 있다

> 해楷(-인종의 이름)가 태자로 있을 때 언식이 또한 보좌하는 지위에 있었으므로, 해가 즉위한 뒤 높고 귀한 관직으로 승진하였다(위와 같음).

윤언식은 인종의 태자 시절부터 측근으로 활동하였는데, 즉위 후에도 계속하여 총애를 받았다는 것이다. 이 기록은 인종이 즉위하기 한 달 전인 3월에 윤언식이 태자부太子府의 관료인 태자중윤이 되고, 이

---

24) 아주현은 고려시대 거제현의 영현이었다(『고려사』 권57 지리지2 경상도 진주목 거제현 조).

25) 서긍의 고려 사행에 대해서는 『국역 고려도경』, 민족문화추진회, 1977, 해제 부분 참고.

어서 불과 며칠 뒤인 11일에는 추밀원에 들어가 좌부승선이 되었다는 묘지명 제(11)행의 내용과 상당히 부합한다.[26] 그러므로 이자겸파였던 윤언식이 유배에서 풀려난 것은 처가인 유씨 가문의 도움도 컸겠지만, 명의태후 유씨를 매개로 한 인종과 윤언식과의 개인적 관계도 큰 역할을 했으리라고 짐작할 수 있다. 한편, 이 유씨 가문과 윤언식 형제들은 여러 겹으로 혼맥이 얽혀 있었는데, 이에 대해서는 뒤에 다시 언급하기로 한다.

복권에 성공한 윤언식은 계속해서 지방과 중앙의 여러 관직을 거쳤다. 묘지명 제(22)행~(23)행에는 그가 인종 10년(1132)에는 상서병부시랑으로 지동북면병마사가 되었고, 그 뒤 인종 13년(1135) 1월에 서경에서 묘청의 난이 일어났는데, 그해 5월에 그는 전중감이 되고 이어서 지서북면병마사가 되었다고 적고 있다. 이 기록만으로 보아서는 묘청의 난과 윤언식과는 직접적인 연관성을 찾아볼 수 없다. 그럼에도 불구하고 이 묘지명에 묘청에 대해 특별하게 언급하고 있는 점은, 어쩌면 윤언식이 묘청의 세력과는 관련이 없고, 오히려 그 난이 평정된 뒤 지서북면병마사로서 그 뒤처리를 위해 애썼다는 점을 강조하고자 한 것이 아닌가 한다.

그의 동생 윤언이는 묘청의 난이 일어나자 중군좌中軍佐로서 그 반란군을 진압하는 데 공을 세우고 개선했다. 그러나 이전에 정지상鄭知常과 사당死黨을 결성했다는 혐의를 받고 유배를 갔다가 3년 뒤에야 풀려나게 되었다. 유배에서 돌아온 윤언이는 관직에 재기용되면서 자신이 결백함을 밝히는 사표謝表를 썼는데, 그 내용의 일부를 김자의는

26) 단지, 서긍의 보고서에서 한 가지 지적해야 할 점은 인종 1년 당시 서긍의 접반을 맡은 윤언식의 관직과 관계가 '정봉대부 형부상서 주국 사자금어대'로 되어있다는 것이다. 윤언식이 훨씬 뒤인 인종 10년에야 병부시랑이 되었다는 이 묘지명 제(22)행의 기록을 볼 때, 서긍의 기록은 착오가 아닌가 한다. 아니면 접반이라는 임무를 맡기면서, 고려정부에서 윤언식의 관직이나 관계를 짐짓 높여주었을 가능성도 크다.

「윤언이 묘지명」에서 이례적으로 길게 인용한 바 있다.[27] 그러므로 묘청과 관련하여 두 형제의 묘지명 기록을 비교해 보면, 김자의는 이들이 모두 묘청의 세력과는 무관하다는 점을 애써서 대변하고 있다는 느낌을 주기에 충분하다.

묘청의 난이 일어난 이듬해인 인종 14년(1136) 2월에 전중감이던 50세의 윤언식은 금에 사신으로 다녀왔다. 공식적으로는 금의 태황태후의 조문사절의 임무를 지닌 것이었다.[28] 그러나 이 사절단이 출발하기 열흘 전쯤에 김부식이 서경의 잔존 반란 세력을 완전히 평정하였다는 점을 감안하면,[29] 이번 사행의 정치적 의미나 반묘청파로서의 윤언식의 입지도 충분히 감지해 낼 수 있으리라 생각한다.

윤언식은 그 뒤 이부상서 등 주요한 직책을 역임한 뒤,[30] 61세에는 상서우복야(정2품) 겸 삼사사(정3품)가 되고, 이듬해에는 은청광록대부 수사공이 되어 3공三公의 지위에 오르게 되었다.[31] 이제 재상이나 추밀이라는 고려의 최고 관리가 될 기회가 바야흐로 눈앞에 다가온 것이다. 그러나 아쉽게도 그 관직에 오르지 못하고 병이 들어 63세의 나이로 사망하고 말았다. 국가에서는 의청懿淸이라는 시호를 내렸고, 그 해 8월 임신일[32]에 삭령현朔寧縣[33] 옹곡甕谷 동쪽 기슭에 장례지냈다.

---

27) 「윤언이 묘지명」, 김용선 편, 『집성』, 112～113쪽. 이 사표는 『고려사』 권96 열전 윤관 부 언이에 더욱 자세하게 수록되어 있다.

28) 『고려사』 권16 세가 인종 14년 2월 병진·정묘 조.

29) 『고려사』 권16 세가 인종 14년 2월 정사·무오 조.

30) 한편 판합문 지삼사사인 윤언식을 공부상서에 임명한다는 제고制誥가 『동문선』에 실려 있는데(『동문선』 권25 제고 「윤언식가공부상서」), 그 시기는 정확하게 알 수 없다. 윤언식 묘지명에는 그가 공부상서를 역임했다는 기록은 나오지 않지만, 제(21)·(22)행에는 인종 19년에 판합문사 겸 지삼사사가 되었다는 기록이 나온다. 그러므로 그가 공부상서가 된 것은 이 직후가 될 것이다.

31) 문종 관제에서 정1품의 사공은 大尉, 司徒와 함께 3公이라 불리웠다(『고려사』 권76 백관지1 삼사·삼공 조).

32) 의종 3년 8월 임신일은 23일이다(「삭윤표」, 『한국사 연표』, 진단학회, 1959, 47쪽 참고).

윤언식은 명의태후의 동생인 유씨의 딸과 결혼하였다. 그러나 이 부인은 자녀가 없이 일찍 사망하였다. 그 뒤 윤언식은 유인무柳仁茂의 딸과 재혼하였는데, 이 유씨부인도 명의태후의 친족[당黨]이었다. 명의태후 유씨는 정주貞州 출신으로 문하시중을 지낸 유홍柳洪의 딸인데, 숙종의 비가 되어 예종을 비롯한 많은 자녀를 낳았으며, 예종 7년(1112) 7월에 사망하자 명의왕태후라는 시호를 내렸다.[34]

명의태후의 형제로는 남동생인 유인저柳仁著와,[35] 여동생인 유씨부인이 알려져 있다.[36] 지금 남아있는 이 유씨부인의 묘지명에는 부인이 윤관의 셋째 아들인 윤언영과 결혼하였으며, 예종 12년(1117)에 39세의 나이로 사망하였다고 한다. 부인이 사망할 당시 좌사낭중이었던 윤언영은 이 묘지명에만 그의 이름을 남기고 있을 뿐 다른 기록은 전혀 없고, 자녀에 대한 기록도 남아있지 않다. 그런데 이 부인이 39세로 사망할 때 윤언식의 나이는 31세였다. 고려시대의 결혼이 일반적으로 남성연상형이었고, 특히 고려전기에는 부부의 나이 차이가 4세 정도였다는 점을 감안하면,[37] 윤언식과 윤언영이 같은 사람일 가능성은 매우 희박해진다. 그렇다면 윤언영은 윤언식의 형이 분명하며, 사서에 기록을 남기지 않은 윤관의 다른 아들로 보는 것이 옳을 것이다.

윤언식이 처음 명의태후의 동생인 유씨의 딸과 결혼하였다고 하는데, 장인의 이름은 알 수 없다.[38] 그렇다고 하더라도 윤관은 명의태후의 여동생과 그의 조카를 각각 자신의 며느리로 받아들인 셈이 된다.

---

33) 삭령현은 고려시대에 동주(지금의 강원도 철원군)의 속현이었다(『고려사』 권58 지리지3 교주도 동주).

34) 『고려사』 권88 후비전1 숙종 명의태후 유씨.

35) 『고려사』 권97 열전 유인저에는 명의태후가 그의 姊 즉 손위누이라고 기록되어 있다.

36) 「윤언영 처 유씨 묘지명」, 김용선 편, 『집성』, 46~47쪽.

37) 김용선, 「고려 귀족의 결혼·출산과 수명」, 『고려금석문연구』, 일조각, 2004, 109~121쪽.

38) 명의태후의 동생인 이 유씨는 남성일 수도 있고, 아니면 여성일 수도 있다.

뿐만 아니라 첫부인과 사별한 윤언식은 유인무의 딸과 재혼했는데, 이 부인 역시 명의태후의 친척이라고 한다. 그들 간의 정확한 촌수는 알 수 없으나, 명의태후의 남동생 이름이 유인저라는 점을 떠올리면, 윤언식의 새 장인인 유인무가 같은 항렬을 가지고 있다는 점이 매우 공교롭다. 즉, 유인무와 유인저가 친형제간일 가능성도 배제할 수 없으되 최소한 4촌일 가능성은 매우 큰 것이다. 이러한 점에서 당시 파평윤씨와 명의태후 집안 간의 겹으로 얽힌 혼맥을 확인할 수 있다.

이와 관련하여 윤언식을 공부상서로 삼는 제고制誥에는

> 화혼華婚으로 일찍이 왕실과 맺어져서 바야흐로 명의明懿가 모후母后로서 9족九族을 돈독하게 하고, 유릉裕陵(예종)도 효로서 다스리면서 외가를 대우하였다(『동문선』 권25 제고 「윤언식가공부상서」).

라는 기록도 참고가 될 것이다. 이자겸파로 몰려 귀양을 갔던 윤언식이 처 유씨와 인종의 도움으로 유배에서 풀려날 수 있었다는 앞서의 묘지명 기록은 고려 문벌 귀족간의 얽히고설킨 인맥과 정치사회적인 모습을 보여주는 것이 아닌가 한다.

윤언식은 첫 부인과의 사이에서는 자녀가 없었으나, 두 번째 부인과는 4남 3녀를 낳았다. 장남은 평수平壽, 차남은 돈유敦裕, 3남은 조계종의 중이 된 운변雲辯, 4남은 영수永壽이다. 그러나 이들에 대해서는 장남인 윤평수가 의종 21년(1167)에 전라주로 안찰부사全羅州路 按察副使였다는 기록이 남아있을 뿐,[39] 다른 기록은 남아있지 않으므로 그들의 정확한 행적은 더 이상 찾을 수 없다. 한편 장녀는 김수金隨와 결혼하였고, 차녀와 3녀는 윤언식이 사망할 당시에 아직 어렸다고 한다. 이 딸 중의 한 명은 뒷날 수주

---

39) '(의종) 21년 춘정월 갑진에 전라주로 안찰부사인 윤평수가 은 80근을 바쳤다. 평수는 백성을 베어서 그 기름과 피로 은총을 구하려 했으므로, 당시의 의논이 비루하다고 하였다'(『고려사』 권18 세가 의종 21년 정월 갑진 조).

水州(경기도 수원시) 출신의 김열보金閱甫와 결혼하여 4남 3녀를 낳았다는 기록이 남아있다.40) 그러나 맏사위인 김수에 대해서는 더 이상의 기록을 찾아볼 수 없다.

이상에서의 검토를 다시 요약하면 다음과 같다. 윤언식은 고려 선종 4년(1087)년에 태어나서, 의종 3년(1149) 5월 29일에 사망하였다. 그는 파평윤씨 가문출신으로 아버지는 윤관이고, 어머니는 경원(인주)이씨 가문 출신이었다. 그는 숙종비 명의태후의 동생의 딸과 처음 결혼했으나 곧 사별하고, 다시 그 집안의 유인무의 딸과 결혼하여, 4남 3녀를 낳았다. 이러한 가족관계는 고려 문벌귀족사회의 복잡한 혼인관계를 잘 보여준다. 그는 문음을 통해 관리가 되었는데, 이자겸파로 몰려 유배를 가기도 했으나 처가인 유씨와 인종의 도움으로 정치적 위기를 벗어날 수 있었다. 이후 이부상서 등 요직을 역임하고 상서좌복야 겸 삼사사라는 고위관직에 올랐으나, 끝내 재추는 되지 못하고 질병으로 63세에 사망하고 말았다.

윤언식은 37세라는 중년의 나이 때인 인종 1년(1123)에 접반接伴이 되어 송의 외교사절로 온 서긍의 접대를 맡기도 하였다. 서긍은 그에 대해

> 풍채가 아름답고 성품이 넉넉하여 완연하게 유학자의 기풍이 있었으므로, 가히 오랑캐[만이蠻夷]로 대할 수가 없었다(『고려도경』 권8 인물 「접반 정봉대부 형부상서 주국 사자금어대 윤언식」).

라고 하여 존경의 뜻을 간곡하게 표하였다.

그 동안 윤언식은 몇 개의 단편적인 기록을 남기고 있었지만, 이제 그의 묘지명이 알려짐으로써 파평윤씨 가문 및 고려 문벌귀족사회의 내부를 살피는 데 귀중한 사료가 되어 주리라 기대한다.

---

40) 「김열보 묘지명」, 김용선 편, 『집성』, 243쪽.

❙ 참고 ❙

· 한상복, 「윤언식 묘지명」, 「한수당연구원」 블로그
(http://blog.naver.com/hansudang/20190369093)
· 김용선, 「새 자료 윤언식 묘지명」, 『한국중세사연구』 40, 한국중세사학회, 2014.

10. 정습명鄭襲明 묘지명

소재: 개인 소장

연대: 의종 4년(금 황통 10년, 경오, 1150)

판독문

(1) 大中大夫禮部尙書同
(2) 知樞密院事翰林學士
(3) 知制誥鄭襲明迎日縣
(4) 人也父副戶長侯鑑母鄭
(5) 氏公年十一偹貢入京師
(6) 十七中成均二十七捷第
(7) 自此偹歷顯途至庚午年
(8) 官至如右年五十七其年
(9) 三月十六日卒妻鄭氏有
(10) 一子將仕郎良醞令同正
(11) 淵愽嗣時太金皇統十年
(12) 三月日記

【뒷면】

(13) 庚午三月二十五日葬牛峯縣牛峴左麓

역주

대중대부 예부상서 동지추밀원사 한림학사 지제고大中大夫 禮部尙書 同知樞密院事 翰林學士 知制誥 정습명鄭襲明1)은 영일현迎日縣2) 사람으로, 아버지는 부호장副戶長 후감侯鑑이고, 어머니는 정씨鄭氏다.

공은 나이 11살 때 공시貢試에 급제하고, 서울로 들어와 17살 때 성균시成均試에 합격하였으며3), 27살에 과거에 급제하였다.4) 이로부터 경력을 쌓아 현달의 길에 올랐는데, 경오년(의종 4, 1150)에는 관직이 오른편에 적은 것과 같이 되었다. 나이 57세로, 그 해 3월 16일에 사망하였다.

처는 정씨鄭氏이고, 아들 한 명이 있으니 장사랑 양온령동정將仕郞 良醞令同正 연박淵博이 후사를 이었다.

대금[태금太金] 황통皇統5) 10년(의종 4, 1150) 3월 일에 기록한다.

---

1) 『고려사』 권98 열전 정습명.

2) 고려시대의 경상도 동경유수관의 속군이던 延日縣의 다른 이름으로(『고려사』 권57 지리지2 경상도 동경유수관 연일현), 지금의 경상북도 포항시 연일읍이다.

3) 정습명이 17세가 되는 해는 예종 5년(1110)인데, 『고려사』에는 이 해에 성균시, 즉 국자시가 시행되었다는기록은 없다(『고려사』 권74 선거지2 과목2 국자시지액 조 참조).

4) 이 해는 예종 15년(1120)인데, 이 과거에 대해 『고려사』에는 다음과 같이 기록되어 있다. '(예종) 15년 5월에 韓安仁이 지공거가 되고 金富佾이 동지공거가 되어 진사를 뽑았는데, 覆試하여 李之氐 등 38명에게 급제를 주었다. 이 과거에서는 아울러 武學生에게도 對策을 시험하였다.'(『고려사』 권73 선거지1 과목1 선장 예종 15년 5월).
이 과거에 뽑힌 인물 중 정습명·이지저 이외에 김영석(「김영석 묘지명」, 김용선 편, 『집성』, 203~205쪽), 이탄지(「이탄지 묘지명」, 김용선 편, 『집성』, 127~129쪽)의 이름이 알려져 있다.

5) 금 희종의 연호인 皇統은 1141~1148년 사이에 쓰였고, 희종에 이어 즉위한 제량은 1149년에 연호를 天德으로 바꾸었다. 그러나 고려에서는 이와 관계 없이 황통이라는 연호를 그대로 쓰기도 하였다.

【뒷면】

경오년(의종 4년, 1150) 3월 25일에 우봉현牛峯縣6) 우현牛峴 좌측 산기슭에 장례지냈다.

해 제

「정습명鄭襲明 묘지명」은 가로 34.2cm, 세로 25.5cm의 크기로, 지석 앞면은 가장자리에 테두리 선을 두르고 행을 구분하는 선을 그어 13행에 걸쳐 111자의 글씨를 해서로 썼다. 앞면과 달리 거칠게 다듬어진 뒷면에는 아무 장식이 없이 중앙에 16자의 글자가 단 1행으로 쓰여 있다. 그러므로 앞면과 뒷면을 합하더라도 이 묘지명에는 정습명의 관직과 가계, 가족, 사망일시와 매장장소에 관한 내용이 총127자의 글자로 간단하게 적혀 있을 뿐이다.

그 내용은, 정습명은 영일현(지금의 경상북도 포항시 연일읍) 출신으로 아버지는 부호장인 후감侯鑑인데, 어머니 역시 정씨였다는 것, 정습명은 11세에 향공시鄕貢試에 합격한 뒤 서울로 올라 와 17세에 성균시에 합격하였으며, 27세에 과거에 급제한 뒤 여러 벼슬을 거쳐 예부상서 동지추밀원사 한림학사 지제고에 올랐다는 것, 57세가 되던 경오년(의종 4, 1150) 3월 16일에 사망하자 같은 달 25일에 우봉현에 장례를 지냈으며, 가족으로는 부인 정씨와 연박淵博이라는 아들 한 명이 있었다는 것이다.

6) 지금의 황해도 금천군에 있던 현으로, 고려시대에는 왕경 개성부에 속해 있었다(『고려사』 권56 지리지1 왕경 개성부 우봉군).

이와 같이 이 묘지명의 내용은 매우 간략할뿐더러, 사망에서 장례까지의 기간이 고작 열흘에 불과하고, 또 묘지墓誌의 핵심 부분이라 할 명銘도 적혀 있지 않다. 이와 같은 점에서 「정습명 묘지명」은 매우 특이하다고 할 수 있다. 그러나 『고려사』나 『고려사절요』 같은 사서와 『동문선』이나 『파한집』 등의 문집에는 정습명에 관한 기사가 다수 나오고 있는데, 이를 보면 그는 당시 여러 방면으로 활약하면서 나름대로 비중을 가진 인물이었다는 사실을 알 수 있다. 그러므로 정습명 묘지명은 일부러 중요한 내용을 생략한 채 급하게 서둘러서 만들었다는 느낌을 주기에 충분하다.

한편 『고려사』에는 정습명의 전기가 실려 있다.[7] 특히 그 기록 중에는 인종의 고명대신이자 간신諫臣으로서의 강직한 풍모를 간직하던 그가 의종의 실정에 항의하여 '약을 먹고 죽었다[앙약이사仰藥而死]'라고 적혀 있다. 또 묘지명 기록과는 달리 이들 사서에는 그가 의종 5년 3월에 사망하였다고 적혀 있다. 그렇다면 그의 갑작스러운 죽음과 짧은 장례기간, 묘지명의 간략한 기재, 사서와 묘지명 간의 사망 연도의 차이 등등의 사이에는 그의 죽음을 두고 당시 무언가 자세하게 말하지 못할 깊은 속사정이 있었던 것이 아닌가 짐작하게 해 준다. 이에 이들 기록을 종합하여 검토하면서, 묘지명에 미처 다 적지 못한 그의 생애를 추적해 보기로 한다.

먼저 이해를 돕기 위해 정습명의 연보를 만들어 제시하면 다음과 같다.

7) 『고려사』 권98 열전 정습명.

〈정습명 연보〉

	왕대	서기	나이	관직	주요 활동	전거*
1	선종11	1094			迎日縣의 鄕吏가문에서 출생, 父 副戶長 侯鑑	「묘」
2	숙종9	1104	11		鄕貢試 급제	「묘」
3	예종5	1110	17		成均試 급제	「묘」
4	예종15.5.	1120	27		禮部試 급제(知貢擧 韓安仁, 同知貢擧 金富佾)	「묘」
5				地方官	지방관(南州?)으로 부임하여 3년간 근무 부임길에 시 「기생에게 주다」 지음(?)	『동』35 『파』하
6				權學錄	임시직인 權學錄으로 1년 근무한 뒤, 仕途에 나감	『동』35
7	예종 때				시 「石竹花」를 지음	『파』하
8	인종12.7.	1134	41	內侍	安興亭의 漕運을 위해 洪州 蘇大縣에 운하를 팠으나 실패	『사』16
9	인종13.1.	1135	42	內侍祗候	妙淸이 난을 일으키자 水軍 4600여 명, 戰艦140척을 징발하여 順和縣 南江애서 적의 배를막음	『절』11
10	인종13.윤2.	1135	42	兵船判官	上將軍 李祿千 등과 함께 수군을 이끌고 西賊을 공격하였으나 대패함.	『절』11
11	인종13?			左正言 知制誥		『동』35
12				國子司業 起居注 知制誥		『사』98
13	인종19.6~7.	1141	48	省郎	재상 金富軾 등과 '時弊10條'를 올렸으나 왕이 받아들이지 않자, 홀로 사직함	『절』10
14	인종20.1.	1142	49		김부식의 別第에 거하다가 諫官의 체통을 잃었다고 하여 탄핵받고, 기거주에서 파직됨	『절』10
15	인종20?			西北面兵馬副使		『동』35
16				祕書少監 東宮侍讀學士 知制誥		『동』29
17					태자의 侍讀이 되었을 때, 仁宗과 恭睿太后 任氏가 元子〈毅宗〉 대신 次子〈大寧侯 暻〉를 태자로 삼으려 하자 이를 적극 막음	『사』98
18	인종24.1.	1146	53	禮部侍郎	태자에게 『書經』 「大禹謨」를 강론함	『사』17

	왕대	서기	나이	관직	주요 활동	전거*
19	의종즉위	1146	53		인종이 병이 들자 의종에게 '나라를 다스림에는 마땅히 정습명의 말을 쓰라'고 당부함	『사』98
20	의종3.4.	1149	56	翰林學士	뒤에 樞密院知奏事가 됨	『사』17
21	의종3.5.	1149	56	左承宣	國子試 知貢擧가 되어 詩賦로 吳光允 등 14명, 十韻詩로 趙挺時 등 40명을 뽑음	『사』74
22	의종3.8.	1149	56	좌승선	왕이 정습명 등을 불러서 國事를 의논하고 술을 내림	『사』17
23	의종4.3.25.	1150	57	禮部尙書 同知樞密院使	의종의 잘못을 諫하다가 미움을 사고, 또 金存中·鄭諴 등으로부터 비방을 받았으며, 병이 들자 김존중이 代職을 하게 되므로 음독자살	『사』98
24	의종4.3.25.	1150			牛峯縣 牛峴 左麓에 매장	「묘」

*「묘」는 「정습명 묘지명」, 『동』은 『동문선』, 『파』는 『파한집』, 『사』는 『고려사』, 『절』은 『고려사절요』을 각각 의미하고, 숫자는 해당 권수를 나타낸다.

이 연보에서 보듯이, 영일현의 향리 가문에서 출생한 그는 11세의 어린 나이에 지방의 향공시에 합격한 다음, 서울로 올라와 17세에 성균시(국자감시)에 합격하고,[8] 27세에는 예부시에 합격하였다. 이때가 예종 15년(1120)인데, 이 시험의 지공거는 한안인韓安仁, 동지공거는 김부일金富佾이었다.[9] 또 이 시험에 합격한 동기생은 38명인데, 이 중에서 장원을 한 이지저李之氐 이외에 김영석金永錫,[10] 이탄지李坦之[11]의 이름이 알려져 있다.

정습명은 이후 몇 개의 관직을 역임한 뒤, 41세인 인종 12년(1134)에는 내시內侍가 되어 지금의 충청남도 태안반도 지역의 안흥정安興亭의

8) <연보>에서 보듯이 이 해는 예종 5년인데, 『고려사』에는 이 해에 국자감시가 치러졌다는 기록은 적혀 있지 않다(『고려사』 권74 선거지2 과목2 국자시지액 조 참고).

9) 『고려사』 권73 선거지1 과목1 선장 예종 15년 5월.

10) 「김영석 묘지명」, 김용선 편, 『집성』, 203~205쪽.

11) 「이탄지 묘지명」, 김용선 편, 『집성』, 127~129쪽.

조운漕運을 위해 홍주洪州의 소대현蘇大縣에 운하를 팠으나 실패하였다. 이듬해 1월에 묘청의 난이 일어나자 내시지후였던 그는 수군 4,600여 명과 전함 140척을 징발하여 순화현順和縣의 남강南江에서 적을 막는 공을 세웠으나, 그 다음 윤2월에는 병선판관兵船判官이 되어 상장군 이녹천李祿千 등과 함께 묘청의 군대를 공격하다가 대패를 당하기도 하였다.

묘청의 난이 끝난 뒤 그는 좌정언, 국자사업 등의 간관직과 문한직을 역임하면서, 인종 19년(1141)에는 재상 김부식 등 4명, 성랑省郞 최재崔梓 등 5명과 함께 '시폐 10조時弊十條'를 올렸다. 이를 왕이 받아들이지 않자 다른 간관들과 달리 소신을 굽히지 않고 홀로 사직하는 강직함을 보이기도 하였다. 그러나 그 이듬해에는 김부식의 별제別第에 거주하였다가 간관의 체통을 잃었다는 이유로 탄핵을 받고 기거주起居注에서 파직되었다. 이러한 사실을 보면 특히 그가 김부식과 매우 가까운 관계였다는 점을 주목할 수 있을 것이다. 묘청의 난의 진압과정에서 보인 활약상도 그러하지만, 그의 예부시 좌주가 바로 김부식의 둘째 형인 김부일이었다는 점도 일찍부터 정습명이 김부식 일파와 밀접한 정치적 사회적 관련을 맺었으리라는 가능성을 잘 말해준다.

인종 대의 후반기에는 정습명은 동궁시독학사 등의 관직을 맡으면서 훗날 의종이 되는 태자의 측근세력으로 활약하였다. 그는 인종과 공예태후가 태자 대신 대령후 경大寧侯 璟을 태자로 삼으려는 시도를 적극 막았으며, 의종이 즉위하자 인종의 고명대신으로 충성을 바쳐 왕을 보좌하였다. 의종 3년(1149)에는 한림학사와 좌승선이 되고, 국자감시의 지공거가 되기도 하였다. 그러나 의종은 정치적 입지를 강화하기 위해 점차 김존중金存中·정함鄭諴을 비롯한 내시와 환관들과 결탁하기 시작하였다. 이들과 대립하던 정습명은 자신의 의견이 받아들

여지지 않는 가운데 참소를 받고 왕의 미움까지 사게 되자 마침내 약을 막고 자결하고 말았던 것이다.

이러한 비극적이고도 급작스러운 죽음에 따라 그의 장례도 서둘러 치러질 수밖에 없었을 것이다. 묘지명에는 그가 3월 16일에 사망하고, 그 달 25일에 장례를 치렀다고 하였다. 이러한 10일장은 당시의 일반적 관례와 비교해 볼 때 아주 짧다.12) 한편 묘지명에는 그가 경오년(황통 10년)에 57세로 사망하였다고 하는데, 이 해는 바로 의종 4년(1150)이다. 이와 달리 『고려사』나 『고려사절요』에는 모두 그가 의종 5년(1151) 3월에 사망하였다고 하여, 묘지명 기록과 1년의 차이가 난다. 의종 5년 3월은 초하루가 임신인데,13) 정습명이 그 달 16일에 사망하였다면 그날의 간지는 정해가 된다. 그런데 『고려사』 권17의 의종 5년 3월 조에는 4건의 기사가 실려 있는데, 3건은 각각 무인·기축·임진이라는 일간을 밝히고 있으나 맨 마지막에 나오는 정습명의 사망기사에는 간지가 붙어있지 않다. 또 『고려사절요』 권10의 의종 5년 3월 조에도 4건의 기사가 있는데, 2건은 계유, 1건은 계미의 기사이나 마지막에 나오는 정습명의 졸기卒記에만 간지가 적혀 있지 않다. 이러한 점은 이들 사서를 편찬할 때나 또는 그 원사료 자체에 무언가 착오가 있었다는 사실을 강하게 말해 준다.14) 굳이 이런 점을 지적하지 않더라도,

---

12) 고려시대의 장례절차는 사망→불교식 화장→유골안치→최종 안장이라는 절차를 거치는 것이 일반적 관례이다. 주로 사회경제적 요인에 의해 장례기간은 차이가 날 수 있다는 점을 감안하더라도 10일이라는 기간은 매우 이례적인 것이다(박진훈, 「고려 사람들의 죽음과 장례-관인 가족을 중심으로-」, 『한국사연구』 135, 한국사연구회, 2006 참조).

13) 「삭윤표」, 『한국사』 연표, 진단학회, 1959, 48쪽 참조.

14) 한편, 『고려사』 권13 세가 예종 5년 4월 병자 조에는 '李正升 등에게 급제를 주었다'라는 기사가 있고, 『고려사절요』 권7 예종 5년 4월 조에는 '이정승 등 29명과 은사 6명과 명경 3명에게 급제를 주었다'라는 기사가 있다. 그런데 이 과거는 『고려사』 권73 선거지1 과목1 선장 조에는 예종 4년 3월에 치러진 것으로 기록되어 있다. 이러한 사실은 예종 4·5년대의 기사의 원사료에 무언가 혼란이 있다는 점을 말해준다고 생각한다.

그는 『고려사』의 기록처럼 의종 5년 3월에 사망한 것이 아니라, 묘지명 기록에 명백하게 적혀 있는대로 의종 4년 3월 16일(정해)에 사망했다고 보는 것이 타당할 것이다.

이렇게 검토해 가노라면, 「정습명 묘지명」이야말로 묘지명만이 가질 수 있는 특수한 자료적 성격을 잘 말해준다는 생각이 든다. 무엇보다도 묘지명 기록을 통해 기존 사서의 오류를 바로 잡을 수 있기 때문이다. 반면에 이 묘지명은 묘지명이라는 자료의 한계도 여실하게 보여준다. 앞에서 언급한 바와 같이 이 묘지명은 명문에 담긴 내용에 비해 그 행간이 너무나 넓기 때문이다. 넓다랗게 비어 있는 이 행간은 문자로 일일이 밝힐 수 없었던 당시의 절절한 속사정을 역설적으로 잘 말해 주기는 한다. 그러나 이 빈 공간을 오로지 상상력으로만 메꾸면서 만족할 수는 없는 노릇이다. 모든 자료를 입체적으로 종합하고, 그것을 사람들이 구체적으로 살아 움직이는 역사적인 실체로 재구성하는 일이야말로 역사가의 기본적인 임무이기 때문이다.

▌참 고▐

· 『고려사』 권98 열전 정습명.
· 「정습명 묘지명」, 『고려·조선묘지 신자료』, 한국사료총서 50, 국사편찬위원회, 2006.
· 김용선, 「새 고려 묘지명 여섯 사례의 검토」, 『한국중세사연구』 32, 한국중세사학회, 2012.

11. 허량許諒 묘지명

소재: 일본 동경 동경국립박물관
(사진소장, No.152186)
연대: 의종 6년(임신, 1152)

판독문

(1) 故延德宮副使許君墓誌銘
(2) 　　文林郎前試大學博士金渭夫撰
(3) 君諱諒字則未聞孔嵒縣人曾大父元
(4) 內史舍人大父峻少府監父慶門下侍
(5) 郎平章事君以外大父叅知政事孫冠
(6) 之門蔭爲良醞丞同正再赴場屋不中
(7) 睿宗聞其名召入內侍院累遷之七品
(8) 以試閤門祗候出爲京山副使君器量
(9) 寬弘不拘細節因被讒失職投閑置散
(10) 十有餘年後爲延德宮副使卒年六十
(11) 一君娶衛尉卿金若沖之女女則　睿
(12) 宗之母明懿大后之姪女也生子六人
(13) 女二人其長子尊彜與予同榜於成均
(14) 于同寮於大學壬申年二月十九日將
(15) 葬於牛峯郡乇角山之麓來請銘於予
(16) 予不能得辞爲之銘曰　山川稠重擁
(17) 如襟包子孫承休富貴壽考

역주

돌아가신 연덕궁부사延德宮副使 허군許君 묘지명

문림랑 전시대학박사文林郞 前試大學博士 김위부金渭夫가 짓다

군君의 이름은 량諒이고, 자字는 알지 못하나[미문未聞], 공암현孔嵒縣[1] 사람이다. 증조부 원元은 내사사인內史舍人이고, 조부 준峻은 소부감少府監이며, 아버지 경慶은 문하시랑평장사門下侍郞平章事이다.

군은 외조부인 참지정사叅知政事 손관孫冠의 문음門蔭으로 양온승동정良醞丞同正이 되었다. 거듭 과거에 응시하였으나 합격하지 못하자, 예종睿宗이 그 이름을 듣고 불러 내시원內侍院에 들어갔다. 거듭 승진하여 7품에 이르고 시합문지후試閤門祗候로 경산[2]부사京山副使가 되어 나갔다.

군은 도량이 넓고 커서 사소한 것에 얽매이지 않았으나, 참소를 받아 직을 잃고 산관散官으로 10년 간 머무른 뒤에 연덕궁부사延德宮副使가 되었다가 돌아가시니, 나이 61세이다.

군은 위위경衛尉卿 김약충金若沖의 딸과 결혼하였는데, 이 분은 즉 예종睿宗의 어머니인 명의대후明懿大后[3]의 조카이다. 아들 6명과 딸 2명을 낳았다. 큰 아들인 존장尊獎이 나와 성균시成

---

1) 고려시대에 양광도 안남도호부의 속현으로(『고려사』 권56 지리지1 양광도 안남도호부 공암현), 지금의 서울특별시 강서구에 있었다.

2) 고려시대에 경상도 상주목에 속해 있었으며(『고려사』 권57 지리지2 경상도 상주목 경산부), 지금의 경상북도 성주군에 해당한다.

3) 『고려사』 권88 후비전1 숙종 명의태후 유씨.

均試의 동방同榜이자 대학大學의 동료同寮이다. 임신년(의종 6, 1152) 2월 19일에 우봉군牛峯郡4) 탁록산乇角山 기슭에 장례를 지내면서 나에게 와서 명銘을 청하였는데, 내가 능히 사양하지 못하고 이에 명銘을 짓는다.

산과 내는 거듭 제사를 드리는 듯
가슴 속 같이 에워쌌는데
자손들이 아름다운 덕德을 물려받으니
부하고 귀하고 장수하리라

해제

「허량許諒 묘지명」은 일본 동경의 동경국립박물관 자료관에 사진이 소장되어 있다. 묘지명 사진이 부착되어 있는 자료카드에는 '개인장個人藏'이라고만 기록되어 있을 뿐, 소장자의 이름은 밝혀져 있지 않다. 필자는 박물관 측에 이 사진을 소장하게 된 경위와 소장자를 물어보았으나 확인할 수 없다는 대답을 받았다. 그러므로 이 묘지명이 일본으로 건너 간 경위나 시기, 현재의 소장처를 확인하는 일은 불가능하다. 그러나 카드에는 이 사진이 헤이세이平成 연간(1989~2019)에 촬영한 것이라고 기록되어 있으므로, 이 묘지명이 일본 내의 누군가 개인이 소장하고 있다는 사실은 거의 확실하다고 여겨진다.

지석은 가장자리에 선을 두른 다음 그 안에 다시 두 줄의 얇은 선을 둘러 글씨를 쓸 구획을 만들었다. 구획 안에는 가로세로의 선을 그어

4) 고려시대에 왕경 개성부에 속해 있던 군(『고려사』 권56 지리지1 왕경 개성부 우봉군). 지금의 황해도 금천군 우봉면에 해당한다.

글씨를 썼으므로, 행당 글자수는 15자씩으로 일정하다. 크기는 알 수 없으나 지석 상태는 양호하여 해서로 쓰여진 전문을 다 읽을 수 있다.

허량許諒(선종 9~의종 6: 1092~1152)은 공암허씨孔嵒許氏 출신으로, 증조부는 허원許元, 조부는 허준許峻, 아버지는 허경許慶이다. 허경은 『고려사』에 전기가 실려 있고5) 숙종·예종 세가에도 여러 군데 기록이 남아있다. 이에 의하면 허경은 과거 출신으로 숙종 때 추밀원승선을 역임하였고, 예종 때에는 형부·이부상서 등을 거쳐 예종 8년 문하시랑 동중서문하평장사로 치사하였으며, 예종 10년(1115)에 사망하였다. 또 『고려사』 허경전에는 량諒, 개선開先, 겸謙이라는 세 아들을 두었다고 하였다. 그런데, 이 기사 이외에는 이들에 관한 기록을 찾아볼 수 없던 터에 허량의 묘지명이 새로 발견된 것이다.6)

과거출신자인 아버지 허경과 달리, 허량은 외조부인 참지정사 손관孫冠의 문음門蔭, 즉 외조부음外祖父蔭을 받아 관리가 되었다. 손관 역시 『고려사』에 열전이 실려 있고,7) 세가에도 다수의 기록이 있는데, 그는 문종 때에 과거에 급제하고 좌보궐, 우간의, 지중추원사, 참지정사 등의 관직을 거쳐 예종 4년(1109)에 사망하였다. 허량이 음서를 받은 시기는 정확하지 않지만, 10대 후반 이후라고 보면 숙종 말~예종 초라고 추정된다. 이 당시 이부시랑(정4품)·동지추밀원사(종2품) 등의 관직을 가지고 있었던 아버지 허경은 음서의 탁음자託蔭者가 될 수 있었음에

5) 『고려사』 권97 열전 허경.

6) 고려시대의 공암(양천) 허씨 인물 중 許載, 許珙, 金賆 처 許氏, 許琮 등의 묘지명이 남아있다(김용선 편, 『집성』, 78~83쪽, 403~405쪽, 445~447쪽, 525~527쪽의 해당 묘지명 참조), 이들과 허경-허량의 가계는 직접 연결되지는 않는다(박용운, 「고려시대 정안임씨·철원최씨·공암허씨 가문 분석」, 『고려사회와 문벌귀족가문』, 경인문화사, 2003, 254쪽). 그러나 『양천허씨족보』에는 허재의 조부가 내사사인 지제고인 許元이라고 되어 있고(『만성대동보』 하, 135쪽), 이 묘지명에는 허량의 증조부가 내사사인 許元이라고 되어 있다. 즉 허재와 허량의 가계는 허원을 통해 연결될 가능성이 있으므로, 이들에 대해 앞으로 보다 세밀한 검토가 필요하다고 본다.

7) 『고려사』 권95 열전 손관.

도 불구하고, 정작 허량은 부음父蔭이 아니라 외조부음을 받았다는 사실은 흥미롭다.[8)]

음서를 통해 관리가 된 허량은 그 뒤 과거에 응시하였으나 합격하지 못했는데, 내시원內侍院에 들어갔다가 시합문지후와 경산부사京山府使를 역임하였다. 그러나 그 뒤 참소를 받아 관직을 잃고 산직散職에 십여 년 동안 머무르다가 연덕궁부사(정5품?)에 오른 뒤 61세의 나이로 사망하였다.

부인은 김약충金若沖[9)]의 딸인데, 예종의 어머니인 명의태후 유씨明懿太后 柳氏[10)]의 조카이기도 하다. 이 부부는 6남 2녀의 자녀를 낳았다. 맏아들 존장尊奘으로 허량이 사망할 당시 성균시에 급제하고 대학에 다녔다고 하나, 이 묘지명 이외에 다른 기록이 없으므로 그에 대해 더 자세한 내용은 알 수 없다. 나머지 자녀의 이름도 알 수 없고, 묘지명을 지은 맏아들의 친구 김위부金渭夫도 다른 기록은 남아있지 않다.

이러한 점에서 볼 때 이 묘지명은, 비록 고위직으로 현달은 하지 못했으나, 공암허씨 출신인 허량이라는 인물의 전기자료를 제공해 줄 뿐만 아니라 고려 음서제도의 운영을 살피는 데에도 흥미로운 자료를 보여준다고 할 수 있다.

▌참 고▌

· 김용선, 「새 자료 고려묘지명 다섯 점 반」, 『역사학보』 198, 역사학회, 2008.

---

8) 손관은 숙종 즉위년에 상서우복야(정2품)·참지정사(종2품)·판호부사(종1품)에 제수된 바 있다(『고려사』 권11 세가 숙종 즉위년 10월 무인).

9) 그에 대하여는 '김약충을 요에 보내 天安節을 축하하게 하였다'(『고려사』 권11 세가 숙종 3년 10월 임인 조)라는 기록 하나가 있다.

10) 『고려사』 권88 후비전1 숙종 명의태후 유씨.

12. 이초원 처 김씨李初元 妻 金氏 묘지명

소재: 개인 소장

연대: 의종 8년(금 정원 2년, 갑술, 1154)

판독문

(1) 高麗國故樂浪郡大夫人金氏壙

(2) 誌銘 并序

(3) 故樂浪郡大夫人金氏慶州人新

(4) 羅大宗大王金春秋十四世孫也

(5) 考守大傅門下侍中諱景庸祖中

(6) 樞院使兵部尙書元晃曾祖守司

(7) 空門下侍郞平章事因謂外祖左

(8) 僕射叅知政事崔有孚有孚卽

(9) 現宗[1)]配廟功臣沆之子新羅學士

(10) 我人祖功臣彦撝之曾孫也夫人

(11) 年二十四歸于故中散大夫司宰

(12) 卿知御史臺事李公諱初元夫人

(13) 自少有器量寬厚仁恕居嘗戒敎

(14) 家政未曾以喜慍形色朝夕常讀

(15) 般若心經事佛精謹當皇考□□

(16) 疾夫人獨侍側夙夜不懈洎□□

---

1) 원문에는 표기된 바 現宗은 잘못이라기보다는 顯宗의 避諱이거나, 다른 이유로 일부러 이렇게 썼다고 생각된다.

(17) 也因其貲産兄弟有競訟□□□
(18) 人聞而鄙之略不少預□□□寶
(19) 翫堅拒不納識者□□初夫人之
(20) 在襁褓也親□□□[平]章事金先

【뒷면】

(21) □養以爲己子故□□□氏之葬
(22) 祭後事則夫人處之一□□□□
(23) 喪克孝其篤敬幹蠱皆此類寡□
(24) 十有六年教育諸孤具有家室越
(25) 大金天德壬申十一月二十日以
(26) 疾卒于私第享年七十四歲遂以
(27) 貞元甲戌五月二日葬于京城南
(28) 進奉山西北之麓有男一人名聃
(29) 自內侍員外郎出爲全州牧副使
(30) 有女五人長適故樞密院副使李
(31) 時敏次適試考功員外郎崔彦博
(32) 先夫人卒次適東面都監判官林
(33) 克家次適內侍給田別監錄事康
(34) 永甫次適尙衣直長同正安仁正
(35) 有孫男十六人孫女十六人曾孫
(36) 男五人女六人云 銘曰
(37) 襲世家　　佫婦德　　有餘慶
(38) 傳罔極　　千載後　　陵谷圮
(39) 質斯銘　　愼勿毁
(40) 　　承天府使閤門祇候金莘夫誌

역주

고려국高麗國의 돌아가신 낙랑군대부인 김씨樂浪郡大夫人 金氏 묘지명 및 서문

돌아가신 낙랑군대부인 김씨樂浪郡大夫人 金氏는 경주慶州 사람으로 신라新羅 대종대왕大宗大王 김춘추金春秋의 14세손이다. 아버지는 수대부 문하시중守大傅 門下侍中인 경용景庸[2]이고, 조부는 중추원사 병부상서中樞院使 兵部尙書인 원황元晃이며, 증조는 수사공 문하시랑평장사守司空 門下侍郎平章事인 인위因謂이다. 외조는 좌복야 참지정사左僕射 叅知政事인 최유부崔有孚인데, 유부는 즉 현종現宗(현종顯宗) 배향공신配享功臣인 항沆[3]의 아들이고 신라新羅의 학사學士이자 우리 태조공신太祖功臣인 언위彦撝[4]의 증손이다.

부인은 24살 때 돌아가신 중산대부 사재경 지어사대사中散大夫 司宰卿 知御史臺事인 이초원李初元공에게 시집왔다. 부인은 어려서부터 도량이 커서 너그럽고 후하였으며 어질고 인자하였다. 살면서 일찍이 가정을 계율로써 가르쳤으며, 한 번도 기쁘거나 노여운 빛을 나타내지 않았다. 아침저녁으로 항상 『반야심경般若心經』을 읽으면서, 부처 섬기기를 정성스럽고 부지런히 하였다. 아버지가 □□ 질병을 앓자 부인은 홀로 곁에서 모시면서 밤이 깊도록 게으르지 않았다. □□ 그 자산 때문에 형제들이

---

2) 『고려사』 권97 열전 김경용.

3) 『고려사』 권93 열전 최항.

4) 『고려사』 권92 열전 최언위.

다투어 소송을 벌이자 □□□ 사람들이 듣고 비루하게 여겼는데, 조금도 참여하지 않은 채 □□□ 보배를 탐내지 않고 굳게 거절하고 받지 않으니 식자識者들이 □□하였다.

처음 부인이 아직 강보襁褓에 있을 때에 친親□□□ 평장사平章事 김선□金先□[5]이

【뒷면】

자신의 자식처럼 길렀다. 그러한 까닭에 □□□씨氏의 장례와 뒷일을 부인은 한결같이 처리하여 □□□□ 상喪을 끝내고 효孝를 다 하였다. 그 독실하고 신중하게 일을 맡아 처리하는 것이 모두 이와 같았으며, 홀로 된 지 □ 16년 동안 여러 자식들을 가르쳐서 모두 가정을 이루게 하였다.

대금大金 천덕天德[6] 임신(의종 6, 1152) 11월 20일에 병으로 사제私第에서 돌아가시니, 향년 74세이다. 정원貞元[7] 갑술(의종 8, 1154) 5월 2일에 경성京城 남쪽의 진봉산進奉山 서북쪽 기슭에 장례를 지냈다.

아들은 한 명이 있는데, 이름은 담聃으로 내시원외랑內侍員外郞으로부터 전주목부사全州牧副使가 되어 나가 있다. 딸은 5명인데, 장녀는 고故 추밀원부사樞密院副使 이시민李時敏과 결혼하였고, 차녀는 시고공원외랑試考功員外郞 최언박崔彦博과 결혼했으나 부인보다 먼저 사망하였다. 3녀는 동면도감판관東面都監判官

5) 이 사람이 누구인지는 확인할 수가 없다.

6) 금 제량의 연호(1149~1152).

7) 금 제량의 연호(1153~1155).

임극가任克家와, 4녀는 내시 급전별감녹사內侍 給田別監錄事 강영보康永甫와, 5녀는 상의직장동정尙衣直長同正 안인정安仁正과 결혼하였다. 손자는 16명, 손녀는 16명이고, 증손자는 5명, 증손녀가 6명이 있다.

명銘하여 말한다.

세가世家를 이어가며
부덕婦德을 갖추었으니
자손에게 경사가 있어
끝없이 전해지네
천년 뒤에
골짜기는 무너지더라도
이 명銘이 밝혀줄 터이니
삼가 훼손하지 말지어다

승천부사 합문지후承天府使 閤門祗候 김신부金莘夫가 적는다.

해제

「이초원 처 김씨李初元 妻 金氏 묘지명」은 가로 40cm 세로 27.5cm로, 앞면과 뒷면에 각각 20행씩 글씨가 새겨져 있다. 지석 가장자리에는 2개의 얇은 선을 둘러 테두리를 짓고, 가운데에는 가로세로로 자간을 구분하는 선을 그어 그 안에 해서체로 글씨를 썼다. 1행당 글자는 13자씩으로 일정하다. 현재 지석 왼쪽 하단의 일부가 조금 깨어진 채 조각나 있으므로 그 부분의 몇 군데 글자를 읽지 못하는 곳도 있으나, 전반적인 상태는 대체로 양호한 편이다. 이 묘지명과 함께 석관도 함께 출토되었다. 이 석관의 뚜껑 겉과 뒤에는 비천상飛天像과 별자리가 각각 조각되어 있고, 석관 4면의 겉에는 각 면에 청룡·주작 등의 사신도四神圖가 그려져 있으며, 속에도 형태가 서로 다른 모란 그림이 각 면마다 화려하게 조각되어 있다.[8] 이와 같은 석관은 그 자체만으로도 피장자의 신분이나 경제력을 말해주기에 충분하다고 생각한다.

김씨부인은 신라 태종대왕 김춘추의 14대손인 경주 출신으로, 아버지는 김경용金景庸, 조부는 김원황金元晃이고 증조는 김인위金因謂이다. 김경용은 『고려사』에 열전을 남기고 있는데, 예종 때에 문하시중을 거쳐 공신호를 받은 뒤 인종 3년(1125)에 85세로 사망하였다.[9] 부인의 외조는 최유부崔有孚인데, 경주최씨인 그는 태조공신인 최언위崔彦撝의 증손이자 현종의 배향공신인 최항崔沆의 아들이다. 그러므로 부인은 친가와 외가가 모두 공신을 배출한 명문 가문 출신임을 알 수 있다.

한편 『고려사』 김경용전에는 아들로 김인규金仁揆가 있는데, 김인규의 딸은 이자겸李資謙의 아들인 이지언李之彦과 결혼하였다고 하였다. 또 김경용의 딸 한 명은 경원이씨 가문의 이자원李資元과 결혼하여 2남 3녀를 둔 다음 의종 2년(1148)에 사망하였다는 기록도 남아있다.[10] 이러한 기록들을 종합해 보면 김경용은 묘지명의 주인공인 김씨부인을 포함하여 최소한 1남 2녀의 자녀를 두었다는 사실을 확인할 수 있는 동시에, 당대 최고의 문벌을 자랑하던 경원이씨 가문과 중복된 혼인관계를 맺었다는 사실도 주목할 수 있다.[11]

김씨부인은 의종 6년(1152)에 74세의 나이로 사망하였다고 하였으므

---

8) 『고려·조선묘지 신자료』, 한국사료총서 50, 국사편찬위원회, 2006, 35~46쪽의 「이초원 처 김씨 석관」 도록 사진 참조.

9) 『고려사』 권97 열전 김경용.

10) 「이자원의 딸 이씨 묘지명」, 김용선 편, 『집성』, 107~108쪽.

11) 경주김씨와 경원이씨 간의 결혼에 대하여는 후지타 료사쿠藤田亮策, 「이자연과 그의 가계」 『조선학논고』, 후지타 료사쿠藤田亮策기념사업회, 1963 참고.

로, 이를 토대로 계산해 보면 태어난 해는 문종 33년(1079)이 된다. 이때는 아버지 김경용이 39세가 되던 해이기도 하다. 부인은 24세(숙종 7, 1102)에 이초원李初元과 결혼하였다. 그에 대해서는 중산대부 사재경 지어사대사를 지냈다는 이 묘지명의 기록 이외에 다른 기록이 전혀 남아있지 않으므로, 아쉽게도 그의 가문이나 활동에 대해서는 알 수 없다. 그러나 부인의 처가나 외가가 모두 이름난 명문인 가운데 부인의 형제들이 경원이씨와 중첩된 혼맥을 이루고 있었다는 점을 감안하면, 남편인 이초원 역시 명문가문 출신일 가능성은 매우 높다고 생각한다.

부인은 남편과 사별한 뒤 16년을 홀로 살았다고 하므로, 이초원은 부인이 58세 때인 인종 14년(1136)에 사망하였음을 알 수 있다. 자녀는 1남 5녀를 두었는데, 장남 이담李聃은 훗날 의종 때 자주 왕의 연회에 참석하여 함께 술을 마시기도 하였고, 왕도 여러 차례 그의 별서別墅에 행차하기도 하였다.12) 이러한 점은 그가 특별히 의종의 총애를 듬뿍 받았다는 사실을 잘 말해주는데, 명문가 출신이라는 그의 신분적 배경과도 연관되는 것이 아닐까 한다. 또 5명의 사위는 이시민李時敏, 최언박崔彦博, 임극가林克家, 강영보康英甫, 안인정安仁正이다. 이 중 맏사위 이시민은 추밀원부사에 올랐으나 장모인 김씨부인보다 먼저 사망하였다. 그는 재상가의 맏아들이자 왕후의 가까운 친척이었다는 기록이 있으므로,13) 명문 문벌가문 출신임이 분명하다.14) 나머지 사위들에 대해서는 다른 기록이 남아있지 않다.

한편 이 묘지명 기록에는 부인이 어렸을 때 친척(?)인 평장사 김선□金

12) 『고려사』 권18 세가 의종 16년~21년 조에는 그가 의종과 어울린 기사가 여러 개 나온다.

13) 최유청, 「李時敏이 급사중을 사양하였으나 허락하지 않음」, 『동문선』 권29 비답.

14) 그에 관해서는 인종 13년 시어사가 되었을 때 금 태조가 사망하자 조문사절로 금에 다녀온 적이 있고, 의종 1년에는 좌산기상시 동지추밀원사가 되었다는 기록이 더 있다. 『고려사』 권64 예지 6 흉례 상국상 인종 13년 윤2월 을묘 및 『고려사』 권17 세가 의종 원년 12월 을미 기사 참조.

先□이 자식처럼 길렀으며, 부인도 그가 사망하자(?) 장례 등 뒷일을 한결같이 처리하여 효를 다하였다고 칭찬하고 있다. 그러나 이 부분은 글자를 제대로 읽을 수 없는 부분이 있어서 내용을 보다 확실하게 밝힐 수 없는 점이 아쉽다. 또 묘지명에는 부인은 부친이 병이 들자 홀로 곁에서 모시면서 지극하게 간호하였으며, (부친이 사망하자?) 형제들이 재산을 둘러싸고 소송을 벌여 사람들의 비난을 받았으나 부인은 그 다툼에 참여하지 않고 (재산도?) 받지 않았다고 기록하고 있다. 이 부분 역시 판독할 수 없는 글자가 몇 개 있으므로 내용을 온전하게 파악할 수는 없다. 그러나 이와 같은 내용은 『고려사』의 김경용 열전에 나오는 '그가 권세를 빙자하여 재물을 거둬들이고 재산을 늘려 가옥을 화려하게 꾸미니 세상 사람들이 조롱하였다'라는 기록과도 연결될 수 있다고 생각된다.

이러한 점에서 이 묘지명은 당시 여성의 역할과 관련된 흥미로운 모습을 보여준다. 즉 김경용은 병이 들어 인종 3년(1125)년에 85세로 사망하였는데, 이 때 부인은 40대 후반의 나이로, 이미 20여 년 전에 이초원과 결혼한 상태였다. 그러한 부인이 (궁극적인 효심의 발로라고 할 수도 있겠으나, 어쨌든 친가의 며느리를 제쳐두고) 친정아버지의 병간호를 홀로 도맡았고, 또 (비록 부인은 스스로 거절하였다고 하였으나, 이를 뒤집어 말하면) 본가本家의 재산분배에 참여할 권리도 가지고 있었다는 사실이다. 이러한 점에서 이 묘지명은 고려시대에 결혼한 자녀의 역할이나 여성의 상속에 대해 흥미로운 모습을 보여준다.

그리고 또 하나 이 묘지명에는 현종顯宗을 '현종現宗'이라고 표현하고 있는데, 국왕의 이름을 이렇게 쓴 것은 잘못이라기보다는 피휘避諱 등 필연적인 다른 이유가 있기 때문이라고 보는 것이 옳지 않을까 한다. 이러한 점 역시 앞으로 좀더 살펴보아야 할 문제가 될 것이다.

▌참 고▐

· 「이초원 처 김씨 묘지명」, 『고려·조선묘지 신자료』, 한국사료총서 50, 국사편찬위원회, 2006.

· 허흥식, 「고려의 새로운 묘지와 석관」, 『시각문화의 전통과 해석: 정재 김리나교수 정년퇴임기념 미술사논문집』, 예경, 2007.

· 김용선, 「새 고려묘지명 여섯 사례의 검토」, 『한국중세사연구』 32, 한국중세사학회, 2012.

13. 장수張脩 묘지명

소재: 서울 국립중앙박물관(No.미상)
<묘지명 앞부분의 탁본 소장>
일본 교토 교토대학 종합박물관
<묘지명 뒷부분의 지석 소장>
연대: 의종 10년(금 정풍 원년, 1156)

판독문

〈편자 주기〉

「장수 묘지명」의 전반부는 서울 국립중앙박물관에 탁본으로 보관되어 있고, 후반부는 일본 교토 교토대학 종합박물관에 지석으로 소장되어 있다. 이 두 개를 합쳐서 묘지명 전문을 소개하기로 한다. 앞부분의 정자체正字體가 국립중앙박물관 소장 탁본 내용이고, 뒤의 이탤릭체로 쓰여진 것이 교토대학 소장 부분이다. 국립중앙박물관이 소장한 탁본의 판독문은 오자나 결자가 많이 있다고 생각되는데, 현재 박물관 내의 소재처가 분명하지 않아 재조사가 불가능한 실정이다.

(1) 朝議大夫檢校太子大保行秘書監御書檢討官知制誥賜紫金魚袋張公

(2) 脩字鴻羽仁同縣人也父直翰林院諱世平追封太子詹事祖戶長惟器母稷

(3) 郡大夫人白氏尙　直長同正可積之女公有大志不淸直苟言笑少攻儒術喜

(4) 爲古文章於壽昌六年庚辰擧進士中丙科乙酉通判　皐郡壬辰始受　簿

(5) 都監判官甲午權直翰林院一日代人入直適有製奏以他名上　睿宗覽　此

(6) 張翰林所作也其以文章結人主知如此前緣任小失置散五年略無慍色不營

(7) 勤於誨人至庚子起爲秘書校書郎五遷試國子博士皆兼舘翰庚戌以金吾長史權

(8) 門祗候俄遷試殿中內給事知制誥翌年遷試禮部員外郎知制誥癸丑出爲忠州

(9) 使廉謹愛民雖古龍廉無以加丙辰入爲禮部員外郎知制誥前後十一轉歷禮

(10) *戶部侍郞□*子祭酒至秘書監二品皆帶三字以經術潤色聖化皇統六年丙寅

(11) *掌南省試取一百人* (中缺) 劣士七年累表致仕九年禀聖　棄傳至太伯山

(12) *寺書無㝵智國師碑銘雖老筆* (中缺) 體勁正人皆歎服既能文又善書其

(13) *過人者盖罕伐之英也懸輿里居吟嘯*(?) (中缺) 九變星霜至正豊元年十月

(14) *以疾卒于家年七十八以是月十六日甲申葬于* (中缺) 西奉靈寺俊

(15) *娶檢校太子詹事林有威女封沃溝郡夫人有子四人長* (中缺) 承

(16) *□同正李撰女生三男二女次王輪寺大德釋亮早卒*(下缺)

(17) *次知公州事判官自*(?) (下缺)

(18) *□侍郞寶文閣直學士李陽伸女次禮賓主簿同正自牧娶秘書少監裵*(?) (下缺)

(19) *生一男一女女三人長適尙食奉御同正梁積中生三男三女次適尙舍奉御□□*

(20) *朴陽進生二男一女次適樞密院別駕李晉明生二男晉明先公一年死□□□*

(21) *□□中丙第贈任安南都護書記不墜家風積中名儒也嘗與予□□□□*

(22) *□□予亦素承訓於公之門勢不可爲辞試大學博士柳* (下缺)

(23) *□訥耶當(?)於里□然以爲□□□□□□□□□動□* (下缺)

역주

조의대부 검교태자대보 행비서감 어서검토관 지제고朝議大夫檢校太子大保 行秘書監 御書檢討官 知制誥로 자금어대紫金魚袋를 하사받은 장수張脩공은, 자字가 홍우鴻羽이고, 인동현仁同縣[1] 사람이다. 아버지는 직한림원直翰林院 세평世平인데 태자첨사太子詹事에 추봉되고, 조부는 호장戶長 유기惟器이며, 어머니는 직□군대부인稷□郡大夫人 백씨白氏로, 상□직장동정尙□直長同正 백가적白可績의 딸이다.

공은 큰 뜻을 품었는데, 청렴하고 바르지 않으면 말없이 웃을 뿐이었다. 어려서 유학[유술儒術]을 공부하여 고문장古文章을 좋아하였고, 수창壽昌[2] 6년 경진년(숙종 5, 1100)에 진사시進士試에 응시하여 병과丙科로 급제하였다.[3] 을유년(숙종 10, 1105)에 □부군통판□阜郡通判이

1) 고려시대에 경상도 상주목 경산부의 속현이었다(『고려사』 권57 지리지2 경상도 상주목 경산부 인동현). 지금의 경상북도 구미시 지역에 해당한다.

2) 요 도종의 연호(1095~1100).

3) '(숙종) 5년 4월 동지추밀원사 李頫가 지공거가 되고 지주사 柳伸이 동지공거가 되어 진사를 뽑았는데. 覆試를 치르고 조서를 내려 을과에 韓淑旦 등 3명, 병과 11명, 동진사 22명, 명경 3명, 은사 6명에게 급제를 주었다.'(『고려사』 권73 선거지1 과목1

되고, 임진년(예종 7, 1112)에 비로소 □부□도감판관□簿□都監判官이 되었으며, 갑오년(예종 9, 1114)에 권직한림원權直翰林院이 되었다. 하루는 딴 사람을 대신하여 입직入直을 하였다. 마침 임금에게 올릴 글이 있어 다른 사람의 이름으로 바치니, 예종睿宗이 보고 "이 글은 장한림張翰林이 지은 것이오."라고 하였다. 글월로서 신하와 임금이 하나로 연결된다는 여기에서 알 수 있을 것이다.

전임직前任職의 일에 연좌되어 5년 동안 산관散官으로 있었지만 불평을 품는 기색을 보이지 않았으며, 사람들을 일깨우기에 부지런하였다. 경자년(예종 15, 1120)에 다시 기용되어 비서교서랑秘書校書郎이 되고, 다섯 번 옮겨서 시국자박사試國子博士가 되었는데, 모두 관각館閣과 문한직文翰職을 겸하였다. 경술년(인종 8, 1130)에 금오장사金吾長史로서 권지합문지후權知閤門祗候가 되었다가 곧 시전중내급사試殿中內給事로 옮겼다. 이듬해에는 시예부원외랑 지제고試禮部員外郎 知制誥가 되고, 계축년(인종 11, 1133)에는 충주□사忠州□使가 되어 나가게 되자, 욕심이 없이 삼가며 백성을 사랑하니 비록 고룡古龍이라도 청렴하기가 더할 수 없을 것이다. 병진년(인종 14, 1136)에 들어와 예부원외랑 지제고禮部員外郎 知制誥가 되었으며, 이후 11년 동안 예·호부시랑 국자제주禮·戶部侍郎 國子祭酒를 역임하고 비서감秘書監에 이르렀다. 2품직에서는 모두 지제고知制誥[삼자三字]를 겸하면서, 경술經術로서 임금의 덕을 빛나게 하였다.

황통皇統[4] 6년 병인년(인종 24, 1146)에 남성시南省試를 주관하여

선장 조).

100명을 뽑았는데 (결락) 재주가 모자라는 선비가 □(없었다?)[5] (황통) 7년(의종 1, 1147)에 여러 번 사직을 원하는 글을 올렸다. 9년(의종 3, 1149) 임금의 뜻에 따라 태백산사太伯山寺의 무애지국사無㝵智國師의 비명碑銘을 썼는데, 비록 노필老筆이었으나 (결락) 체體가 굳세고 바르니 사람들이 모두 탄복하였다. 글을 잘 짓는데다가 더하여 글씨까지 남보다 더 잘 쓰는 이는 대개 드문 법이니 빼어나게 자랑할 만한 일이다.

벼슬에서 물러나 향리에 머물면서 자연을 즐긴 지 (결락) 아홉 해가 바뀐 정풍正豊[6] 원년(의종 10, 1156) 10월에 집에서 돌아가시니 나이 78세이다. 그 달 16일 갑신에 (결락) 서쪽의 봉령사奉靈寺(결락)에 장례지냈다. (결락)

검교태자첨사檢校太子詹事 임유위林有威의 딸과 결혼했는데, (부인은) 옥구군부인沃溝郡夫人으로 봉해졌다. 아들은 네 명을 두었으니, 장남은 (결락) 승承 □동정同正 이규李揆의 딸과 결혼하여 3남 2녀를 낳았다. 차남은 왕륜사 대덕王輪寺 大德 석량釋亮인데 일찍 죽었다. (결락) 다음은 지공주사판관知公州事判官 자□自□인데 (결락) □시랑 보문각직학사□侍郎 寶文閣直學士 이양신李陽伸의 딸과 결혼하였으며, 다음은 예빈주부동정禮賓主簿同正 자목自牧인데 비소서감秘書少監 배裴 (결락) 의 딸과 결혼하여 1남 1녀를

---

4) 금 희종의 연호(1141~1148).

5) 『고려사』에는 '(인종) 24년 4월에 張脩가 金大年 등을 뽑았다.'라고 하였다(『고려사』 권74 선거지2 과목2 국자시지액 인종 24년 4월).

6) 금 제량의 연호(1156-1161). 원래 正隆이나, 의종 10년 10월 고려 세조(태조의 아버지)의 이름인 王隆을 피하여 正豊으로 고쳤다.

낳았다. 딸은 세 명인데, 장녀는 상식봉어동정尙食奉御同正 양적중梁積中과 결혼하여 3남 3녀를 낳았고, 차녀는 상사봉어□□尙舍奉御□□ 박양진朴陽進과 결혼하여 2남 1녀를 낳았으며, 3녀는 추밀원별가樞密院別駕 이진명李晉明과 결혼하여 2남을 낳았다. 진명은 공보다 1년 먼저 사망하였는데, (결락) 병제丙第에 합격하여 안남도호서기安南都護書記를 추증받아 가풍家風을 떨어뜨리지 않았다. 적중은 중고中古의 이름난 선비인데 일찍이 나와 (결락) 하였고, 나 또한 평소에 공의 문세文勢에서 가르침을 이어받았으므로 가히 사양할 수가 없어서, 시대학박사試大學博士 유柳(결락)(가 명銘을 짓는다?).

□訥耶當(?)於里□然以爲□□□□□□□□動□
(下缺) (이 명銘 부분은 결락된 글자가 많아서 번역을 생략함)

해제

일본 교토의 교토대학 종합박물관에는 앞부분이 떨어져 나간 상태의 지석 하나가 소장되어 있다. 동 박물관의 유물카드에는 1917년(大正 6) 1월 28일에 이케우치 도라요시池內虎吉로부터 구입했다고 적혀 있다. 그는 당시 서울의 골동품상으로 추정된다고 하나, 이 유물에 관한 더 자세한 정보는 알 수 없다.7) 남아있는 지석의 크기는 세로 44cm, 가로 최대폭 35cm 정도이다. 지석 가장자리에는 테두리선을 한 줄로 얇게

7) 교토대학 대학원 문학연구과 역사문화학계 고고학전공의 요시이 히데오吉井秀夫교수의 전언에 따른다.

그었으나 글씨를 구획하는 내부의 가로세로선은 없으며, 글자 간격이나 행당 글자수도 불규칙하다. 남아있는 지석의 아랫부분도 결락이 심하여 글씨를 읽지 못하는 부분도 꽤 많은데, 판독 가능한 부분의 명문을 소개하면 다음과 같다.

(1) 戶部侍郎
(2) 掌南省試取一百人
(3) 寺書無㝵智國師碑銘雖老筆
(4) 過人者盖罕伐之英也懸輿里居吟嘯(?)
(5) 以疾卒于家年七十八以是月十六日甲申葬于
(6) 娶檢校太子詹事林有威女封沃溝郡夫人有子四人長
(7) □同正李揆女生三男二女次王輪寺大德釋亮早卒
(8) 次知公州事判官自(?)
(9) □侍郎寶文閣直學士李陽伸女次禮賓主簿同正自牧娶秘書少監裵(?)
(10) 生一男一女女三人長適尙食奉御同正梁積中生三男三女次適尙舍奉御□□
(11) 朴陽進生二男一女次適樞密院別駕李晉明生二男晉明先公一年死□□□
(12) □□中丙第贈任安南都護書記不墜家風積中名儒也嘗與予□□□□
(13) □□予亦素承訓於公之門勢不可爲辞試大學博士柳
(14) □訥耶當(?)於里□然以爲□□□□□□□□動□

이 묘지명에는 주인공의 이름은 남아있지 않으므로 그가 누구인지 알 수 없다. 다행히 가족관계는 비교적 자세하게 밝혀져 있는데, 그 이름을 적어보면 다음과 같다. 그는 임유위林有威의 딸과 결혼하여 4남 3녀를 두었는데, 장남은 이름은 알 수 없으나 이규李揆[8]의 딸과 결혼했고, 차남은 중이 되어 이름을 석량釋亮이라고 했지만 일찍 죽었다. 3남 자□自□는 이양신李陽伸의 딸과, 4남 자목自牧은 배모裵(?)某의 딸과 결혼했다. 장녀는 양적중梁積中과, 차녀는 박양진朴陽進과. 3녀는 이진명李晉明과 결혼했다. 이 인물들 중 사위 두 명에 대한 기록이 남아있다.

8) 이 묘지명에 나오는 李揆와, 충혜왕의 배향공신이 된 李揆는 동명이인이다(『고려사』 권60 예지2 길례대사 諦祫功臣配享於庭).

즉 이양신은 인종 3년(1125)의 과거에 급제하고 의종 초기에 간관 어사잡단 등의 관직을 가졌다는 기록이 있으며,[9] 양적중은 의종 2년(1148)에 김함金諴의 묘지명을 지었다는 기록이 있다.[10] 이로 미루어보면 이 묘지명은 적어도 의종 초기에 만들어졌다는 추론이 가능하게 된다.

또 그가 78세에 사망하였다는 기록을 감안하면, 그의 활동 시기는 주로 예종대와 인종대가 될 것이다. 그런데 묘지명 제(2)행에는 그가 남성시南省試, 즉 국자시國子試를 주관하였다는 기록이 있다. 이에 따라 『고려사』에서 예종~의종 초기에 시행된 국자시 고시관의 이름을 조사해 보면 다음과 같다.[11]

· 예종 대: 홍관洪瓘(예종 11년 2월), 김고金沽(예종 12년 3월)
· 인종 대: 임광林光(인종 17년), 최함崔諴(인종 18년), 이인실李仁實(인종 19년 3월), 박경산朴景山(인종 21년), 김영관金永寬(인종 23년), 장수張脩(인종 24년 4월)
· 의종 초기: 이지무李之茂(의종 원년), 최윤의崔允儀(의종 2년 4월), 정습명鄭襲明(의종 3년 5월), 김영윤金永胤(의종 5년 4월), 유석劉碩(의종 7년 3월), 이원응李元膺(의종 8년 4월), 이공승李公升(의종 9년 5월)

의종 10년을 하한으로 정하면 모두 15명이 찾아지는데, 이들 중 자신의 '온전한' 묘지명이 있는 임광, 최함, 이인실, 박경산, 이공승을 제외하면 10명이 남는다.[12] 즉 이 묘지명의 주인공은 이 10명 중의 한 명일 가능성이 높아지는 것이다.

또 묘지명에는 그의 아들의 이름이 자□自□·자목自牧이라고 하였

9) 『고려사』 권73 선거지1 과목1 선장, 인종 3년 5월 및 『고려사』 권17 세가 의종 5년 8월 계미 조와 『고려사』 권18 세가 의종 7년 12월 조 기사 참조.

10) 「김함 묘지명」, 김용선 편, 『집성』, 98~99쪽.

11) 『고려사』 권74 선거지2 과목 2 국자시의 해당 기사 참조.

12) 이들 다섯 명의 묘지명은 김용선 편, 『집성』 131~132쪽, 182~185쪽, 137~138쪽, 163~165쪽, 244-245쪽 참조.
<보주> 이 논문이 발표된 뒤에 「정습명 묘지명」이 새로 발견되었으므로(이 책, 95~103쪽), 10명은 9명으로 고쳐져야 할 것이다.

다. 이를 토대로 고려시대의 인물을 검토해 보면 바로 장자목張自牧이라는 인물을 찾아낼 수 있다. 장자목은 명종 25년(1195) 6월에 국자시의 고시관을 하였고,13) 희종 때 최당崔讜이 만든 해동기로회海東耆老會의 구성원으로 이름을 날린 인물이다.14) 이 장자목이 그의 아들이 맞다면, 이 묘지명의 주인공의 성씨도 장씨張氏가 되어야 할 것이다. 이에 위의 고시관 중에서 장씨가 있는지 확인해 보면, 바로 인종 24년(1146)의 국자시를 주관한 장수張脩라는 인물을 지목할 수 있다.

장수의 묘지명은 이미 알려져 있다.15) 그런데 이 묘지명을 보면 공교롭게도 전반부의 명문만 소개되어 있을 뿐 후반부는 결락되어 있다. 그렇다면 이 묘지명과 일본에서 새로 발견된 묘지명은 어떤 관련이 있는 것일까. 이러한 궁금증을 가지고 두 묘지명의 명문을 대조해 보면 상호 연관되는 단어 하나를 주목할 수 있다. 즉 기왕에 소개된 묘지명의 제(11)행의 끝부분에는 태백산太伯山 운운하는 기록이 있고, 새 묘지명 제(3)행에는 그가 무애지국사無导智國師의 비명碑銘을 썼다는 기록이 있다는 점이다. 무애지국사는 태백산 각화사覺華寺를 창건한 계응戒膺으로,16) 인종 12년(1134)에 서울로 올라와 화엄경을 강의하기도 한 계응繼膺과 같은 인물이다.17) 그렇다면 태백산 운운하는 기록과 무애지국사의 비명을 썼다는 기록은 서로 관련이 있지 않을까 하는 생각이 들게 될 것이다.

이에 따라 두 묘지명 기록을 대조해 본 결과, 뜻밖의 사실을 알 수 있게 되었다. 즉, 두 기록이 정확하게 하나로 합쳐진다는 것이다. 이들

13) 『고려사』 권74 선거지2 과목2 국자시지액 명종 25년 6월 조.
14) 『고려사』 권99 열전 최유청 부 당.
15) 「장수 묘지명」, 김용선 편, 『집성』, 154~155쪽.
16) 『파한집』 중 「태백산인 계응」.
17) 『고려사』 권16 세가 인종 12년 8월 임인.

을 하나로 합쳐 적어 보면 다음과 같이 된다<제(10)행 이하의 이탤릭체로 된 부분이 교토대학박물관 소장 묘지명 명문임>.

(1) 朝議大夫檢校太子大保行秘書監御書檢討官知制誥賜紫金魚袋張公
(2) 脩字鴻羽仁同縣人也父直翰林院諱世平追封太子詹事祖戶長惟器母稷
(3) 郡大夫人白氏尙　直長同正可積之女公有大志不淸直苟言笑少攻儒術喜
(4) 爲古文章於壽昌六年庚辰擧進十中丙科乙酉通判　皐郡壬辰始受　簿
(5) 都監判官甲午權直翰林院一日代人入直適有製奏以他名上　睿宗覽　此
(6) 張翰林所作也其以文章結人主知如此前緣任小失置散五年略無慍色不營
(7) 勤於誨人至庚子起爲秘書校書郎五遷試國子博士皆兼舘翰庚戌以金吾長
史權
(8) 門祗候俄遷試殿中內給事知制誥翌年遷試禮部員外郎知制誥癸丑出爲忠州
(9) 使廉謹愛民雖古龍廉無以加丙辰入爲禮部員外郎知制誥前後十一轉歷禮
(10) *戶部侍郎□* 子祭酒至秘書監二品皆帶三字以經術潤色聖化皇統六年丙寅
(11) *掌南省試取一百人* *(中缺)* 劣士七年累表致仕九年稟聖　棄傳至太伯山
(12) *寺書無㝵智國師碑銘雖老筆* *(中缺)* 體勁正人皆歎服既能文又善書其
(13) *過人者盖罕伐之英也懸輿里居吟嘯(?)* *(中缺)* 九變星霜至正豊元年十月
(14) *以疾卒于家年七十八以是月十六日甲申葬于* *(中缺)* 　西奉靈寺俊
(15) *娶檢校太子詹事林有威女封沃溝郡夫人有子四人長* *(中缺)* 　承
(16) *□同正李揆女生三男二女次王輪寺大德釋亮早卒 (下缺)*
(17) *次知公州事判官自(?)* *(下缺)*
(18) *□侍郎寶文閣直學士李陽仲女次禮賓主簿同正自牧娶秘書少監裴(?) (下缺)*
(19) *生一男一女女三人長適尙食奉御同正梁積中生三男三女次適尙舍奉御□□*
(20) *朴陽進生二男一女次適樞密院別駕李晉明生二男晉明先公一年死□□□*
(21) *□□中丙第贈任安南都護書記不墜家風積中名儒也嘗與予□□□□*
(22) *□□予亦素承訓於公之門勢不可爲辞試大學博士柳* *(下缺)*
(23) *□訥耶當(?)於里□然以爲□□□□□□□□□動□* *(下缺)*

이 기록에서 보다시피 제(11)행과 제(12)행을 이어보면 '(장수는) 은퇴한 뒤인 황통 9년(의종 3년, 1149)에 태백산 무애지국사의 비명을 썼는데, 비록 노필老筆이지만 서체가 경정勁正하여 사람들이 모두 탄복하였다'는 문장이 완성된다. 또 그 앞의 제(10)행과 제(11)행을 이어보면 '황통 6년 병인년(인종 24년, 1146)에 남성시南省試를 주관하여 100명을 선발하였다'는 명문이 완성되는데, 이는 앞에서 보았듯이 『고려사』 선거지 기록의 연대와 정확하게 일치한다. 그러므로 새로 발견된 묘지명이 바로 「장수 묘지명」의 나머지 반쪽이라는 사실이 확실해지는 것이다.

이제 하나로 합쳐진 묘지명 기록에 따라 그의 생애를 간단히 정리하면 다음과 같다.

장수張脩(문종 33~의종 10: 1079~1156)는 본관이 인동仁同이고, 자字는 홍우鴻羽이며, 아버지는 세평世平, 어머니는 백가적白可積의 딸이다. 그는 숙종 5년(1100)에 과거에 합격하여 관리가 되었는데, 예종 9년(1114)에 권직한림원權直翰林院이 되어 왕으로부터 글을 잘 쓴다는 칭찬을 받기도 하였다. 그러나 좌천되어 5년간 산직에 있다가 예종 15년(1120)에 비서교서랑으로 복직되었고, 이후 국자박사 등의 관직을 거쳐 의종 1년(1147)에 비서감으로 치사하였다. 그 동안 앞에서 언급한 바와 같이 국자시를 주관하기도 하였고, 무애지국사의 비문을 쓰기도 하였던 것이다. 자녀로는 장자목 등 4남 3녀를 두었고, 의종 10년(1156)에 78세의 나이로 사망하였다. 『고려사』에는 선거지 기록 한 군데에만 장수에 관한 기사가 실려 있지만, 이제 묘지명 전체가 알려짐에 따라 그에 관한 보다 자세한 정보를 얻을 수 있게 된 것이다.

「장수 묘지명」의 전반부는 『한국금석유문』의 부록편을 통해 처음 학계에 소개되었다. 이 책에는 묘지명의 소재지가 '국립박물관 구장기록國立博物館 舊藏記錄'이라고 되어 있다.[18] 이에 필자는 원문을 다시 확인하고자 이 책의 편자에게 직접 문의하였더니 서울 국립중앙박물관에 탁본 형태로 소장되어 있는 것을 보았다고 알려주었다.[19] 그래서

---

18) 「장홍우 묘지명」, 이난영 편, 『한국금석문추보』, 아세아문화사, 1976, 269~270쪽.

필자가 다시 국립중앙박물관에 이 묘지명 탁본의 관람을 요청했으나, 아쉽게도 아직까지 어느 부서에 보관되어 있는지 그 소재가 확인되지 못하고 있다. 즉 어렵사리 묘지명의 반쪽을 외국에서 찾아냈으나, 나머지 반쪽의 소재를 다시 확인해야 하는 일이 아직도 남아있게 된 것이다.

아무쪼록 국립중앙박물관에 있다는 그 반쪽의 탁본이, 또 어딘가에 있을지도 모를 그 반쪽 탁본의 실물이 하루 바삐 찾아지기를 간절하게 소망한다. 그때서야 이 묘지명이 비로소 완전한 '하나'가 되는 것이고, 또 금석문이라는 자료를 통해 고려사회를 바르게 이해하려는 노력도 그만큼 더 빛을 발하게 되는 것이 아닌가 한다.

▌참 고▐

· 이난영 편, 「장홍우 묘지명」, 『한국금석문추보』, 아세아문화사, 1976.
· 김용선 편저, 「장수 묘지명」, 『고려묘지명집성』(제5판), 한림대학교 출판부, 2012.
· 김용선, 「새 자료 고려묘지명 다섯 점 반」, 『역사학보』 198, 역사학회, 2008.

19) 소중한 정보를 알려주신 이난영 선생에게 이 자리를 빌어 다시 감사를 드린다.

14. 김상우金商佑의 딸 김씨부인金氏夫人 묘지명

소재: 개인 소장

연대: 의종 10년(금 정풍 원년, 1156)

판독문

(1) 翼陽郡夫人金氏光
(2) 州人其先吏部尙書
(3) 文德殿學士知制誥
(4) 商佑祖司宰卿品先
(5) 曾祖將作監延保外
(6) 祖門下平章崔奭夫
(7) 人爲人溫柔沉重寬
(8) 厚有濟物之仁守道
(9) 知足姿色德行不類
(10) 百及其化□都忘
(11) 物我見親屬兒孫一
(12) 無離別可憐之色享
(13) 年六十有三正豊元
(14) 年八月十六日乙酉
(15) 卒于京城景福寺是
(16) 年閏十月十六日甲
(17) 寅葬于馬川南麓
(18) 　　銘曰

(19) 嗚呼夫人 年餘耳順
(20) □婦貞範 奄弃浮生
(21) 藏諸山麓 刻銘于石
(22) 以時祀之 万古不滅

【뒷면】

(1) 之城
(2) 　誌

역주

익양군부인 김씨翼陽郡夫人 金氏는 광주光州 사람으로, 아버지는 이부상서 문덕전학사 지제고吏部尙書 文德殿學士 知制誥 상우商佑이고, 조부는 사재경司宰卿 품선品先이고, 증조부는 장작감將作監 연보延保이며, 외조부는 문하평장門下平章 최석崔奭이다.

부인은 사람됨이 온유하고 침중하고 너그러웠으며, 사물을 가엾게 여기는 어짐을 갖추고 도리를 지킴에 충분함을 알아서 어여쁜 자태와 덕행은 비교할 바가 없다. 무릇 모두가 그 감화를 받았으니, □ 도무지 남과 자신을 잊은 채 친속親屬과 자녀와 손자들을 대하면서도 한 번도 귀여워하는 빛을 보이지 않은 적이 없었다.

향년 63세로, 정풍正豊[1] 원년(의종 10, 1156) 8월 16일 을유일에

1) 금 제량의 연호(1156~1161).

경성京城 경복사景福寺에서 돌아가셨는데, 윤10월 16일 갑인일에 마천馬川 남쪽 기슭에 장례지냈다.

명銘하여 이른다.

아, 부인이시여, 나이는 예순 남짓으로
□ 아낙네의 정범이었는데, 갑자기 뜬 세상을 버리셨네
산기슭에 묻으면서 돌에 명銘을 새기니
때로서 제사를 모시어 만고万古에 불멸하리라

【뒷면】

지성之城이 쓴다

해 제

「김상우金商佑의 딸 김씨부인金氏夫人 묘지명」은 가로 63.6cm 세로 23.0cm의 장방형이며, 지석에는 테두리선과 함께 가로세로로 자간을 구분하는 선을 긋고 있다. 따라서 1행당 글자수도 8자로 일정하며, 전체 22행에 걸쳐 같은 크기의 글씨가 해서체로 쓰여 있다. 앞면과 달리 다듬어지지 않는 뒷면에는 '지성之城', '지誌'라는 글자가 두 행에 걸쳐 새겨져 있다. 이 글자는 본문에는 나오지 않는 것으로, '지성이라는 사람이 묘지墓誌를 썼다'라고도 해석할 수 있으나, 본문을 새기기 전 연습용으로 썼을 가능성 등 달리 해석할 여지도 있다. 그리고 이 지석에는 주사朱砂의 흔적이 선명하게 남아있는 것으로 보아 출토시기가 그다지 오래되지는 않은 것으로 추정된다.

이 묘지명은 전문이 모두 171자로 매우 짧은데, 내용 역시 소략하다. 부인은 정풍正豊 1년, 즉 의종 10년(1156)에 63세로 사망하였는데, 이를 토대로 역산해 보면 선종 11년(1094)에 탄생하였음을 알 수 있다. 또 부인의 출신은 광주光州라고 되어있는데, 원래 무주武州를 태조 23년에 광주로 고쳤다가 성종 14년에 해양현海陽縣이라 하였다. 또 군부인郡夫人이라는 부인의 외명부 작호 앞에 붙은 익양군翼陽은 고려시대 해양海陽의 다른 이름이기도 하다.[2] 그러므로 부인은 해양현, 즉 지금의 광주광역시 출신임이 분명하다.

부인의 아버지는 이부상서·문덕전학사를 지낸 김상우金商祐인데, 이 김상우는 김구부金龜符(선종 6~인종 23: 1089~1145)[3]의 아버지이다. 부인의 조부 품선品先, 증조부 연보延保, 외조부 최석崔奭의 이름과 그들이 역임한 관직도 김구부 묘지명에 적힌 기록과 그대로 일치한다. 즉 부인과 김구부는 서로 친남매간으로, 부인은 김구부의 누이동생이 된다. 부인의 매장지인 마천馬川은 개성 동북쪽에 있고,[4] 김구부의 매장지는 우봉군 의룡산義龍山인데,[5] 우봉군은 지금의 황해도 금천군 우봉면에 해당한다. 그러므로 이 남매는 사후 거의 900년 가까운 세월을 서로 떨어져 있다가, 각자의 지석이 나타남에 따라 다시 만나게 된 것이다.

한편, 부인에게는 여자형제도 더 있었던 것으로 확인된다. 즉 김상우의 둘째 딸은 대흥한씨大興韓氏 가문의 한유충韓惟忠(문종 34~인종 24: 1080~1146)과 결혼하여 4남 4녀를 낳았는데,[6] 한유충의 나이를 볼 때

2) 『고려사』 권57 지리지2 전라도 나주목 해양현.
3) 「김구부 묘지명」, 이 책, 50~60쪽.
4) 마천은 개성 동북쪽에 있다(「김복윤 묘지명」, 김용선 편, 『집성』, 100쪽).
5) 「김구부 묘지명」, 이 책, 50쪽.
6) 「한유충 묘지명」, 김용선 편, 『집성』, 90쪽.

이 딸은 부인의 언니일 가능성이 크다고 생각된다. 따라서 부인은 적어도 위로 두 명의 언니가 있었다고 할 수 있다.

부인은 63세로 사망하였고, 묘지명에도 '친속아손親屬兒孫'이라는 구절이 있으므로 결혼하여 자녀와 손자를 둔 것으로 짐작된다. 다만 한 가지 매우 아쉬운 점은 남편의 이름이나 자녀에 관한 내용이 묘지명에 전혀 적혀 있지 않다는 것이다. 뒷면에 새겨진 '지성之城'을 인명으로 간주한다고 하더라도, 이 인물이 누구이고 부인과 어떤 관계에 있는지도 알 수 없다.

이러한 점에서 이 묘지명은 많은 아쉬움을 남긴다. 그러나 두 남매가 오랜 세월이 지난 뒤에 다시 만나게 된 것처럼, 앞으로도 다른 자료가 계속 발굴되어 여러 가지 궁금증이 해소되기를 바랄 뿐이다.

▌참 고▐

· 김용선, 「새 고려묘지명 7점」, 『사학연구』 100, 한국사학회, 2010.

15. 이양윤李陽允 묘지명

소재: 개인 소장

연대: 의종 11년(금 정풍 2年, 1157)

판독문

(1) 故右司諫知制誥李公墓誌銘
(2) 公姓李氏諱陽允古諱敷其先慶州人也父恭訥位終檢校少府
(3) 少監母崔氏同鄉戶長常善之女公生而敏悟體貌魁岸自丱角
(4) 之時好讀書著文二十四歲擧進士至三年入大學補經德齋生
(5) 文章論議卓冠諸儒每於考試屢中高第在學四年丁父憂免服
(6) 除乃從外學擢第於春官時公年三十有四乃　仁宗御宇之六
(7) 年始除公州通判莅任一年而西土人不靖公承　命赴難及於
(8) 大同江積土攻城冒獨矢石幾至於死者再三事平乃還其任及
(9) 秩滿還京退居里第唯以文書自娛不以干謁爲事故久不得調
(10) 置散八□始補西大悲院錄事一年改爲奉先庫判官又一年授
(11) 直翰林院罷□□也在翰林二年稍遷千牛衛錄事時今　上卽
(12) 位之四年也聞其悲行卽召入內侍省居無何擢授掌冶令天德
(13) 三年夏六月　上御康安殿賞石榴花仍召禁內儒臣占韻賦之
(14) 刻燭爲限公乃援筆立成詞義紀(?)□命天子覽之憮然可歎乃牓
(15) 爲獨步賞賚尤厚之明年春適有五敎大選特詔公監之尋拜權
(16) 知閤門祗候其年冬以試祗候外補全州牧通判在任三年改授
(17) 大盈令依前權知閤門祗侯復　命數月擢拜監察御史其年秋
(18) 詔分臺於西京至其冬特拜右司諫知制誥至今年夏　上讌大

(19) 金使於大內公侍讌終夜因中毒熱寢疾累月至秋八月五日卒
(20) 于私第以是月十有六日葬于京城東大德山之西北麓公爲人
(21) 純厚溫良喜怒不形於色兩任外官而皆以寬仁爲理吏民便之
(22) 課爲理最公初娶左司郎中李還之女生二女一男長婿朴佺時
(23) 爲禮賓注簿同正次婿梁文炯內侍東大悲院錄事男名赫聰警
(24) 絶倫尤爲公所愛年六七歲日頌數百言二十一歲擧進士一科
(25) 時年二十有三而公亡哀毁過甚傍人爲之殞涕及至葬乃請予
(26) 誌之予亦公之離孫不敢牢讓乃爲銘曰
(27) 堂堂李公　顯顯令德　修身愼行　節儉正直　忠以衛　上
(28) 文以華國　才高命薄　位不至極　藏孫有後　善慶何哉
(29) 聊記此銘　表其塋域
(30) 　　時正豊二年歲在强圉赤奮若壯月將仕郎軍器注簿同正吳世功　謹誌

역주

돌아가신 우사간 지제고右司諫 知制誥 **이공**李公 **묘지명**墓誌銘

공의 성은 이씨李氏이고, 이름은 양윤陽允인데, 옛 이름은 부敷이다. 그 선조는 경주慶州 사람으로, 아버지 공눌恭訥은 벼슬이 검교소부소감檢校少府少監에 이르렀고, 어머니 최씨崔氏는 같은 고향의 호장戶長인 상선常善의 딸이다.

공은 태어나면서 총명하였고 체격이 크고 장대하고 풍채가 훌륭하였는데, 어릴 때부터 책을 읽고 글 짓는 것을 좋아했다.

24세에 진사시進士試에 응시하고,[1] 3년 뒤에는 대학大學에 들어가 경덕재생敬德齋生이 되자, 문장文章과 논의論議가 여러 선비보다 뛰어나 매번 고시考試에서 거듭하여 높은 성적을 받았다. 재학한 지 4년 만에 아버지의 상을 당하였으나, 상복을 벗자 이에 학교에 들어가 과거에 급제하였는데, 이 때 공의 나이 34세로 인종仁宗이 나라를 다스린 지 6년째 되는 해였다.[2] 처음 공주통판公州通判으로 부임하였는데 부임한 1년 만에 서경西京 사람들이 반란을 일으키자(묘청의 난?) 공은 명을 받아 난지難地에 부임하였다. 대동강大同江에 흙을 쌓아 성을 공격하였는데, 홀로 활과 돌을 무릅쓰며 거의 죽을 뻔한 일도 두세 차례 겪었으며, 난이 평정되자 임지로 귀환하였다.

임기가 끝나자 서울로 돌아와 집에 머물러 있으면서 단지 글을 읽는 것을 스스로의 즐거움으로 삼고 아첨하는 것을 일로 삼지 않았으므로, 오랫동안 벼슬에 나가지 못하였다. 산관散官으로 있은 지 8년 □만에 비로소 서대비원녹사西大悲院錄事가 되었고 1년 뒤에는 봉선고판관奉先庫判官으로 옮겼으며, 또 1년 뒤에는 직한림원直翰林院이 되면서 □□를 파罷하였다. 한림翰林에 있은 지 2년 뒤에 다시 천우위녹사千牛衛錄事로 옮겼다. 이때가 지금의 임금(의종)이 즉위한 지 4년째 되는 해로 (임금이) 그 애처로운 행적을 듣고 즉시 내시內侍로 불러들였는데, 성省에 있은 지 얼마 되지 않아 장야령掌冶令으로 발탁하였다.

---

1) 아래의 역주 7) 참고.

2) 인종 5년 6월에 치러진 이 과거의 지공거는 李公壽, 동지공거는 金富轍이며, 王佐材 등 33명이 급제하였다(『고려사』 권73 선거지1 과목1 선장 인종 5년 6월).

천덕天德[3] 3년(의종 5, 1151) 6월에 임금이 강안전康安殿에 거둥하여 석류화石榴花를 감상하면서 금내禁內의 유신儒臣들을 불러서 운韻을 정하여 부賦를 짓게 하였다. 초에 금을 새겨 시간을 정했는데, 공이 이에 붓을 당겨서 사詞를 완성하자 뜻이 □명命에 부합하였다(?). 천자가 이것을 보고 어루만지며 찬탄하면서 이에 방牓을 붙여 독보獨步라고 하고 상을 매우 후하게 내렸다.[4]

이듬해 봄에 마침 5교五敎의 대선大選이 있자 특별히 공에게 명을 내려 감독하게 하고 곧 권지합문지후權知閤門祗候를 제수하였으며, 그 해 겨울에는 시지후試祗候로 지방관인 전주목통판全州牧通判에 보해졌다. 재임한 지 3년 뒤에 대영령大盈令에 제수되면서 이전과 같이 권지합문지후權知閤門祗候를 겸하였으나, 복명復命한 지 몇 달 만에 감찰어사監察御史로 뛰어 올랐다. 그 해 가을에는 조칙으로 서경西京의 분대分臺가 되고, 겨울에는 특별히 우사간 지제고右司諫 知制誥에 제수되었다.

올해 여름에 임금이 금金의 사절에게 궁궐에서 크게 연회를 베풀었는데,[5] 공이 연회에 참석하였다가 밤새도록 중독中毒으로 인해 열에 시달리다가 병이 들었다. 몇 달 뒤인 8월 5일에 사제私第에서 돌아가시니, 이 달 16일에 경성京城 동쪽의 대덕산大德山 서북쪽 기슭에 장례지냈다.

공은 사람됨이 순후하고 온량하여 기쁜 빛이나 성낸 기색을 겉으

---

3) 금 제량의 연호(1149~1152).

4) 『고려사』 권17 세가 의종 5년 6월 을유.

5) 의종 11년 6월 무신에 금의 횡선사인 대부경 張喆이 오자, 무오에 금의 사신에게 대관전에서 잔치를 베풀어주었다(『고려사』 권18 세가 의종 11년 6월 무신·무오).

로 드러내지 않았다. 두 차례 지방관을 역임하면서 모두 너그럽고 인자롭게 다스려서 향리와 백성들이 편안해 하였으므로, 공과公課에서도 성적이 최고였다.

공은 처음 좌사낭중左司郎史 이환李還의 딸과 결혼하여 2녀 1남을 낳았다. 큰 사위 박전朴佺은 지금 예빈주부동정禮賓注簿同正이고, 둘째 사위 양문형梁文炯은 내시 동대비원녹사內侍 東大悲院錄事이다. 아들은 혁赫인데, 총명하고 민첩함이 비할 데 없어 공이 더욱 사랑하였다. 나이 6·7세에 날마다 수백 마디의 송頌을 읊었는데, 21세에 진사進士1과科에 급제하였고 지금 23세이다. 공이 사망하자 슬픔이 지나쳐서 곁에 있는 사람들이 눈물을 흘리다가 죽을 정도라고 하였다. 장례를 치르면서 나에게 지誌를 청하였는데, 나 또한 공의 생질의 아들[이손離孫]이므로 감히 사양하지 못하고 이에 명銘을 지어 말한다.

당당하도다, 이공李公이여
아름다운 덕德을 환히 드러내니
몸을 닦아 행동을 삼가며
절약하고 검소하며 바르고 곧았네
충성으로 임금을 보위하고
문장으로 나라를 빛내었는데
재주는 뛰어나나 명命은 박하고
지위도 지극한 곳에는 이르지 못하도다
후손이 대를 이으니
어찌 경사가 없을 것인가
애오라지 이 명銘을 기록하면서
그 무덤의 영역을 나타내네

정풍正豊6) 2년 정축년[강행적분약强圉赤奮若](의종 11, 1157) 8월[장월壯月] 장사랑 군기주부동정將仕郎 軍器注簿同正 오세공吳世功이 삼가 적는다.

해제

「이양윤李陽允 묘지명」은 가로 95cm 세로 65cm의 장방형으로, 지석의 테두리선은 물론이고 자간을 구획하는 선도 그어져 있지 않다. 그러나 각 행당 글자수는 25자씩 일정하게 쓰여 있다. 해서체로 쓰여진 명문은 몇 군데 판독하기 어려운 이체자異體字가 있으며, 주사朱砂의 흔적도 묘지명 전체에 걸쳐 뚜렷하게 남아있다. 이양윤李陽允은 『고려사』에 단 하나의 기록을 남기고 있을 뿐인데, 이 묘지명에 의해 그의 생애가 자세하게 밝혀지게 되었다.

이양윤은 경주慶州 출신으로, 아버지 공눌恭訥은 검교소부소감직을 지냈고, 어머니 최씨는 같은 고향, 즉 경주의 호장戶長인 상선常善의 딸이라고 되어 있다. 이러한 점을 감안하면 그의 가계는 경주의 향리鄕吏 가문으로부터 서울로 진출해 간 것으로 보인다. 이양윤은 처음 국자감시에 급제한 뒤, 오랫 동안 대학大學을 다닌 다음 과거에 급제함으로써 본격적인 관리생활을 하게 되었다. 묘지명에는 그가 24세 때에 진사시進士試(국자감시)에 급제하고, 인종이 즉위한 지 6년째 되던 해, 즉 인종 5년(1127)에 34세의 나이로 과거에 급제하였다고 하였다. 이를 토대로 연대를 추산해 보면 그는 선종 11년(1094)에 태어났고, 예종 12년(1117)에 국자감시에 합격하였으며,[7] 3년 뒤 대학에 들어가 경덕재생敬德齋生이 되었으며, 인종 5년에 과거에 급제하였음을 알 수 있다.[8]

과거에 급제한 뒤 그는 처음 공주公州판관이 되었으나, 부임한 지 1년만에 서경에서 반란이 일어나자 현지에 부임하여 대동강에 흙을 쌓고 성을 공격하는 등 공을 세웠다.[9] 임기가 끝나 서울에 돌아온 뒤에는

6) 금 제량의 연호(1156~1161).

7) 『고려사』에는 '(예종) 12년 3월에 문덕전학사 金沽가 王存 등 103명을 뽑았다'라는 기록이 있다(『고려사』 권74 선거지2 과목2 국자시지액).

8) 앞의 역주 2) 참고.

8년 동안 벼슬을 하지 못한 채 산관散官으로 지내게 되었다. 이후 다시 서대비원녹사에 보임된 후 봉선고판관·직한림원 등을 거쳐 의종 3년에는 내시성에 들어갔다.

의종 5년(천덕 3년, 1151)에는 왕이 강안전에서 석류꽃을 감상하면서 금내禁內의 유신儒臣들에게 시를 짓게 하자, 이양윤은 시를 잘 지어 상을 받았다. 이 일에 대해서는 『고려사』에도 사세하게 나오는데, 이 기사는 사서에 남은 이양윤에 관한 유일한 기록이기도 하다.

> 밤에 내시 이양윤李陽允·사관 이인영李仁榮 등 13명을 봉원전奉元殿의 뜰로 불러 자리를 정하고 종이와 붓을 주고, 왕이 운자韻字를 내어 석류꽃의 7언4운 시를 짓게 하였다. 초에 금을 그어 시간을 한정하였는데, 이양윤 등 7명이 합격하였으므로 왕이 자리에 나가 술을 내렸다. 이튿날 또 한림원에 술과 과일을 내리고, 인하여 비단을 차등있게 주었다(『고려사』 권17 세가 의종 5년 6월 을유).

이렇듯 문학적 재능을 날리던 이양윤은 이듬해에는 5교五敎의 대선大選, 즉 승과僧科를 감독하였으며, 이후 권지합문지후·전주목통판·감찰어사·우사간지제고 등을 역임하였다. 그러다가 의종 11년 여름에 금의 사신을 궁궐에서 접대하다가[10] 병을 얻었는데, 8월에 사망하자 개성 동쪽에 있던 대덕산大德山에 장례지냈다.[11] 이때 그의 나이는 64세였다.

이양윤은 좌사낭중 이환李還의 딸과 결혼하여 2녀 1남을 낳았는데, 큰 사위는 박전朴佺, 작은 사위는 양문형梁文炯이고, 아들은 이혁李赫이다. 그러나 이들은 사서에 특별한 기록을 남기지는 않았다.[12] 이양윤의

---

9) 묘청의 난이 일어난 것은 인종 13년(1135)이다. 그러므로 이양윤은 과거에 급제한 뒤 7년 가량이 지나서야 공주판관이라는 관직을 처음 받은 것으로 이해해야 할 것이다.

10) 앞의 역주 5) 참고.

11) 대덕산이 개성 동쪽에 있다는 기록은 「박경인 묘지명」 참조(김용선 편, 『집성』, 52쪽).

12) 이환의 딸 중 한 명은 최유청과 결혼했으나 일찍 죽었고(「최유청 묘지명」, 김용선 편, 『집성』, 225쪽), 양문형은 梁元俊의 차남이라는 묘지명 기록이 있다(「양원준 묘지명」, 김용선 편, 『집성』, 172쪽).

묘지명은 오세공吳世功이 썼는데, 그는 이른바 죽림7현으로 유명한 오세재吳世才의 맏형이기도 하다.

이상 간단하게 이양윤 묘지명의 내용을 살펴보았는데, 이 묘지명에는 향리 가문 출신 인물이 서울로 올라온 뒤 국자감시 - 대학(경덕재) - 예부시라는 정통 경로를 밟아 중앙의 관리가 되는 모습과, 묘청의 난이나 의종 대 특히 성행했던 군신君臣간의 연회에 관한 기록 등이 실려 있다. 따라서 당시의 사회상을 살피는 데에 나름대로 흥미로운 자료를 제공해 주리라고 생각한다.

| 참 고 |

· 김용선, 「새 고려묘지명 7점」, 『사학연구』 100, 한국사학회, 2010.

16. 권정평權正平 묘지명

소재: 경상남도 진주시 토지주택박물관

연대: 의종 15년(1161)

판독문

(1) 高麗國儒林郎檢校太子少詹事行奉先庫副使前左右衛

(2) 長史權君墓誌銘幷序

(3) 將仕郎寶文閣校勘吳 世功 撰

(4) 君諱正平字無累其先本永嘉郡人也今安東府也曾王父戶長漢廉王

(5) 父戶長融考戶長同正追封正朝璟皆積善累德弈葉傳芳者也

(6) 君粤在童丱守志不群雖長自立樊恥爲鄕吏年未弱冠乃應鄕擧遂

(7) 至京師投屬南山徒講信齋孜孜兀兀講論不輟不數年間學業大進始擧進士

(8) 二科後(?)十餘年赴 御(?)試中同進士出身第二人及第例補仁義縣監務爲政淸□

(9) 公(?)以矜恤百姓爲心及秩滿還京吏民思其恩化乃褒美於朝廷有司奏過錄

(10) 於政籍後六年調爲國學學諭累遷至試大官署令復知昇平郡事副使三載

(11) 考績又爲典廐署令稍遷中書注書又四年以借閤門祗候出守谷州在任三

(12) 年復入爲大官署令再爲中書注書終至左右衛長史尋以年老解職後爲

(13) 奉先庫副使以大金正豊五年正月二十有八日遘疾卒于長安私第享年七十有
(14) 六至其年二月十一日窆于京城西山之麓依西天之法而荼毘焉仍收拾其骨假
(15) 藏于釋迦窟大名藍至明年二月十七日更卜吉乃葬骨于天和寺之東山所順也
(16) 君天性恬澹喜慍不形于色雖家貧落魄而不以資産爲意官途多舛而未
(17) 嘗干媚於時故平生齟齬卒不至於富貴耳若夫箕子所謂壽康寧攸好
(18) 德考終命者　君其盡兼之矣
(19) 君娶京師掌冶署令孫復侯之女生二男一女長男曰安國文行高潔克樹堂
(20) 搆亦擧進士及第一命爲海陽縣尉政滿時爲散官次曰定國以遠祖蔭飄纓
(21) 女適弘護寺眞殿直李元烈之子生一子夫妻先　君而亡世功本
(22) 君之同齋後生也又與其子安國友善乃窀穸有期乃請予爲誌故略敍行迹乃爲銘曰
(23) 　性淳而古　德尊而光　天道福善　俾壽而藏
(24) 　才有幹蠱　君其不二

역주

고려국高麗國 유림랑 검교태자소첨사 행봉선고부사 전좌우위장사儒林郞 檢校太子少詹事 行奉先庫副使 前左右衛長史 권군權君의 묘지명墓誌銘 및 서문

장사랑 보문각교감將仕郞 寶文閣校勘 오세공吳世功이 지음

군의 이름은 정평正平이고, 자字는 무루無累이다. 그 선조는 본래 영가군永嘉郡[1]-지금의 안동부安東府이다- 사람으로, 증조부는 호장戶長 한렴漢廉이고, 조부는 호장戶長 장융長融이며, 아버지는 호장동정戶長同正이자 정조正朝에 추봉된 경璟인데, 모두 선행과 덕을 쌓아 누대에 걸쳐 이름이 빛나고 있다.

군은 어려서부터 뜻을 세우는 것이 무리에서 뛰어났다. 자라서 자립하게 되자 향리鄕吏가 되어 속박되는 것을 부끄럽게 여겨서 나이가 20세가 되기 전에 향시鄕試에 응거하였다. 합격하자 드디어 서울로 올라가 남산도南山徒의 강신재講信齋에 속하여 부지런히 공부하면서 강론講論을 쉬지 않으니, 몇 년 지나지 않아 학업이 크게 진작되었다. 비로소 진사進士2과科에 급제하였고, 10여 년 뒤에(?) 어시御試(?)에 나아가 동진사출신同進士出身 제2인에 급제하였다.

예에 따라 인의현仁義縣[2]감무監務에 보해졌는데, 정치가 맑고

---

1) 『고려사』 지리지에는 신라 古陁耶郡을 경덕왕 때 吉昌君으로 고쳤는데, 고려 태조 13년에 후백제 견훤과의 전투에서 그 군 사람인 金宣平·權幸 등이 태조를 도와 공을 세우니 길창군을 安東府로 승격시켰다가 뒤에 永嘉郡으로 고치고, 성종 14년에 吉州라고 불렀다고 하였다(『고려사』 권57 지리지2 경상도 상주목 안동부).

2) 고려시대에는 전라도 고부군의 속현이었다(『고려사』 권57 지리지2 전라도 고부군 인의현). 지금의 전라북도 정읍시 태인면 일대에 해당한다.

□ 공평하여 백성들을 마음을 다해 불쌍히 여겨 도와주었다. 임기가 끝나고 서울로 돌아가게 되자 향리와 백성들이 그 은혜로움을 사모하여 이에 그 아름다움을 조정에 칭찬하니, 담당 관리가 글을 올려 정적政籍에 기록하도록 하였다. 6년 뒤에는 국학학유國學學諭가 되었다가 관직을 거듭하여 시대관서령試大官署令이 되었고, 다시 (지방관이 되어) 지승평군사부사知昇平郡事副使로 나갔다가 3년 뒤 고적考績에 따라 (서울로 올라와) 전구서령典廐署令이 되었다가 얼마 뒤 중서주서中書注書가 되었다. 또 4년 뒤에는 차합문지후借閤門祗候로 곡주谷州[3]의 수령으로 나갔다가 3년 뒤에 다시 들어와 대관서령大官署令이 되고, 다시 중서주서中書注書가 되었다. 마침내 좌우위장사左右衛長史가 되었으나 얼마 뒤 나이가 들어 해직되었다가 뒤에 다시 봉선고부사奉先庫副使가 되었는데, 대금大金 정풍正豊[4] 5년(의종 14, 1160) 정월 28일에 병이 들어 장안長安의 사제私第에서 돌아가시니 향년 76세이다.

그 해 2월11일에 경성京城의 서산 기슭에 매장하였다가 서천西天의 법에 따라 다비茶毘하고, 이에 그 유골을 수습하여 임시로 석가굴釋迦窟의 이름난 사찰에 모셔두었다가 이듬해 2월 17일에 다시 길한 곳을 점쳐 이에 천화사天和寺 동산東山에 유골을 장례지내니 순리에 따른 것이다.

군은 천성이 고요하고 담백하여 기쁨이나 노여움을 겉으로 드러내지 않았다. 비록 집이 가난하여 어려움에 처했으나 재물

3) 고려시대에는 서해도 황주목에 속해 있었다(『고려사』 권58 지리지3 서해도 황주목 곡주). 지금의 황해도 곡산군이다.

4) 금 제량의 연호(1156~1161).

에 뜻을 두지 않았다. 관도官途에도 어그러짐이 많았지만 일찍이 시류時流에 아첨하지 않았기 때문에 평생을 어긋나게 살아서 끝내 부귀에는 이르지 못했다. 그러나 만일 기자箕子가 말한 바와 같이 장수하고 강령康寧하며 덕을 좋아한 채 천명을 누린다는 것을 군은 모두 겸하였다고 할 수 있을 것이다.

군은 서울의 장야서령掌冶署令 손복후孫復侯의 딸과 결혼하여 2남 1녀를 낳았다. 장남은 안국安國으로 학문과 덕행이 고결하여 집안을 일으켜 세웠는데, 또한 진사進士에 급제하여 처음 해양현[5]위海陽縣尉가 되었다가 임기가 끝난 뒤 지금은 산관散官으로 있다. 차남은 정국定國으로 원조의 음덕[원조음遠祖蔭]으로 관직에 올랐다. 딸은 홍호사 진전직弘護寺 眞殿直 이원렬李元烈의 아들과 결혼하여 아들 하나를 두었는데, 부처夫妻가 모두 군보다 먼저 세상을 떠났다.

세공世功(오세공吳世功)은 본래 군과 같은 재齋의 후생後生이자 또 그 아들 안국과 친한 친구이다. 장례를 치르면서 나에게 지誌를 부탁하였으므로 행적을 간략하게 서술하면서, 이에 명銘을 지어 말한다.

> 성품은 순박하여 예스럽고
> 덕은 높아서 빛나네
> 하늘의 도道는 착한 이에게 복을 내리나니
> 장수하며 일생을 마쳤네
> 재주 있는 아들이 뒤를 이으니
> 군君과 둘이 아니네

---

5) 지금의 광주광역시로, 고려시대에는 전라도 나주목의 속현이었다(『고려사』 권57 지리지2 전라도 나주목 해양현).

해 제

「권정평權正平 묘지명」은 가로 60.6cm 세로 36.5cm의 장방형으로, 지석의 테두리에는 매우 얇은 선을 둘렀으며, 행을 구분하는 선도 약하게 그어놓았다. 명문은 해서체로 전체 24행에 걸쳐 쓰여 있는데, 행당 글자수는 불규칙하다.

권정평은 기존 사서에 전혀 기록되어 있지 않는 인물인데, 이 묘지명에 따라 그의 생애를 추적해 보면 다음과 같다.

그의 본관은 영가군永嘉郡, 즉 안동부安東府로, 증조부 한렴漢廉, 조부 장융長融이 모두 호장戶長이었고, 아버지 경璟은 호장동정戶長同正으로 정조正朝에 추봉되었다.[6] 즉 권정평은 안동의 전형적인 향리鄕吏가문에서 출생한 것이다. 그가 태어난 해는 선종 2년(1085)이다. 자라면서 그는 향리가 되는 것을 부끄럽게 여기고 그 신분에서 벗어나고자 약관의 나이에 향시鄕試를 치른 뒤, 서울로 올라와 남산도南山徒의 강신재講信齋에 들어가 학업을 닦았다.

남산도는 고려시대의 이른바 사학私學 12도徒 중의 하나로, 제주祭酒 김상빈金尙賓이 세운 것이다. 사학 12도 중에서 가장 유명한 것은 최충崔冲이 세운 문헌공도文憲公徒인데, 문헌공도는 낙성樂聖·대중大中·성명誠明·경업敬業·조도造道·솔성率性·진덕進德·대화大和·대빙待聘이라는 9재齋로 나누어져 있었다.[7] 이 문헌공도 이외에 나머지 사학에 대해서는 자세한 기록이 없었는데, 이 묘지명 기록에 의해 다른 사학에도 문헌공도와 마찬가지로 각각 전문강좌를 강의하는 몇 개의 재가 설치되어 있었으리라는 사실을 알게 되었다. 대중·성명과 같은 9재의 명칭이 대부분 유교 경전에서 따온 것처럼, '강신講信'이라는 명

6) 정조는 鄕職 7품에 해당한다(『고려사』 권75 선거지3 전주 향직).

7) 『고려사』 권74 선거지2 학교 사학 및 『고려사』 권95 열전 최충.

칭도 『예기禮記』 제9편 예운禮運의 '어질고 능력있는 이를 뽑아서 믿음을 익히고 화목함을 닦는다[선현여능選賢與能 강신수목 講信修睦]'이라는 구절에서 따온 것이라고 생각된다. 또 이 묘지명을 써준 오세공도 권정평과 마찬가지로 남산도 강신재의 학생이었다고 묘지명 말미에 밝혀져 있다. 이 기록은 남산도와 강신재에 대한 유일한 것이라는 점에서도 이 묘지명은 중요한 사료적 가치를 가진다고 할 수 있을 것이다.

권정평은 이후 진사進士2과科, 즉 국자감시에 급제하고, 10여년이 지난 다음에는 어시御試에서 동진사同進士 제2인으로 급제하여 본격적인 관리생활을 하게 되었다. 처음 인의仁義(지금의 전라북도 정읍시 태인면)현감에 보임된 이후 국학학유·지승평군사·중서주서·대관서령 등을 거쳐 좌우위장사가 되었는데, 나이가 들어 해직되었다가 다시 봉선고부사가 된 다음 76세로 사망하였다. 유해는 화장하였다가 이듬해 장단長湍의 천화사天和寺 동쪽 산에 매장되었다.[8)]

권정평은 장야서령 손복후孫復侯의 딸과 결혼하여 2남1녀를 두었는데, 장남 안국安國은 진사시에 급제하였고, 차남 정국定國은 원조음遠祖蔭을 받아 관리가 되었으며, 딸은 이원렬李元烈과 결혼하였으나 사위와 딸은 모두 권정평보다 앞서 사망하였다. 이들 중 권안국이 정복경鄭復卿의 장녀와 결혼하였다는 기사[9)] 이외에 다른 기록이 전해지는 것은 없다.

여기서 한 가지 주목되는 것은 권정평의 차남인 권정국이 원조음을 받아 관리가 되었다는 기록이다. 묘지명에는 권정평의 조상에 대해 아버지에서 증조부까지 적혀 있는데, 이들은 모두 안동의 향리였다. 그렇다면 이 가문의 (직계) 원조로서 권정국에게 음서의 혜택을 줄 수

8) 천화사는 고려시대 왕경 개성부의 속현이던 장단에 있었다(『신증동국여지승람』 권12 장단도호부 고적 천화사 조).

9) 권안국은 정복경의 장녀와 결혼하였다(「정복경 묘지명」, 김용선 편, 『집성』, 140쪽).

있는 사람은 중앙관리가 아니었음이 분명하므로, 권정국이 받은 음서도 5품 이상의 관리자손을 대상으로 하는 일반적인 문음門蔭이 아니라 공음功蔭, 특히 공신功臣蔭敍일 가능성이 크다고 생각한다. 또 그렇다면, 이 공신은 누구였을까? 그 이름을 확실하게 단정짓기는 어렵지만, 일단은 권행權幸이라는 인물을 떠올려 볼 수 있지 않을까 한다.

권행에 대해서는 다음과 같은 기록이 남아있다.

- 태조 13년에 후백제왕 견훤과 (고창군古昌郡) 땅에서 싸워서 패배시켰다. 군 사람 김선평·권행·장길이 태조를 도와 공을 세웠으므로, 선평을 대광으로 삼고 행과 길을 각각 대상으로 삼았으며, 군을 승격시켜 안동부安東府라고 하였다가 뒤에 영가군永嘉郡으로 고쳤다(『고려사』 권57 지리지2 경상도 상주목 안동부).
- (고려 태조 때에) 권행과 장길은 공신이 되었는데, 모두 공신당 벽상功臣堂 壁上에 (초상을) 그려두었다(『경상도지리지』 안동도 안동도호부 토성).

즉, 후삼국시대에 안동지역의 호족이었던 권행 등이 태조를 도운 공으로 공신으로 책봉되었던 것이다. 지금 남아있는 기록에 의할 때, 안동권씨의 먼 조상 중에서 공신으로 책봉된 사람을 꼽으라면 권행을 능가할 사람은 없을 듯하다. 그러므로 내친 김에 좀더 과감하게 말한다면, 권정국은 먼 조상이자 개국공신인 권행을 탁음자託蔭者로 삼아 공신음서를 받은 것으로 보아도 좋지 않을까 한다. 물론 이 경우, 그 집안에 '공신직첩功臣職牒' 같은 것이 전해 내려와서, 자신들이 특정한 공신의 후예임을 온전하게 증명해야 한다는 점은 두말할 필요가 없다.

이와 관련해서 또 하나 언급하고 싶은 것은, 『고려사』에는 공신자손들 중 '관직이 없는 자에게 초직을 주라[무관자허초직無官者許初職]'이라는 기사가 여러 번 나오는데,[10] 이것은 어디까지나 중앙의 관리 자손 중에서 관직이 없는 자에게 해당되는 것이지, 지방향리 자손에게까지 바로 혜택을 주겠다는(또는 주었다는) 의미는 전혀 아니라는 점이다.

10) 『고려사』 권75 선거지3 전주 서공신자손 조 기사 참고.

향리신분이라는 점을 부끄럽게 여겼던 권정평도 향시에 합격하고 서울로 올라 온 뒤 예부시 합격을 통해 중앙의 관리가 되었다는 사실도 그러하지만, 고려시대에 공신의 후예일지라도 향리로서 직접 그 음서를 받아 중앙관리가 된 사례는 하나도 없다는 점이 이와 같은 사실을 잘 말해준다. 즉, 고려시대의 음서는 궁극적으로 중앙관리의 특권을 위한 제도로서 존재하고 운영되었던 것이다. 이러한 점에서 「권정평 묘지명」이 갖는 사료적 의의를 다시 한 번 강조할 수 있지 않을까 한다.

한편, 권정평의 묘지명은 남산도의 강신재 후배이자 아들 권안국의 친구였던 오세공吳世功이 썼다. 오세공은 「이양윤 묘지명」의 글도 썼는데,[11] 동생 세문世文·세재世才와 함께 당시 문명을 떨치던[12] 그의 글을 거듭해서 소개하게 된 것도 기대 밖의 보람이라고 생각한다.

▌참 고▐

· 김용선, 「새 고려묘지명 7점」, 『사학연구』 100, 한국사학회, 2010.

11) 「이양윤 묘지명」, 이 책, 135~142쪽.

12) 이규보, 「오덕전선생 애사」, 『동국이상국집』 권37 애사·제문,

17. 김고 처 이씨金沽 妻 李氏 묘지명

소재: 일본 동경 대동문화대학 서도연구소
宇野雪村文庫(탁본소장 No.1622)
연대: 의종 15년(금 정풍 6년 신사, 1161)

판독문

(1) 高麗國平章事安敬公
(2) 金沽妻卒慶源郡夫人
(3) 李氏墓時正豊六年辛
(4) 巳十一月十四日謹誌

역 주

고려국高麗國의 평장사平章事 안경공安敬公 김고金沽의 처妻이자, 돌아가신 경원군부인 이씨慶源郡夫人 李氏의 묘墓이다.

정풍正豊[1] 6년 신사년(의종 15, 161) 11월 14일에 삼가 적는다.

---

1) 금 제량의 연호(1156~1161).

해제

이 묘지명은 일본 동경 대동문화대학大東文化大學 서도연구소書道硏究所의 우노 세쓰손 문고宇野雪村文庫에 탁본으로 소장되어 있다. 지석 가장자리에는 얇은 테두리 선이 둘러져 있으며, 그 선 안에는 행을 구분하는 세로선이 그려져 있다.

1행에 9글자씩, 4행에 걸쳐 36자로 쓰여진 매우 짧은 묘지명으로, 부인은 경원 이씨慶源 李氏이고, 김고金沽의 처이며,2) 정풍正豊 6년 신사년, 즉 의종 15년(1161)에 묘지명을 만들었다는 내용이 전부이다. 그런데 묘지명이 만들어진 것이 11월이므로 아마 부인은 그 해에 사망하지 않았을까 여겨진다.

부인의 친정 쪽 가계나 자녀들에 대한 기사도 전혀 없다. 다만 남편 김고는 『고려사』와 금석문 등에 단편적인 기록을 남기고 있는데, 『고려사』에는 그가 인종 1년(1123) 7월에 중서시랑평장사로 사망하였다고 하였다.3) 즉, 부인은 최고위 관직에 오른 남편이 사망한 뒤 38년간이나 혼자 살았다는 셈이 된다. 그렇다면 부인은 김고의 후처일 가능성이 높다고 생각되는데, 김고의 출신과 결혼에 대해 다음과 같은 기록을 찾아볼 수 있다.

> 스님의 이름은 의광義光이고, (중략), 속성俗姓은 김씨로, 명주溟州 사람이다. 증조부 양陽은 문하평장사이고, 조부 상기上琦도 문하평장사이다. 아버지 고沽는 호부상서이며, 어머니 유씨柳氏는 문하시중 홍洪의 딸이다(「(승)김의광 묘지명」, 『집성』, 160쪽).

이 기록은 김고의 아들인 「(승)김의광 묘지명」(1158: 1107~1157)에 나오는 것인데, 이에 의하면 김고의 부인이 문하시중 유홍柳洪의 딸로 되어

---

2) 「宇野雪村文庫 탁본목록」에는 '高麗·安敬公墓誌'라고 제목을 붙였으나, 잘못이다.
3) 『고려사』 권15 세가 인종 원년 7월 을축.

있다. 그러므로 김고는 처음 유홍의 딸과 결혼하였다가, 뒤에 경원이씨 출신의 이 부인과 결혼하였다고 보아야 할 것이다.[4)]

김고는 형인 김인존金仁存의 열전에

> 풍모와 자태가 우아하고 고왔으며, 문장으로 당시에 들어났는데, 관직이 수사공 중서시랑평장사에 이르렀다(『고려사』 권96 열전 김인존).

라는 기록을 남겼다. 『고려사』에는 김고에 대한 기사가 여러 개가 더 나오는데, 그는 예종 12년(1117)에는 문덕전학사文德殿學士로 국자시를 주관하여 왕존王存 등 103명을 뽑았으며,[5)] 예종 13년(1118)에는 예빈경으로 예부시의 동지공거가 되어 김복윤金福允 등 23명의 진사를 뽑기도 했다.[6)] 한편 형 김인존은 예종睿宗 묘정에 배향되었고, 부친 김상기金上琦는 벼슬이 시랑평장사에 오르고 선종宣宗 묘정에 배향되는 등 그의 가문은 당시 최고의 문벌을 자랑하였다.[7)]

이렇게 보면, 이 묘지명은 비록 간단하기는 하지만 당시 최고의 문벌을 이루었던 경원이씨와 명주김씨의 통혼을 보여준다는 점에서 고려귀족사회의 특성을 이해하는 데 유용한 자료가 될 것이다.

▌참 고▐

· 김용선, 「새 자료 고려묘지명 다섯 점 반」, 『역사학보』 198, 역사학회, 2008.

---

4) 이 부인의 아버지가 누구인지는 알 수 없다. 한편 최함의 첫 부인이 평장사 김고의 딸이라는 기록도 있는데(「최함 묘지명」, 김용선 편, 『집성』, 184쪽), 이 딸이 경원군부인 이씨의 소생인지도 확실하지 않다.

5) 『고려사』 권74 선거지2 과목2 국자시지액 예종 12년 3월 조.

6) 『고려사』 권73 선거지1 과목1 선장 예종 13년 5월 조. 이 기사에 나오는 합격생 金福允은 金復尹과 같은 인물이다(「김복윤 묘지명」, 김용선 편, 『집성』, 100~101쪽).

7) 『고려사』 권96 열전 김인존.

18. 김광중 처 이씨金光中 妻 李氏 묘지명

소재: 서울 국립민속박물관(No.민속23277)

연대: 명종 13년(1183)

판독문

(1) 秘書監金公夫人墓誌銘
(2) 左諫議大夫秘書監金公光中之配曰慶源郡夫
(3) 人李氏守太師門下侍中頲之曾孫贈尙書左僕
(4) 射資孝之孫尙書左僕射叅知政事軾之女夫人生
(5) 於富貴而不□□□□惟孝與□以事其親惟禮與
(6) 義以□□□故□□□□而以殞大□也有子男四人長曰
(7) 叢內侍衛尉注簿次曰□京市署丞次曰□奥華嚴
(8) 業大師次曰蔕順安縣尉癸巳甲午之□謂叢之護
(9) 大□□之□□讎□爲忠孝之道華於一門士論以
(10) 此高之有女(?)一人早□而不離左右致力養焉夫人以
(11) 勞成疾壬寅冬十□月十四日卒享年七十至明年正
(12) 月十□日葬于城北□銘曰
(13) 德足以□世冑賢足以配名臣一門忠孝有兩子非此
(14) 母豈□此人年登七十可謂壽身雖有盡□
(15) 傳□卜葬□□龜筮吉□千(?)萬(?)□安□

역주

비서감秘書監 김공金公 부인夫人 묘지명墓誌銘

좌간의대부 비서감左諫議大夫 秘書監 김광중金光中[1]공의 부인은 경원군부인 이씨慶源郡夫人 李氏로, 수태사 문하시중守太師 門下侍中인 정頲[2]의 증손이고, 상서좌복야尙書左僕射로 추증된 자효資孝의 손녀이며, 상서좌복야 참지정사尙書左僕射 叅知政事인 식軾[3]의 딸이다.

부인은 부하고 귀하게 태어났으나 □□□□하지 않고, 오직 효孝와 □로써 어버이를 섬기고 오직 예禮와 의義로써 □□□하였다. 그런 까닭에 □□□□했으나, 돌아가시니 큰 □이다.

자녀로 아들은 네 명을 낳았는데, 장남 총叢은 내시 위위주부內侍 衛尉注簿이고, 차남 □은 경시서승京市署丞이고, 3남 □오□奧는 화엄업 대사華嚴業 大師이며, 4남 체蔕[4]는 순안현[5]위順安縣尉이다.

계사년(명종 3, 1183)과 갑오년(명종 4, 1174)의 □에 총叢의 도움으로 크게 □□하고[6], □□ 원수를 갚아 충효의 도리를 이루고 온 가문을 영화롭게 하니,[7] 선비들의 논의가 이로써 높았다.

---

1) 『고려사』 권101 열전 김광중.
2) 「이정 묘지명」, 김용선 편, 『집성』, 27～30쪽.
3) 「이식 묘지명」, 김용선 편, 『집성』, 149～150쪽.
4) 『고려사』 권101 열전 김광중 부 체.
5) 고려시대 경상도 상주목 안동부의 속현으로(『고려사』 권57 지리지2 경상도 상주목 안동부 순안현), 지금의 경상북도 영주시에 해당한다.
6) 계사년에 김보당의 난이, 갑오년에 조위총의 난이 일어났는데, 문장을 정확하게 판독할 수 없으나, 아마도 총이 이들 사건의 진압에 공을 세웠었음을 말하는 것이 아닌가 한다.

□(딸?)이 한 명 있는데, 일찍부터 □하여 곁을 떠나지 않고 힘을 다해 (부인을) 봉양하였으나, 부인은 병이 들자 회복되지 않고 임인년(명종 12, 1182) 1□월 14일에 돌아가시니 향년 70세이다. 이듬해 정월 1□일에 서울 북쪽의 □에 장례지냈다.

명銘하여 이른다.

덕德은 세상의 귀한 집안에 □(태어나기에?) 충분하고
어짐[현賢]은 훌륭한 신하의 배필이 되기에 충분하도다
한 가문에 충과 효를 갖춘 두 아들이 있으니
이 어머니가 아니면 어찌 이 사람과 □하겠는가
나이가 70에 올라 가히 수를 누렸다고 할 수 있으니
비록 육신은 □ 사라져도 □에 전하리로다.
장례를 치르면서 □□ 거북에게 점을 쳐서 길지를 얻었으니
□ 천만년을(?) □□□ 평안할지어다

해제

「김광중 처 이씨金光中 妻 李氏 묘지명」은 가로 43.5cm 세로 35cm의 장방형으로, 지석 테두리에 얇은 선을 살짝 두르고 그 안에 해서체로 글씨를 새겼다. 행과 행 사이에도 보이지 않을 정도의 아주 얇은 선을 그어 행을 구분했으며, 행당 글자수는 19~23자 내외로 일정하지 않다. 그러나 지석의 상태가 좋지 않아서 읽을 수 없는 글자가 상당히 많다. 이 지석과 함께 석관도 출토되었는데, 6매로 된 조립식 석관은 가로 51cm 세로 78cm 높이 43cm로, 겉의 네 면에는 청룡·백호·주작·현무를,

7) 아래의 해제 참고.

안에는 꽃의 형상을, 뚜껑에는 중앙을 향해 마주보고 있는 비천상을 새겼다. 석관과 함께 서울의 국립민속박물관에 소장되어 있는 이 지석의 명문은 『고려묘지명집성』을 통해 처음 소개되었는데,[8] 이후 석관과 함께 지석을 고찰한 새 판독문이 나왔다.[9] 이를 토대로 명문을 재판독하고, 그 내용도 다시 검토하기로 한다.

부인은 고려 최고의 문벌인 경원이씨慶源李氏 출신으로, 증조는 문하시중인 이정李頲, 조부는 상서좌복야로 추증된 이자효李資孝, 아버지는 상서좌복야 참지정사인 이식李軾이다. 「이식 묘지명」에는 이식의 자녀 5남 4녀 중 장녀가 김광중金光中과 결혼하였다고 적혀 있다.[10]

김광중은 나주 광양현羅州 光陽縣(지금의 전라남도 광양시) 출신으로, 호부상서를 지낸 김의원金義元의 아들이다. 「김의원 묘지명」에는 김의원이 첫 부인과 사별한 뒤 경원이씨인 이자인李資仁의 딸과 결혼하여 3남 4녀를 낳았는데, 장남이 김광중이라고 하였다.[11] 그런데 부인의 조부인 이자효와 김광중의 외조부인 이자인은 형제 사이로, 모두 이정의 아들이다. 즉 부인과 김광중은 6촌간이 되는 것이다.[12] 이러한 점에서 부인과 김광중의 결혼은 고려 최고 문벌귀족간의 폐쇄적인 혼인관계를 잘 보여준다.

부인은 명종 12년(임인년, 1182)에 70세로 사망하였다고 하므로, 태어난 해는 예종 8년(1113)이 된다. 부인이 언제 결혼했는지는 알 수 없으나, 나이로 미루어 볼 때 인종 10년(1132)을 전후한 시기라고 짐작할 수 있다. 김광중의 나이도 알 수 없다. 그는 과거에 합격했는데, 인종 때

---

8) 「김광중 처 이씨 묘지명」, 김용선 편, 『고려묘지명집성』(제3판), 한림대학교 출판부, 2001, 637~638쪽.
9) 허흥식, 「金光中配 李氏의 묘지와 석관」, 『생활문물연구』 19, 국립민속박물관, 2006.
10) 「이식 묘지명」, 김용선 편, 『집성』, 150쪽.
11) 「김의원 묘지명」, 김용선 편, 『집성』, 135쪽.
12) 이만열, 「고려 경원이씨 가문의 전개과정」, 『한국학보』 21, 1980 참고.

일 것으로 추정된다. 그 뒤 김광중은 시상서공부원외랑이던 의종 7년(1153)에 부친인 김의원의 묘지명을 지었고,[13] 의종 19년(1165)에는 급사중으로 서북면 병마부사가 되어 인주麟州·정주靜州 관내의 섬에 사는 금나라 사람들을 쫓아내고 방수防戍와 둔전屯田을 두었으며,[14] 의종 22년(1168)에 시행된 과거의 동지공거가 되었다.[15] 의종 23년(1169)에는 상서우승인 그의 집에 국왕이 행차하였다는 기록도 남겼다.[16] 이로 미루어보면 그는 특히 의종의 총애를 받았던 신하로 이해해도 좋을 듯하다. 그러나 이 때문인지 의종 24년(1170) 8월에 무신들이 난을 일으키며 문신을 학살할 때 비서감이던 그도 죽임을 당하였다.[17]

그의 죽음에 대해 『고려사』의 그의 전기에는 다음과 같이 적혀 있다.

> (그가) 일찍이 구사驅使 박광승朴光升을 아껴서 옷과 음식을 주며 길렀는데, 사람에게 청탁하여 대교隊校가 되게 하였다. 정중부의 난에 광승이 광중을 인도하여 인가에 숨겨놓고 몰래 밀고하여 살해하였다(『고려사』 권101 열전 김광중).

이 때 부인은 58세로, 4남 1녀를 두고 있었다. 이 자녀들에 대해 부인의 묘지명에는 장남의 이름은 총叢이고, 2남 □은 경시서승이고, 3남은 출가하여 화엄종華嚴宗의 승려가 되었으며, 4남은 체蔕라고 하였다. 이들 자녀에 대해 다른 기록은 남아있지 않으나, 막내아들 체에 대해서는 다음과 같은 기사가 『고려사』에 실려 있다.

> (김광중이 죽임을 당한) 뒤에 광중의 아들 체가 순안현順安縣(지금의 경상북도 영주시)령令이 되었다. 마침 배순석裵純碩이 군사를 징발하자 체가 군사를 훈련시

---

13) 「김의원 묘지명」, 김용선 편, 『집성』 133쪽.

14) 『고려사』 권101 열전 김광중; 권96 열전 윤관 부 인첨; 『고려사절요』 권11 의종 19년 3월 기사 참고.

15) 『고려사』 권73 선거지1 과목1 선장 의종 22년 3월 조.

16) 『고려사』 권19 세가 의종 23년 7월 병인.

17) 『고려사』 권128 반역전2 정중부.

켜 응하였는데, 광승이 제고사祭告使가 되어 온다는 말을 듣고 먼저 사람을 보내 광승의 아버지를 울주蔚州에서 체포하고, 또 광승을 잡아 함께 순안으로 오게 하여 서로 보게 하였다. 먼저 그의 아버지를 죽인 다음 광승에게 일러, "너의 아버지의 죽음이 서러운가?"라고 하니, 광승이 "그렇소."라고 하였다. 체가 말하기를, "아버지를 사랑함은 같은 것인데, 어찌하여 은혜를 배반하고 우리 아버지를 죽였는가?"라고 하니, 광승이 대답하지 못하였다. 드디어 그의 팔을 자르고 군중軍中에 두었다가 몇 고을에 조리돌린 뒤에 죽였다(『고려사』 권101 열전 김광중 부 체).

김체가 순안현령이 되자, 그 기회를 이용해서 은혜를 저버린 박광승 부자를 살해하여 아버지의 원수를 갚았다는 것이다. 이 묘지명 제(9)행의 '원수를 갚아 충효의 도리를 이루었다'라는 구절은 바로 이와 같은 일을 말하는 것이라 생각된다. 또 이때가 정확하게 언제인지는 알 수 없으나, 묘지명 제(8)행에 김체의 관직이 순안현위順安縣尉로 나오는 것을 보면, 아마 이 묘지명이 작성된 시기와 그다지 멀지 않은 때로 추정할 수 있다. 즉, 부인은 명종 12년(1182) 1□월에 70세의 나이로 사망하였고 장례는 그 이듬해 1월에 치러졌으므로, 부인은 살아생전에 살해당한 남편의 원수를 아들이 갚는 것을 직접 보았으리라는 것이다.

또 하나 생각해야 할 것은, 김체에게 죽임을 당한 박광승이 당시 제고사祭告使라는 공적인 임무를 가지고 지방에 파견된 관리였다는 점이다. 이러한 박광승 부자의 처형에 대해 묘지명 제(9)~(10)행에 '선비들이 높게 평가했다'라고 적은 것을 보면, 이 형벌은 사적인 차원에서가 아니라 공식적인 명분과 절차를 통해 집행된 것으로 여겨진다. 김체가 박광승에게 팔을 자르는 형벌을 내린 뒤 처형하기에 앞서 몇 고을에 조리돌렸다는 점도 그와 같은 사실을 반영한다. 그렇다면 박광승 부자에게 적용된 죄목이 무엇인지 다시 궁금해지게 된다. 위에서 인용한 『고려사』의 두 기록에는 박광승의 '밀고'와 '배은'을 강조하면서, 그가 원래 구사驅使였으나 김광중의 호의로 대교隊校가 되었다고 적고 있다. 구사는 잡류雜類의 하나로, 관청에 소속되거나 고급 관리들에게 분급되어 잡역雜役을 맡는 말단 이속吏屬이었다.[18] 그들은 품관品官이 될 수 없는 미입사직未入仕職인데, 잡류였던 박광승이 대교(隊校:대정隊正과 교위校尉<정9품>?)가 된 것은 신분이 바뀌었다는 뜻으로 이해할 수 있다. 이렇게 보면, 김체의 법 집행과 박광승의 처벌은 궁극적으로는 고려사회의 신분제의 문제로 연결될 소지가 생겨난다.

이 문제는 묘지명을 소개하는 이 자리에서 세밀하게 다룰 주제는 아니라고 생각한다. 그렇지만 이러한 점에서 김광중과 김체가 등장하는 이 묘지명은 고려 신분제사회의 한 면을 보여주는 자료라고 평가할 수 있을 것이다. 또 무신난에 적극 가담했던 하급무인의 범죄에 대한 처벌이 10여 년이 지난 다음에 이루어졌다는 점에서, 당시 무인정권 아래에서 문인과 무인과의 힘겨루기에 대한 면도 엿보게 해 주는 자료라고 할 수 있다.

▮참고▮

· 『고려사』 권101 열전 김광중 부 체.
· 김용선, 「김광중 처 이씨 묘지명」, 『고려묘지명집성』(제3판), 한림대학교 출판부, 2001.
· 허흥식, 「金光中配 李氏의 묘지와 석관」, 『생활문물연구』 19, 국립민속박물관, 2006.
· 허흥식, 「고려의 새로운 묘지와 석관」, 『시각문화의 전통과 해석: 정재 김리나교수 정년퇴임기념 미술사논문집』, 예경, 2007.

18) 홍승기, 「고려시대의 잡류」, 『역사학보』 57, 역사학회, 1973: 『고려사회사연구』, 일조각, 2001 및 오일순, 「잡류층의 성격과 잡류직의 잡색분화」, 『고려시대 역제와 신분제 변동』, 혜안, 2000 참고.

19. 윤인첨 처 한씨尹鱗瞻 妻 韓氏 묘지명

소재: 일본 오사카시 오사카시립미술관 (No.3573)

연대: 명종 19년(금 대정 29년, 1189)

판독문

(1) 高麗國卒守大師門下侍中寶文閣大學士
(2) 判兵部事上柱國監修國史文定公尹鱗瞻
(3) 妻大興郡夫人韓氏墓誌銘
(4) 夫人姓韓氏系出大興郡考中書侍郎平章
(5) 事惟忠祖兵部侍郎御書檢討官元卿曾祖
(6) 左司郎中起居注知制誥億妣翼陽郡大夫
(7) 人金氏吏部尙書文德殿學士商佑之女也
(8) 夫人以天慶四年甲午生生有淑質不煩師
(9) 傅聰明婉孌父母所鍾愛長擇所歸以適尹
(10) 氏諱鱗瞻門下侍中文肅公瓘之孫政堂文
(11) 學文康公彦頤之子侍中於睿廟時丁亥年
(12) 爲元帥拓東蕃九城威振北狄至於孫於當
(13) □五年甲午亦爲元帥平定西賊以是夫人
(14) □家門功業甲於三韓人無間側者也夫人
(15) □生平奉養父母舅姑肅恭誠至事天義以
(16) 順教子愛以公所謂能盡其婦道者矣生子
(17) 六人長曰宗諤守大府注簿次曰宗誨判禮

(18) 賓省事次曰宗誠國子監大司成知制誥次

(19) 曰宗許國子進士次曰宗諹刑部侍郎知制

(20) 誥季男早逝諸兄弟亦皆先夫人而卒然而

(21) 國朝之制三子登科者其母有祿夫人之三

(22) 子諤宗諹皆登第故夫人終身受國俸有孫

(23) 子五人刪定都監判官尹公以適長主喪事

(24) 夫人自丙申年侍中逝後常以事

【뒷면】

(25) 備爲任未嘗懈怠以大金大定二十九年己

(26) 酉八月四日以疾卒于家前三日預知時至

(27) 改衣淨浴至時恬然而化享年七十六以是

(28) 月十五日葬于

(29) □(佛?)日寺坤山之麓禮也銘曰

(30) 生於世家 擇其所適 夫人之貴

(31) 長於閥閱 歸于公族 人無與敵

(32) 入奉父母 出事舅姑 夫人之孝

(33) 文承(?)顏色 恭勤晨夕 無人間側

(34) 教育弟子 夫人之慈 生平好善

(35) 其衛(?)不□ 如春之澤 事佛弥篤

(36) 臨終不亂 夫人之行 貴孝慈行

(37) 慨(?)然而寂 如圭如璧 一無虧失

(38) 富壽哀樂 吁嗟諸子 嗚呼哀哉

(39) 有始有卒 不恝遺一

역주

고려국高麗國**의 돌아가신 수대사 문하시중 보문각대학사 판병부사 상주국 감수국사**守大師 門下侍中 寶文閣大學士 判兵部事 上柱國 監修國史 **문정공**文定公 **윤인첨**尹鱗瞻**의 처 대흥군부인 한씨**大興郡夫人 韓氏 **묘지명**墓誌銘

부인의 성은 한씨韓氏이고, 대흥군大興郡[1] 출신이다. 아버지는 중서시랑평장사中書侍郎平章事 유충惟忠이고, 조부는 병부시랑 어서검토관兵部侍郎 御書檢討官 원경元卿이며, 증조는 좌사낭중 기거주 지제고左司郎中 起居注 知制誥 억億이다. 어머니 익양군대부인 김씨翼陽郡大夫人 金氏는 이부상서 문덕전학사吏部尙書 文德殿學士 상우商佑의 딸이다.

부인은 천경天慶[2] 4년 갑오년(예종 9, 1114)에 태어났다. 나면서부터 착하고 곧아서 어른들을 귀찮게 하지 않았고, 총명하고 고와서 부모가 가장 사랑하였다. 자라자 결혼할 곳을 골라서 윤인첨尹鱗瞻에게 시집갔는데, 문하시중門下侍中 문숙공文肅公 관瓘의 손자이자 정당문학政堂文學 문강공文康公 언이彦頤의 아들이다. 시중侍中은 예종睿宗 때인 정해년(예종 2, 1107)에 원수元帥가 되어 동번東蕃의 9성九城을 개척하여, 위엄을 북녘 오랑캐[북적北狄]에게 떨쳤다. 손자대에 이르러 당當□5년이 되자 갑오(명종 4, 1174)에 또한 원수元帥가 되어 서적西賊(조위총趙位寵의 난)을 평정하니,

1) 고려시대 양광도 청주목 홍주의 속군으로(『고려사』 권56 지리지1 양광도 청주목 홍주, 대흥군), 지금의 충청남도 예산군 대흥면이다.

2) 요 천조제의 연호(1111~1120).

이로써 부인의 □ 가문家門과 공업功業은 삼한三韓에서 견줄 자가 없었다.

부인은 □ 평생 부모와 시부모를 섬기면서 존경하고 공손하며 지성으로 하고, 하늘을 섬기는 데 의로써 법칙을 삼고 자녀들을 가르치는 데 사랑으로써 공변되게 하니, 이른바 능히 아낙네의 도리를 다한 것이다.

아들 여섯 명을 낳았는데, 장남 종악宗諤은 수대부주부守大府注簿이고, 차남 종회宗誨는 판예빈성사判禮賓省事이고, 3남 종함宗諴은 국자감대사성 지제고國子監大司成 知制誥이고, 4남 종저宗詝는 국자진사國子進士이며, 5남 종양宗諹은 형부시랑刑部侍郎 지제고知制誥인데, 막내아들은 일찍 죽었다. 여러 형제가 또한 모두 어머니보다 먼저 사망하였다. 그러나 나라의 제도에 세 아들이 과거에 합격하면 그 어머니에게 녹祿을 주었는데, 부인의 셋째 아들과 종악宗諤·종양宗諹이 모두 과거에 합격하였으므로 부인은 종신토록 국가로부터 녹봉을 받았다. 손자는 5명인데, 산정도감판관刪定都監判官 윤공尹公이 적장嫡長으로서 장례일을 주관하였다.

부인은 병신년(명종 6, 1176)에 시중侍中이 돌아가신 이후 항상 일에

【뒷면】

대비하는 것을 임무로 삼아 일찍이 게으른 적이 한 번도 없었다. 대금大金 대정大定[3] 29년 기유년(명종 19, 1189) 8월 4일에 병이

3) 금 세종의 연호(1161~1189).

들어 집에서 돌아가셨는데, 사흘 전에 미리 때를 알고 옷을 갈아입고 깨끗이 몸을 닦은 뒤 때가 이르자 평안하게 돌아가셨다. 향년 76세이니, 이달 15일에 불일사佛日寺[4] 서남쪽 산[곤산坤山] 기슭에 장례지냈다.

명銘하여 이른다.

세가世家에서 태어나
벌열閥閱에서 자라고
배우자를 골라서
공족公族에게 시집가니
부인의 귀함은
맞설 이가 없네
집에서 부모를 봉양하면서는
□ 낯빛을 살피고
시집가서 시부모를 섬길 때에는
아침저녁으로 공손하고 부지런하니
부인의 효는
견줄 이가 없네
여러 아들을 기르면서
그 보호함이 □ 않으니
부인의 자애로움은
봄철의 연못과 같네
평생 선행을 좋아하고
부처 섬기기를 돈독하게 하였으니
임종 시에도 어지럽지 않고
개연慨然하게 돌아가셨네

---

4) 개성의 東郊에 있던 사찰로 광종 2년에 창건하였다(『고려사』 권2 세가 광종 2년). 『신증동국여지승람』에는 松林縣의 북쪽에 있다고 하였다(『신증동국여지승람』 권12 경기도 장단도호부 고적 불일사).

부인의 행실은
규圭와 같고 벽璧과 같으니
귀함과 효도와 자비로운 행동으로
하나 같이 잃은 것이 없도다
부富와 수壽와 슬픔과 즐거움은
시작이 있고 끝이 있으나
아, 뭇 아들들이
어느 결에 하나도 남지 않았으니
아, 슬프기만 하네

해제

「윤인첨 처 한씨尹鱗瞻 妻 韓氏 묘지명」은 지석의 앞면과 뒷면에 명문이 새겨져 있는데, 가장자리에는 얇은 선이 둘러져 있고, 그 선 안에는 행을 구분하는 가로세로선도 그어져 있다. 지석 상태도 양호하여 몇 글자를 제외한 나머지 글자는 모두 읽을 수 있다. 이 묘지명을 소장하고 있는 일본 오사카시 오사카시립미술관의 유물카드에는 1938년(쇼와昭和 13) 9월 21일에 다나카 미스야키田中光顯가 석관石棺과 함께 기증하였다고 적혀 있다. 석관은 원래는 6매로 된 조립식 석관이었으나 현재는 뚜껑과 바닥은 없어진 채 4매만 남아있으며, 각 측면의 겉에는 사신도四神圖가 하나씩 그려져 있다.[5] 이와 같이 피장자가 분명한 석

5) 이 석관은 『해외소장 한국문화재』(일본 소장 ③), 한국국제교류재단, 1997, 371쪽의 대판시립미술관 <도판 13>에 '四神陰刻文石棺'이라는 이름으로 사진이 실려 있다. 그러나 이 책에는 묘지석의 존재는 언급하고 있지 않다. 이 석관의 크기는 43.6×71.9×26.9cm이다(『대판시립미술관 장품도록』, 대판시립미술관, 1986, 44쪽, <목록·도판해설> 고고2 四神刻文組合棺; 대장등록번호 No.62).

관과 함께 보존되어 있다는 점에서도 이 묘지명은 자료적으로 매우 큰 의의를 가지고 있다고 생각된다.

한씨부인(예종 9~명종 19: 1114~1189)은 본관이 대흥大興으로, 아버지는 한유충韓惟忠, 조부는 한원경韓元卿, 증조는 한억韓億이다. 한유충은 자신의 묘지명을 남기고 있는데, 이를 보면 그가 김상우金商佑의 딸과 결혼하여 4남 4녀를 낳았으며 그 중 둘째 딸이 윤인첨尹鱗瞻과 결혼하였다고 하였다.[6] 또 「윤언이尹彦頤 묘지명」에는 윤언이가 7남 4녀를 낳았는데, 그 중 맏아들이 윤인첨이라고 되어 있다.[7]

윤인첨은 인종 때에 과거에 급제하고, 의종 때에는 우간의대부에 올랐으며, 무인정권이 성립하자 중서시랑평장사에 승진하기도 하였다. 한때 김보당金甫當의 난에 가담하였다는 혐의를 받고 감옥에 갇히기도 했지만, 풀려난 뒤에는 조위총趙位寵의 난을 평정하는 데 공을 세워 공신으로 책봉되었다. 이와 같이 무인정권 아래에서도 그는 고위직을 계속 유지하다가 명종 6년(1176, 병신)에 67세의 나이로 사망하였다.[8] 그의 조부가 윤관尹瓘이다. 한씨부인의 묘지명에도 예종 2년(1107, 정해)에 윤관이 여진을 정벌하고 9성九城을 개척한 공로를 자세하게 적고 있는 것을 볼 때, 당시 파평윤씨 가문은 이 업적을 큰 자랑으로 여겼음을 알 수 있다.[9]

한씨부인은 슬하에 6명의 아들을 두었다. 이들의 이름은 종악宗諤, 종회宗誨, 종함宗諴, 종저宗詝, 종양宗諹인데, 어려서 죽은 막내의 이름은 적혀 있지 않다. 이 아들들의 관직 진출에 대해 「윤언이 묘지명」에

6) 「한유충 묘지명」, 김용선 편, 『집성』, 90쪽.
7) 「윤언이 묘지명」, 김용선 편, 『집성』, 114쪽.
8) 『고려사』 권96 열전 윤관 부 인첨.
9) 고려시대의 파평윤씨 가문에 대해서는 박용운, 「고려시대의 해주최씨와 파평윤씨 가문 분석」, 『고려사회와 문벌귀족가문』, 경인문화사, 2003, 203~219쪽 참조.

는 장남인 종악과 2남인 종회가 조음祖蔭을 받았다고 하였고,[10)] 『고려사』에는 종악, 종함, 종양이 과거에 급제하였다고 하였다.[11)] 아마도 종악은 처음 음서를 통해 관리가 된 다음 다시 과거에 급제한 것으로 보인다. 또 한씨부인 묘지명에는 '3남(종함), 종악, 종양이 과거에 급제하였다'고 기록하였는데, 이것은 이들의 과거 합격순서를 차례로 적은 것이 아닌가 여겨진다.[12)] 이와 같이 세 아들이 모두 과거-예부시-에 급제하였으므로, 3자등과자三子登科者의 예를 따라 어머니인 한씨부인은 해마다 국가로부터 녹을 받게 되었다.[13)] 이미 윤언이의 아들 중 인첨·자고子固·돈신惇信 삼형제도 모두 과거에 급제한 적이 있는데 다시 윤인첨의 세 아들이 과거에 급제하였으므로, 당시 마을에서는 이들이 사는 집을 '삼제댁三第宅' 또는 '이수댁二帥宅'이라고 불렀다고 한다.[14)] 윤관과 윤언이가 모두 원수가 되었기 때문이다.

이렇듯 당시 사람들이 윤씨 가문의 영화를 부러워하였지만, 어머니로서 한씨부인의 삶이 꼭 행복했다고 할 수만은 없을 것 같다. 남편 윤인첨은 무인정권 이후에도 고위직을 역임했으나, 맏아들 종악은 무인난 때 죽임을 당했고,[15)] 나머지 아들들도 모두 부인보다 일찍 세상을

10) 「윤언이 묘지명」, 김용선 편, 『집성』, 114쪽.

11) 『고려사』 권96 열전 윤관 부 인첨.

12) 윤종양은 18세의 나이로 의종 14년(1160)의 과거에 급제하였다(「윤종양 묘지명」, 김용선 편, 『집성』, 265쪽 및 『고려사』 권73 선거지1 과목1 선장 의종 14년 5월 조 참조). 그의 형인 윤종함과 윤종악이 급제한 해는 정확하게 알 수 없으나 의종대인 것으로 짐작된다(박용운, 「자료: 과시 설행과 제술과 급제자」, 『고려시대 음서제와 과거제연구』, 일지사, 1990, 388쪽).

13) 고려의 옛 제도에 세 아들이 과거에 합격하면 그 어머니에게 해마다 大倉의 쌀 30석을 지급해 주었다(『고려사』 권74 선거지2 과목2 숭장지전). 한편 4남인 종서는 이 묘지명에 '국자진사'라고 되어 있는 것을 볼 때, 아마도 국자시에 합격한 것이 아닌가 추정된다.

14) 『고려사』 권96 열전 윤관 부 인첨.

15) 위와 같음.

떠났다. 특히 아들 중 마지막으로 남아있던 5남 종양도 부인이 사망하기 1년 전에 46세의 나이로 갑자기 풍風이 들어 사망하자 조야에서는 슬퍼하지 않은 이가 없다고 한다.[16]

이미 참척의 고통을 겪었던 때문이었을까. 부인보다 4년 연상이던 남편이 죽은 뒤부터 부인은 항상 모든 일-죽음-을 준비하기를 게을리하지 않았다고 하는데, 남편 사후 13년 만에 부인은 76세의 나이로 사망하였다. 6명의 아들을 모두 앞서 보낸 부인이 죽자, 5명의 손자 중 적장嫡長인 손자가 상사를 주관하여 부인을 불일사佛日寺 서남쪽[곤산坤山] 기슭에 묻었다.

이렇게 볼 때 이 묘지명은 당대 최고의 문벌귀족이 누렸던 화려한 영화만큼이나 대조적으로 더 극심하였을 모성母性의 고통도 담겨있다는 점에서, 그야말로 묘지명 기록만이 가지는 특성을 잘 보여주는 자료라고 생각된다.

▌참 고▐

· 김용선, 「새 자료 고려묘지명 다섯 점 반」, 『역사학보』 198, 역사학회, 2008.

16) 「윤종양 묘지명」, 김용선 편, 『집성』, 265~266쪽,

20. 오준吳偆 묘지명

소재: 미국 일리노이주 시카고시 시카고미술관
(The Arts Institute of Chicago)
연대: 신종 6년(금 태화 3년, 1203)

판독문

(1) 　高麗國卒□□因夫監門衛攝上將軍吳公墓誌
(2) □□□西之氣應將帥之□□□□必爪牙若蕭曺之□日月英衛
(3) 之乘風靈身享榮名善始善[終]於□□眞人焉公諱偆安定縣人
(4) 也父曰興威衛大將軍子琳祖曰工部尙[書]□將軍挺臣曾祖曰
(5) 三重大匡殿中監鷹揚軍上將軍師允母曰全[州]郡大夫人李
(6) 氏將軍李康之女也公自少傑出穎異於人未嘗區區然□□之
(7) 心於　仁廟朝外舅資謙擅權橫恣有不臣之志欲□□室祖□
(8) 日奮不顧身歿然侍立王前不離宿衛□被其害及　毅廟在
(9) 有追悼前烈求訪了孫狀□□永流特下制命□充隊散之職
(10) 不數年門蔭補卽眞歲在庚寅　明宗□藩邸登極而隨龍功
(11) □攝校尉間一歲又□改攝散員□至甲午歲西都叛逆　上命
(12) □□□□□□行伍屢有折衝之效超拜攝郎將自此已後年除
(13) □超□□中郎將□補忠州牧副使未踰年又改晉州牧理絲而
(14) □□□狀□而□皆寧通□鞭勿施大足生甤二州之民皆
(15) □□□□焉秩滿還京□行中郎將比來世態澆雜求牙
(16) □□□者皆以貨賂得之公□之□命不肯典俗詭隨故十
(17) □□□不添一命之恩空眞積薪之難□丙辰歲誅流賊臣

(18) □□□□弊(?)□淹滯不□□□授顯秩以例拜神虎衛保勝借
(19) 將軍□□六年十二月□□□戶部侍郞越丁巳歲　今上踐祚
(20) □□□衛攝大將軍累歷諸衛大將軍及在壬戌歲超授監
(21) 門衛攝上將軍　上將欲大用委以經綸之寄奈何黃能入夢
(22) □□居□□泰和三年癸亥二月初六日弁代于私第春秋六
(23) 十有二以是年三月□五日□葬于皇鳳山西麓禮也公操心直
(24) □本性恬虛國耳忘家不營産業季文子相三君而無私
(25) □何以異乎噫憶涕君子神祈勞矣則公宜登台鼎之
(26) □□不□喬松之壽忽然猒世而已大眞惜乎然險阻艱難
(27) 備嘗□□□卒無失過安□死也所謂旣明且哲以保其
(28) 身者歟公娶尉衛丞盧應夫之女生女三焉長女適隊正
(29) 宋璟忠二女適內侍□□宋湜季女今尙幼焉將葬崔□
(30) □□爲誌不得已而爲之銘曰
(31) □□□賓　才含爪牙　枕戈勞積　橫草功多　宜登宰輔　永享榮華
(32) □何□敍　□□卽亡　百歲之後　松栢蒼蒼　□惟公墓　無或毁傷

역주

고려국의 돌아가신 □□대부 감문위섭상장군□□因夫 監門衛攝上將軍 **오공**吳公 **묘지**墓誌

□□□서西의 기氣가 응하여 장수將帥가 □□□(태어나면?) 반드시 임금을 호위하는 무사가 되어 마치 소하蕭何와 조참曺參[소조蕭曺][1]이 태양과 달을 □하고, 영포英布와 위청衛靑[영위英衛][2]이 바

람의 영靈을 타는 것과 같이 한 몸에 영예로운 이름을 누리면서 □□에 시작부터 끝까지 한결 같으니, 참된 도리를 깨우친 사람이라고 할 것이다.

공의 이름은 준僔이고, 안정현安定縣[3] 사람이다. 아버지는 흥위위대장군興威衛大將軍 자림子琳이고, 조부는 공부상서 □장군工部尙書 □將軍 정신挺臣이고, 증조부는 삼중대광 전중감 응양군상장군三重大匡 殿中監 鷹揚軍上將軍 사윤師允이며, 어머니는 전주군대부인 이씨全州郡大夫人 李氏인데 장군將軍 이강李康의 딸이다.

공은 어려서부터 남보다 총명하고 뛰어나서, 일찍이 부지런히 □□ 마음을 가지고 있었다. 인종仁宗 때에 외구外舅인 이자겸李資謙이 권력을 마음대로 휘두르면서 신하의 도리를 지키지 않고 □실(왕실王室?)을 □하려고 하였는데, 조부가 □ 날마다 힘써 몸을 돌보지 않으면서 죽음을 무릅쓰고 임금 앞에 서서 지키며 떠나지 않으며 숙위했다가 □ 해를 입었다.[4] 의종毅宗이 앞서의 공업을 추도하며 자손을 찾아 영원히 □□를 베풀고자 특별히 명을 내리니 □ 특별히 산대정散隊正직에 충당되었다가, 몇 년

1) 蕭曺, 즉 蕭何와 曹參은 한 고조를 도운 공신으로, 소하가 처음으로 고조의 승상이 되고 조참이 그 뒤를 이었다(『사기』 권53 소상국세가 및 『사기』 권54 조상국세가).

2) 英衛는 英布(黥布)와 衛靑을 말한다. 영포는 항우의 부하였으나 유방을 도와 한을 건국하는데 큰 공을 세웠고(『사기』 권96 열전 경포), 위청은 한 무제의 장군으로 곽거병과 함께 흉노를 정벌하는 데 큰 공을 세웠다(『사기』 권111 열전 위청).

3) 安定은 安貞이라고도 하는데, 고려시대 경상도 상주목의 속현이었다(『고려사』 권57 지리지2 경상도 상주목 안정현). 지금의 경상북도 의성군 안계면에 해당한다.

4) 인종 4년 2월에 이자겸이 난을 일으켰을 때 오준의 조부인 장군 오정신은 연덕궁으로 피신하던 임금을 호위하다가 척준경에게 죽임을 당하였다(『고려사절요』 권9 인종 4년 2월 조 및 『고려사』 권127 반역전1 이자겸).

지나지 않아 문음門蔭으로 진직眞職에 보해졌다. 경인년(의종 24, 1170)에 명종明宗이 번저藩邸에서 왕위에 오르자 수룡隨龍한 공으로 섭교위攝校尉가 □ 되고, 일 년 사이에 또 □ 섭산원攝散員으로 바뀌었다. □ 갑오년(명종 4, 1174)에 서도西都가 반역을 하자 [조위총趙位寵의 난] 임금이 명하여 □□□□□□ 군사 중에서 거듭하여 적을 무찌르는 공을 세우니 섭낭장攝郎將으로 뛰어 올랐다. 이후로는 해마다 □ 제수되어 □□중랑장中郎將에 오르고, □ 충주목부사忠州牧副使에 보해졌는데, 한 해가 되지 않아 또 진주목부사晉州牧副使로 바뀌었다. 임금의 뜻을 받들어 다스리면서 □□□□□□ 모두 편안히 통하게 하며 채찍을 □ 휘두르지 않고도 다스리니 두 고을의 백성들이 모두 □□□□했다. 임기가 끝나자 서울로 돌아와 행중랑장行中郎將에 □(제수되었다)

그즈음 세태가 어지럽고 혼잡해지면서 장군직을 □□□ 구하려는 자들은 모두 뇌물로 얻었다. 공은 □□ 것을 명命으로 삼고 세속을 본받거나 거짓을 따르는 것을 기꺼워하지 않았으므로, 십□□□(십여 년 동안?) 은택의 명을 한 번도 받지 못한 채 헛되이 어려운 지경에 놓여있었다. 병진년(명종 26, 1196)에 적신賊臣이 죽임을 당하거나 유배를 가자[5] □□□□범範 막혔던 것이 □□□ 않으니, 현질顯秩에 제수되어 예에 따라 신호위보승차장군神虎衛保勝借將軍이 되었다. □□6년(명종 26년, 1196) 12월에 □□□호부시랑戶部侍郎이 되고, 정사년(명종 27, 1197)에 지금의 임금(신종神宗)이

5) 명종 26년 4월에 최충헌이 이의민을 죽이고, 그의 도당도 죽이거나 유배를 보냈다(『고려사절요』 권13 명종 26년 4월).

왕위에 오르자 □□위섭대장군□□衛攝大將軍이 되고, 거듭하여 제위諸衛의 대장군大將軍이 되었으며, 임술년(신종 5, 1202)에는 감문위섭상장군監門衛攝上將軍에 뛰어올랐다.

임금이 장차 크게 기용하여 나라를 다스릴 임무를 맡기려고 하였으나, 어찌 황능黃能[6]이 꿈에 들어와 □□ 머물다가 □□ 태화泰和[7] 3년 계해(신종 6, 1203) 2월 초6일에 사제私第에서 돌아가시니, 춘추가 63세였다. 이해 3월 □(초初?)5일에 황봉산皇鳳山[8] 서쪽 기슭에 □ 장례를 치르니 예에 따른 것이다.

공은 조심하고 □ 곧았으며 본성이 욕심이 없고 고요하였다. 나라만 생각하고 집안을 잊은 채 가사를 돌보지 않았으니, 계문자季文子[9]가 세 임금의 재상이 되었으면서도 사사로운 □이 없었던 것과 □ 어찌 다를 것인가. 아, 생각하니 눈물만 흐르도다. 군자의 혼령은 공로를 갚는지라 즉 공은 마땅히 재상의 □□ 지위에 올라야 하나, 왕자교王子喬와 적송자赤松子의 수壽[교송지수喬松之壽][10]를 □ 누리지 않고 갑자기 세상을 버렸으니 이야말로 참으로 크게 애석한 것이다. 그러나 험하고 어려우면서도 일찍이 □□□을 갖추어 끝내 허물이 없이 편안히 □ 돌아가셨으니, 이른바 슬기롭고도 사리에 맞게 그 몸을 보신하였다고 할 것이 아닌가.

---

6) 중국의 전설상의 동물로 黃熊과 같다. 『산해경』에는 鯀이 堯의 명을 받아 홍수를 다스렸으나 실패하자 黃能으로 변하여 羽淵으로 들어갔다고 한다.

7) 금 장종의 연호(1201~1208).

8) 황봉산은 '京西', 즉 개경의 서쪽에 있던 산이다(「최함 묘지명」, 김용선 편, 『집성』, 184쪽 참고).

9) 춘추시대 魯의 대부인 季行父의 시호가 文子인데, 그는 노의 文公, 成公, 襄公을 섬겼다.

10) 喬松의 喬는 王子喬, 松은 赤松子를 말하는데, 모두 늙지도 죽지도 않는 仙人이다.

공은 위위승尉衛丞 노응부盧應夫의 딸과 결혼하여 딸 세 명을 낳았다. 장녀는 대정隊正 송경충宋璟忠에게 시집갔고, 차녀는 내시內侍□□ 송식宋湜에게 시집갔으며, 막내딸은 지금 아직 어리다.

장례를 치르면서 최□□崔□□에게 지誌를 지어줄 것을 □(부탁하니?) 어쩔 수 없이 글을 짓고 명銘하여 이른다.

□□□ 손님으로 재주는 발톱과 어금니를 갖추어서
창[과戈]을 베고 자며 힘써 업적을 쌓았고 적을 무찌른 공이 많도다
마땅히 재보宰輔의 지위에 올라 끝없는 영화를 누릴 것인데
□ 어찌 □ 베풀지 않아(?) □□ 곧 돌아가셨도다
백년 뒤라도 소나무와 잣나무는 푸르를 터이니
□ 다만 공의 무덤도 혹시라도 훼상됨이 없으리로다

해제

「오준吳俊 묘지명」은 지석 가장자리에 얇은 선을 두르고 행과 행 사이에도 세로선을 그어 행을 구분하였다. 명문은 총32행인데, 행당 글자수는 일정하지 않은 채 21~25자 정도를 해서체로 새겼다. 그러나 지석의 상태가 좋지 않아 사진만으로는 글자를 정확하게 읽어 낼 수 없는 곳도 많다.

오준(인종 20~신종 6: 1142~1203)은 『고려사』 등의 사서에는 기록되어 있지 않은 인물로, 이 묘지명을 통해 그의 존재가 비로소 알려지게 되었다. 그는 안정현安定縣(지금의 경상북도 의성군 안계면) 출신으로, 증조부는 전중감 응양군상장군 사윤師允이고, 조부는 공부상서 □장군 정신挺臣이

고, 아버지는 흥위위대장군 자림子琳이며, 어머니는 장군 이강李康[11]의 딸이다. 즉 오준의 친가는 물론이고, 외가도 무반 가문이 분명하므로, 이 묘지명을 통해 안정오씨라는 고려시대의 새로운 고급 무반가문을 알 수 있게 되었다.[12]

오준의 조부인 오정신은 인종 4년(1126)에 이자겸의 난이 일어났을 때, 궁궐이 불타자 연녁궁으로 피신하던 왕을 호위하다가 이자겸의 일파인 척준경에 죽임을 당했다는 기록이 남아있다.[13] 증조부인 오사윤에 대한 다른 기록은 남아있지 않지만, 그가 상장군이었다는 것을 보면 이 가문은 고려 전기부터 상당한 지위에 오른 무반 가문이었던 것으로 보인다.

이 묘지명에는 장군 오정신이 순직한 공로를 의종이 추도하면서 손자인 오준에게 '산대지직散隊之職', 즉 산직散職인 대정동정隊正同正직을 주고, 몇 년 뒤에 문음門蔭으로 진직眞職, 즉 대정직隊正職을 주었다고 하였다. 이 기록은 두 가지 입사 경로를 말하고 있기는 하지만, 크게 보아 오준이 공음功蔭이자 조부음祖父蔭으로 대정동정이 되었다가 뒤에 대정이 되었다고 이해해도 큰 무리는 없지 않을까 생각한다. 다만 그가 음서를 받은 해는 알 수 없다.

이후 29세가 되던 의종 24년(1170)에 무신난이 일어나고 명종이 새로 즉위하자, 오준은 섭교위攝校尉가 되고 이어 섭산원攝散員으로 승진하였다. 묘지명에는 그가 명종을 수행한 공로로 이 직을 받았다고 적고

---

11) 『고려사』의 현종 7년(1016) 기록에는 거란과의 전쟁에서 공을 세운 중랑장 李康 등에게 작을 올려주었다는 기사가 나온다(『고려사』 권4 세가 현종 7년 2월 경진). 이 묘지명에 나오는 李康과 이름이 같기는 하나, 연대상으로 상당히 차이가 나기 때문에 서로 다른 인물로 보아야 할 것이다.

12) 조선 세종 7년(1425)에 편찬된 『경상도지리지』에는 안정현의 토성으로 오씨가 나온다(『경상도지리지』 安東道 比安縣 兼安貞縣).

13) 『고려사절요』 권9 인종 4년 2월 조 및 『고려사』 권127 반역전1 이자겸.

있는데, 이 기록은 어쩌면 그가 하위 무관으로 무인난에 적극적으로 참여했을 가능성을 말해 준다고 생각한다. 그 뒤 명종 4년(1174)에는 조위총의 난을 진압한 공으로 섭낭장攝郎將이 되고, 충주와 진주목 부사를 역임한 뒤 서울로 돌아와 행중랑장行中郎將이 되었다.

그러나 이후 10여 년 동안 승진하지 못했는데, 묘지명에는 당시 뇌물로 관직을 사는 습속을 거부했기 때문이라고 이유를 밝히면서 명종 26년(1196)에 이의민에 제거된 뒤에야 신호위보승차장군神虎衛保勝借將軍이 되었다고 적었다. 잘 알다시피 명종 13년(1183)에 경대승이 죽자 이의민이 그를 이어 10여 년 간 무인정권의 실력자로 군림했는데, 묘지명의 '10여 년(十□□□)'은 이 기간과 대체로 일치한다. 즉, 오준은 하급 무인으로 무인난에 적극 가담하여 순조롭게 승진해가다가, 이의민 정권이 들어서면서 박해를 받았다고 이해할 수 있는 것이다. 당시 40대이던 오준이 왜 이 동안 승진하지 못했는지 그 구체적인 이유는 알 수 없다. 고급 무반 가문 출신인 그에 비해 이의민은 천계 출신이었다는 신분상의 차이도 어쩌면 영향을 끼치지 않았을까 여겨진다.

명종 26년(1196)에 최충헌이 이의민을 제거하고 새로 권력을 잡게 되자 오준은 다시 승진하기 시작하여, 그해에 호부시랑이 되고 그 이듬해에는 대장군이 되었으며, 신종 5년(1202)에는 감문위상장군이 되었다. 바야흐로 무반의 최고지위에 올랐다고 할 수 있는 것이다. 그러나 그 이듬해인 신종 6년(1203) 2월에 62세의 나이로 사망하자, 3월에 황봉산皇鳳山 서쪽 기슭에 장례를 치렀다.

그는 위위경 노응부盧應夫의 딸과 결혼하여 자녀로 딸 세 명을 두었는데, 장녀는 대정 송경충宋璟忠에게, 차녀는 내시□□ 송식宋湜과 결혼하였다. 장인이나 두 명의 사위에 대한 다른 기록을 찾아볼 수 없으므로, 이들의 신분이나 가문이 어떠했는지는 알 수 없다. 그러나 큰 사위가 대정이었다는 기록을 보면, 이 집안은 무반이었을 가능성이 크다고 생각한다. 그렇다면 오준의 가계는 친가와 외가가 모두 무반이었는데, 자녀 대에도 일부는 그 신분을 그대로 이어갔다고 할 수 있을 것이다.

이와 같은 오준의 생애를 통해서, 「오준 묘지명」이 갖는 사료적 의의를 요약하변 다음과 같다. 첫째, 오준이 태어난 안정오씨 가문은 고려 전기부터 고위무신관료를 배출한 전통적인 무반가문이었다. 오준의 친가와 외가가 모두 무반이었고, 자녀 중의 한 명도 무반의 인물과 결혼하였다. 이 점에서 이 묘지명은 고려 전·중기의 무반 가문의 전형적인 모습을 보여준다. 둘째, 공음이자 조부음을 통해 의종 때에 무반 관직으로 진출한 오준은 무인난에 적극 가담하였으나 이의민 정권 아래에서는 승진이 멈춰졌다가, 최충헌이 집권하자 다시 승진하여 상장군이라는 무반의 고위관직에 올랐다. 이러한 점에서 이 묘지명은 무인정권 초기의 무반의 존재양태의 한 면을 잘 보여준다.

▌참 고▐

· 허흥식, 「고려의 새로운 묘지와 석관」, 『시각문화의 전통과 해석:정재 김리나교수 정년퇴임기념 미술사논문집』, 예경, 2007.

· 김용선, 「재소개: 오준·김순·이덕손 처 유씨 묘지명」, 『한국중세사연구』 44, 한국중세사학회, 2016.

21. 위간경魏幹卿 묘지명

소재: 개인 소장

연대: 고종 3년(1216)

판독문

(1) 文林郎殿中內給事同正魏公　墓誌
(2) 公諱幹卿遂寧縣人也不羇見重於世
(3) 本左僕射知□□□□孫母漢南郡大君
(4) 顯園(?)配饗功固崔士威曾孫女借是家
(5) 蔭筮仕于朝及甲子年下除書出佐東
(6) 萊郡又辛未年再受外寄於俠溪縣挺
(7) 然著良吏之効民有擧車引轍而留者
(8) 公或閑居時與豪俠輩遊世号能琴唯
(9) 古之□中散無以加焉二毛將寢潛□
(10) 內教手不停披於經軸不幸有疾今年
(11) 閏七月六日卒取是月十九日葬于京
(12) 城東麓公之有後一男五女一男國學養
(13) 正齋生以妙年能文五女皆有家焉而
(14) 第二女先逝夫百世之後雖陵谷易□
(15) 知其我之誌不亡必有後人之慶云
(16) 　　　　　　□□□　月　日　誌

역주

문림랑 전중내급사동정文林郎 殿中內給事同正 **위공**魏公 **묘지**墓誌

공의 이름은 간경幹卿이고, 수령현遂寧縣[1] 사람인데, 관습에 얽매이지 않았으므로 세상에서 중히 여겼다. 본래 좌복야 지□□□□左僕射 知□□□□의 손자이고, 어머니는 한남군대군漢南郡大君으로 현종 배향공신顯宗 配饗功臣 최사위崔士威[2]의 증손녀이다.

가음家蔭으로 조정에 벼슬하였는데, 갑자년(희종 즉위년, 1204)에는 나가서 동래군東萊郡[3]을 다스렸고, 신미년(희종 7, 1211)에는 다시 협계현俠溪縣[4]의 지방관직을 받았는데, 양리良吏의 전범과 같이 뛰어나게 잘 다스리니 (떠나는 날) 백성 중에 수레를 들고 바퀴를 끌어당기며 만류하는 이도 있었다. 공은 간혹 한가하게 있을 때에는 호협豪俠의 무리들과 함께 교유하였는데, 세상에서 금琴에도 능하다는 소리를 들으니 비록 옛 □ 중의 곡조에 더할 것이 없었나. 30여 세[이모二毛] 때부터 병이 들려하자 □ 불교에 빠져들어 손으로 불경을 들추지 않는 날이 없었으나, 불행히도 병을 얻어 금년(고종 3년, 1216) 윤7월 6일에 돌아가시니, 이달 19

---

1) 지금의 전라남도 장흥군 지역에 해당하는데, 고려시대 수령현은 장흥부의 속현이었다(『고려사』 권57 지리지2 전라도 나주목 장흥부 수령현).

2) 『고려사』 권94 열전 최사위 및 『최사위 묘지명』, 김용선 편, 『집성』, 25~27쪽.

3) 지금의 부산광역시 동래구. 고려시대에는 경상도 울주의 속현이었다(『고려사』 권57 지리지2 경상도 울주 동래현).

4) 지금의 황해도 신계군 지역에 있던 고려시대의 현으로, 고려시대 협계현은 곡주의 속현이었다(『고려사』 권58 지리지3 서해도 황주목 곡주 협계현).

일에 경성京城 동쪽 기슭에 장례지냈다.

후손으로 1남 5녀가 있는데, 아들은 국학 양정재생國學 養正齋生으로 어린 나이에 문장文章에 뛰어났다. 다섯 딸은 모두 결혼하였으나, 둘째 딸은 남편보다 먼저 죽었다.

백세百世 후에 비록 골짜기가 바뀌어 그 (주인을) 알지 □(못하더라도?) 내가 지은 지誌는 없어지지 않을 터이니 반드시 후손에게 경사가 있을 것이다.

□□□월 일에 적는다.

해 제

「위간경魏幹卿 묘지명」은 가로 37.5cm 세로 34.5cm의 장방형인데, 표면에 아무런 장식이나 구획을 구분하는 선이 없이, 모두 16행에 걸쳐 행당 15~16글자씩 해서체로 글씨를 새겼다. 표면은 결락이 다소 심한 편이나, 몇 글자를 제외하고는 대부분 판독할 수가 있다.

위간경은 『고려사』 등의 사서에 전혀 나오지 않는 인물로, 묘지명 명문에도 그의 생몰연대를 정확하게 밝혀놓지 않았다. 그러나 다행스럽게도 사망일자와 장례일자에 대해 대략적인 기록을 남기고 있어서, 이에 그의 사망연대부터 추정해 보기로 한다.

위간경의 사망연대과 관련하여 우선 주목할 수 있는 점은 묘지명 제(3)~(4)행에 나오는 대로 그의 어머니가 최사위崔士威의 증손녀라는 기록이다. 최사위는 『고려사』에 전기가 실려 있고 그의 묘지명도 현재 남아있는데, 그의 생몰연대는 961~1041년(광종 12~정종 7)으로 밝혀져 있다.[5)] 그러므로 그의 4대손에 해당하는 위간경의 활동 연대는 어림잡아 그보다 약 100년 뒤의 시기, 즉 1100년대의 후반기 정도로 보는 것이 합리적이지 않을까 한다.

한편, 이 묘지명 제(11)행에는 위간경이 '윤7월 6일'에 사망하였다고 적혀 있다. 이에 따라 윤7월이 들어있는 해를 1100년대의 후반기에서 찾아보면, 의종 21년(1167)·명종 16년(1186)·고종 3년(1216)·고종 22년(1235) 등이 해당된다.[6)] 이 중에서 그가 사망한 연대는 고종 3년(1216)이 아닌가 한다.

이렇게 비정하는 이유는 다음과 같다. 즉 그는 묘지명 제(9)행에 나오는 바와 같이 '2모二毛', 즉 30여 세가 조금 넘은 시기에 병이 들어 사망하였는데, 그 훨씬 이전에 가음家蔭을 받아 관리가 된 그는 갑자년과 신미년에 각각 지방관을 역임한 적이 있다<묘지명 제(4)~(6)행>. 이 갑자년을 1204년(희종 즉위년)으로, 신미년을 1211(희종 7년)으로 각각 비정해 보면, 그는 20세를 전후한 1200년대 초반에 음서를 받아 관리가 된 뒤 20세 초·중반과 30세를 전후한 나이에 두 차례 지방관을 역임하고, 1216년에 30여 세의 나이로 사망한 것이 된다.

이와 달리 이 갑자년과 신미년을 60년 더 앞당겨 보거나 60년 더 늦추어서 위간경의 생애에 대입해 보면 대체적인 사실과 잘 맞지 않는다. 즉, 갑자년을 1144년으로 보면 그는 1167년(의종 21)에 사망한 것이 되는데, 이때 그의 나이는 30대가 아니라 40여 세가 된다. 또 갑자년을 1264년으로 잡으면, 이 연대는 최사위의 증손녀였던 그의 어머니의 나이와 너무 동떨어지게 된다. 한편 1186년(명종 16)을 사망연도로 잡으면 갑자년은 1144년(인종 22)이 되어 60대에 사망한 것이 되고, 고

5) 『고려사』 권94 열전 최사위 및 「최사위 묘지명」, 김용선 편, 『집성』, 25~27쪽.

6) 「삭윤표」, 『한국사』 연표, 진단학회, 1959, 55~65쪽 참고.

종 22년(1235)으로 보더라도 갑자년은 1204년이 되어 50대에 사망한 셈이 된다.

이러한 점을 감안해 보면 결국 고종 3년(1216)을 위간경이 사망한 해로 보는 것이 가장 자연스럽지 않을까 여겨진다. 그렇다면 위간경은 명종 때인 1180년대 쯤에 태어나, 20세 전후가 되는 1200년대의 초반 무렵에 음서를 받아 관리가 된 뒤, 1204년(희종 즉위년)과 1207년(희종 3) 두 차례에 걸쳐 지방관을 역임한 다음, 30세를 조금 넘은 나이에 문림랑文林郞(종9품상) 전중내급사동정殿中內給事同正(종6품)직에 올랐다가 병이 들어 1216년(고종 3)에 사망하였다고 정리할 수 있을 것이다.

위간경은 수령현遂寧縣(지금의 전라남도 장흥군) 출신인데, 그의 조상이 누구인지는 전혀 알 수 없다.[7] 그러나 그의 가문은 당시 나름대로 이름이 알려져 있었던 것으로 여겨진다. 그의 어머니가 당시 유명한 문벌의 하나로 꼽히던 수주최씨水州崔氏 출신이라는 점, 그가 가음家蔭을 받아 관리가 되었다는 점에서도 그러하지만, 그 아들이 국학國學 양정재생養正齋生이었다는 점도 주목된다. 양정재는 예종 4년(1109)에 설치된 국학 7재齋중의 하나로 『춘추春秋』를 공부하였는데, 인종 때 제정된 학식學式에 따르면 국자학에는 문·무관 3품 이상의 자·손이 입학할 수 있었다.[8] 이러한 점을 감안해 보면 그는 고위관리를 배출한 가문에서 태어났을 가능성이 높다고 해도 좋을 것이다.

위간경은 자녀로 1남 5녀를 두었는데, 아들은 국학에 다녔고 딸은

---

7) 『고려사』 권95에 열전이 수록된 예종의 배향공신 魏繼廷이 고려 전기의 위씨 인물 중 가장 잘 알려져 있으나. 그의 열전 기록에는 "史失其世系'라고 하였으므로, 위간경이 그와 어떠한 관련이 있는지 현재로서는 알 수 없다. 한편 원종 1년에 시행된 과거에서 魏文卿 형제가 장원을 하여서 그 어머니에게 곡식을 주었다는 기록이 있다(『고려사』 권74 선거지2 과목2 숭장지전 원종 원년 9월 조). 혹시 이 위문경 형제와 위간경이 어떤 관련이 있지 않을까 추측된다.

8) 『고려사』 권74 선거지2 학교.

모두 출가하였다. 그러나 아들과 사위의 이름은 한 명도 적어 놓지 않았다. 이러한 점에서 이 묘지명은 적지 않은 아쉬움을 남긴다. 그럼에도 불구하고 사서에 기록되어 있지 않은 위간경이라는 새로운 인물에 대한 자료를 제공해 준다는 점에서, 이 묘지명의 출현이 갖는 의의는 크다고 할 수 있을 것이다.

참고

· 「위간경 묘지명」, 『고려·조선 묘지 신자료』, 한국사료총서 50, 국사편찬위원회, 2006.
· 김용선, 「새 고려묘지명 여섯 점 사례의 검토, 『한국중세사연구』 32, 한국중세사학회, 2012.

22. 박이온朴李溫 묘지명

소재: 개인 소장

연대: 원종 13년(임신, 1272)

판독문

(以上 缺落)

(1) 吾衛攝上將軍 ………………………………………… 其步黨尙□□
(2) 心恂恂未定□ …… 公 ……… 虛行□撿□頃屯市里十字街支
(3) 黨□ ………………………………………………… 金有 …. 四月別降
(4) ………………………………………………… 二月同知樞密院事大子賓
(5) 客庚子五月 …… 還 ………. 出 ……………………… 知院事改
(6) ……………………………………………………………… 尙書左僕
(7) ………… 叅知政事判禮部事大子少保壬申春感疾累月不起
(8) 九月十九日卒于□□享年六十□娵平章事金諱仲龜之女生一
(9) 女迪郎將李宣又娵將軍給事中□諱□□□生□□□迪禮□□
(10) ……………………………………… 將軍金文庇□□王氏生□□
(11) ……………………………………………… 之□大臣之器而壽不□
(12) 甲□不躋□台嗚呼大道之 ……………………………………………
(13) 賜謚莊簡停視朝三日越十月二十九日將葬于天和山之
(14) □麓其壻□□行狀囑于□銘受而銘之曰
(15) □□□□ □□□□ □□昌明 □□□□ □□哉□
(16) □□□□ 富貴□□ □□三朝 已□□□ □松□之
(17) □□□□ □□□□ □□□□ □□□□ □□□□
(18) (以上 缺落) 崔 (以下 缺落)

역주

〈제(7)행~제(14)행의 역주〉

(결락) 참지정사 판예부사 대자소보[叅][知]政事 判禮部事 大子少保가 되었다. 임신년(원종 13, 1272) 봄에 병이 들어 여러 달 동안 일어나지 못하다가 9월 19일에 □□에서 돌아가시니, 향년 6□세이다.

평장사平章事 김중구金仲龜[1]의 딸과 결혼하여 딸 한 명을 낳았는데, (딸은) 낭장郎將 이선李宣과 결혼하였다. 또 장군 급사중將軍給事中 □□□의 딸과 결혼하여 (자녀 □명을) 낳았는데, (한 명은) (결락) 결혼하였고, (결락) 장군將軍 김문비金文庇와 (결혼하였다?). □□(다시?) 왕씨王氏와 결혼하여 (자녀 □명을) 낳았다.

(결락) 대신大臣의 기량이 있었으나 수명은 □ 않았고 (결락) □태□台를 밟지 않았다. 아, 대도大道의 (결락) 시호謚號를 내려 장간莊簡이라 하고, 조회를 사흘간 멈추었다. 10월 29일에 천화산天和山 □ 기슭에 장례지내면서, 그의 사위인 □□가 행장行狀을 가지고 와서 □ 명銘을 지어줄 것을 부탁하였으므로 그것을 받아들여 명銘을 짓는다. (하략)

1) 「김중구 묘지명」, 김용선 편, 『집성』, 379~380쪽.

해제

가로 46.5cm, 세로 49.54cm 크기로 남아있는 이 묘지명은 지석 가장자리에 당초문唐草文을 넣고, 그 아래에 얇은 테두리 선을 두른 다음 해서체로 글씨를 새겼다. 그러나 지석의 전반부는 결실되어 원래 몇 행에 걸쳐 글씨를 썼는지 알 수 없고, 남아있는 지석의 상태도 아주 좋지 않아 글자를 읽을 수 없는 부분이 상당히 많다. 따라서 묘지명의 주인공의 이름은 물론이고, 이것이 만들어진 연대도 알 수 없다.

한 가지 다행스러운 것은 본문 제(8)행에 그가 김중구金仲龜의 딸과 결혼하였다는 기록이 있는데, 김중구의 묘지명이 지금 남아있다.[2] 또 이 묘지명의 제(7)행에는 그가 임신년에 60여 세로 사망하였다고 하였으므로, 이를 통해 그의 정체나 생존 연대를 찾아볼 수 있으리라는 점이다.

우선 「김중구 묘지명」을 보면, 김중구(명종 6~고종 29, 1176~1242)는 딸을 3명 두었는데, 이들은 각각 최구崔球(최충헌崔忠獻의 아들), 전보린田甫麟(전원균田元均의 아들), 박이온朴李溫(박문성朴文成의 아들)과 결혼하였다고 하였다. 그러므로 이 묘지의 주인공은 이들 세 명 중의 한 명임이 분명하다. 그러나 아쉽게도 이 세 명의 사위들에 대해서 사서에서는 더 이상의 자세한 인적 사항을 찾을 수가 없다.

한편, 이 묘지의 주인공은 처음 김중구의 딸과 결혼하여 딸 하나를 두었는데, 이 딸은 낭장郎將 이선李宣과 결혼하였다<제(8)~(9)행>. 그러나 그는 다시 장군將軍 급사중給事中 아무개의 딸과 결혼하여 몇 명의 자녀를 더 낳았다<제(9)행>. 이어지는 제(9)행~(10)행의 구절은 결락이 심하여 확실하지는 않으나 전후 문맥으로 볼 때 후처 소생 자녀의 결혼에 대해 적고 있으며, 그 중의 한 명이 장군 김문비金文庇와 결혼하였

2) 「김중구 묘지명」, 김용선 편, 『집성』, 378~380쪽.

다는 사실을 밝힌 것으로 생각된다. 그렇게 되면 김문비는 김중구의 외손녀사위뻘이 되는 것이다.

그런데 『고려사』에는 이 김문비의 처가 박씨朴氏였다는 기록이 나온다.[3] 다시 말해 김중구의 딸이 박씨와 결혼하였는데, 묘지명의 주인공인 이 사위 박씨는 재혼하여 다시 딸을 낳고, 박씨 성을 가진 이 딸이 김문비와 결혼하였다는 것이다. 그렇다면 김중구의 사위이자 김문비의 장인이 되는 박씨는 결국 같은 인물로서, 바로 「김중구 묘지명」에 나오는 박이온朴李温임이 분명해지는 것이 아닌가 한다.

김문비의 처 박씨는 뒷날 스캔들에 휩싸이게 된다. 즉 상장군이었던 김문비가 대장군 김혼金琿과 서로 친하였는데, 박씨부인과 김혼 두 사람이 서로 좋아하게 되었다. 그런데 김문비가 죽고 김혼의 처도 사망하자 두 사람은 서로 사통私通하였는데, 이 사실이 알려져 두 사람은 처벌을 받아 김혼은 섬으로 유배가고, 박씨는 죽산竹山(지금의 경기도 안성시 죽산면)으로 돌려보내졌다[귀박우죽산歸朴于竹山].[4] 그런데 여기서 주목되는 점은 박씨가 받은 처벌의 내용이다. 즉 부인은 귀향형歸鄕刑에 처해진 것으로서, 죽산은 바로 부인의 본관지가 된다.[5] 이에 따라 그의 부친인 박이온의 원출신지가 죽산이라는 사실도 덤으로 밝혀지게 되었다. 비록 실낱같은 단서들에 의한 추론이기는 하지만, 이러한 검토의 결과 이제 이 묘지명의 주인공으로 죽산 출신의 박이온이라는 인물이 등장하게 된 것이다.

이 묘지명에는 그가 동지추밀원사 태자빈객을 거쳐 참지정사 판예부

---

3) 『고려사』의 김경손전에 붙어 있는 김혼의 전기에 '(金)文庇妻朴氏'라는 기록이 있다(『고려사』 권103 열전 김경손 부 혼).

4) 위와 같음.

5) 고려시대의 귀향형에 대해서는 채웅석, 「고려시대의 귀향형과 충상호형」, 『한국사론』 권9, 서울대학교 인문대 국사학과, 1983 참고.

사 등의 고위관직을 지냈고, 사후에는 장간莊簡이라는 시호까지 받았다고 적혀 있다. 그렇다면 그는 당시 나름대로 주요한 인물로 활동하였다고 보아 마땅할 것인데, 박이온이나 장간이라는 시호를 가진 인물에 대한 기록은 『고려사』 등의 다른 사서에 전혀 나타나지 않는다. 그러므로 그의 생존연대도 확실하지는 않다. 그런데 묘지명 제(8)행과 제(9)행에는 그가 임신년에 60대의 나이로 사망하였다고 적혀 있다. 장인 김중구가 고종 29년(1242)에 67세로 사망하였으므로, 박이온의 사망연대는 그보다 뒤여야 할 것이다. 그렇다면 묘지명의 임신년은 바로 원종 13년(1272)이라는 사실이 분명해진다.

이러한 검토를 종합해 보면 이 묘지명의 주인공은 박이온이며, 그가 원종 13년 임신년(1272) 9월에 사망하자 그 해 10월에 장례를 지내면서 이 묘지명도 함께 만들었다고 정리할 수 있을 것이다.

박이온에 대한 기록은 더 찾아볼 수 없지만 그의 아버지인 박문성에 대한 기록은 몇 개가 남아있다. 그는 상서우복야,[6] 우산기상시,[7] 지문하성사[8] 등을 거쳐, 중서시랑평장사 판병부사 태자태부에 올랐다.[9] 특히 그는 훗날 충선왕이 즉위하면서 국가에 공을 세운 역대공신들의 자손에게 음서의 혜택을 주라는 교서를 내릴 때에, '신묘년 귀주선유사 박문성辛卯年 龜州宣諭使 朴文成'이라고 하여 그 명단 속에 포함되게 된다.[10] 신묘년은 고종 18년(1231)인데, 이 때 몽고의 제1차 침입 당시 귀주龜州에서 큰 전투가 벌어진 일이 있다. 이 때 박문성이 귀주선유사로 큰 공을 세웠던 것이다. 이 귀주대첩을 승리로 이끈 지휘자는 박서

6) 조정규, 「박문성을 은청광록대부 상서우복야로 삼는 관고」, 『동문선』 권26 제고.
7) 『고려사』 권23 세가 고종 21년 정월 을사.
8) 『고려사』 권23 세가 고종 23년 12월 임자.
9) 이장용, 「朴文成·李子晟·宋恂·任景肅을 재신에 제수하는 교서」, 『동문선』 권26 제고.
10) '(전략) 辛卯年 龜州宣諭使 朴文成 (중략) 皆於內外孫中 許初職錄用(하략)(『고려사』 권75 선거지3 전주 서공신자손 충선왕 즉위교서).

朴犀로 잘 알려져 있는데, 이 박서와 박문성은 같은 사람이다.11)

한편 박이온의 첫 번째 장인인 김중구는 무반출신으로, 문하시랑 판이부사 등의 고위직에 올랐다.12) 또 이 묘지명에 보듯이 그의 사위인 이선李宣은 낭장이었고, 또 다른 사위는 장군직을 가지기도 하였다. 또 다른 사위인 김문비는 장군이라는 그의 직함도 그러하지만, 훗날 충렬왕 때 여몽연합군의 우군사右軍使가 되어 일본정벌에 참여하기도 하는 등13) 무반으로서 큰 활약하였다.

이러한 점에서 박이온의 가문은 최씨무인정권의 핵심세력의 한 축을 이루던 전형적인 무반의 모습을 보여준다. 그러므로 이 「박이온 묘지명」은 무인정권시대의 무반의 사회적 결합 양상이나 활약을 보여주는 좋은 자료가 된다고 할 수 있을 것이다.

▌참 고▐

· 「김중구 여부 □□□ 묘지명」, 『고려·조선 묘지 신자료』, 한국사료총서 50, 국사편찬위원회, 2006.

· 김용선, 「새 고려묘지명 여섯 점 사례의 검토, 『한국중세사연구』 32, 한국중세사학회, 2012.

---

11) 『고려사』 권103 열전 박서 및 윤용혁, 『고려대몽항쟁사연구」, 일지사, 1991, 239~242쪽 참조. 윤용혁은 이 책에서 박문성은 박서와 같은 인물임을 논증하였다.

12) 「김중구 묘지명」, 김용선 편, 『집성』, 379쪽.

13) 「고려사』 권28 세가 충렬왕 즉위년 10월 을사.

23. 홍경 처 김씨洪敬 妻 金氏 묘지명

소재: 개인 소장

연대: 충숙왕 4년(원 연우 4년, 1317)

판독문

(1) 卒匡靖大夫僉議贊成事上護軍贈謚良順公洪敬妻樂浪郡大夫人金氏墓誌銘幷序(題額)

(2) 重大匡延興君朴 全之 製

(3) 夫人姓金樂浪人也樂浪新羅國也新羅靜順王金傅知國祚已窮納土于

(4) 我太祖大王率百官入朝 神聖大喜神鸞淑儀公主配焉子孫繁衍蟬聯珪組世爲勝族夫人卽靜順十二

(5) 代孫也考曰琿推誠翊戴功臣三重大匡守僉議政丞鷄林府院君贈謚忠宣公祖曰慶孫銀青光祿大夫

(6) 知樞密院事上將軍曾祖台瑞金紫光祿大夫門下侍郞平章事修文殿大學士判吏部事贈謚文莊公母曰

(7) 彦陽郡夫人金氏守大尉門下侍郞平章事判吏部事贈謚翊戴公金公佺之女也夫人聰慧明敏夙成婦

(8) 德年一十五適贊成事洪公敬盡忠同德佐理功巨壁上三韓三重大匡都僉議贊上護軍慶興侯贈謚忠正公洪公

(9) 子藩之長子也始結髮爲□閨門和繼家業置興而有五男一女皆承家訓有禮義長曰承緖歷官承旨時

(10) 爲正尹娶重大匡光山君金瑫之長女二男一女次曰承贊□大護軍遷典□令娶判都津寺鄭肅文之女生二男

(11) 三女次曰覺宣剃染天台大禪師次曰承烈摠部直郎娶密直副使全昇之女生一男不幸先母而逝季曰

(12) 承祚中門祗候娶密直副使李公得□女生一男一女女曰唐城郡夫人洪氏適今重大匡延興君朴公全之男摠部

(13) 直郎朴瑗生三男一女長男承緖及承贊承烈相繼金桂利□□受俸歲二十石世人榮之夫人自贊成公捐館哀毁過

(14) 情因而成疾至延祐四年四月初六日卒年五十八□家世之爵祿也兒□也家業也可謂盛矣而不及耳

(15) 順所不足者壽齡耳矣十五日葬于松林縣地大德山之南麓禮也長男正尹囑予爲銘不敢拒而

(16) 銘之曰

(17) 金氏之先　自天降下　□德爲王　誕敷聖化　孫有賢君　是爲靜順

(18) 知幾□神　納土入覲　積善餘慶　系行子孫　□爲蕃□　□大其門

(19) 曰有夫人　夙鍾令德　□族叶和　□順存則　□□云□　昊天罔極

역주

돌아가신 광정대부 첨의찬성사 상호군匡靖大夫 僉議贊成事 上護軍이고 추증된 시호가 양순공良順公인 홍경洪敬의 처 낙랑군대부인 김씨樂浪郡大夫人 金氏 묘지명 및 서문(제액)

중대광 연흥군重大匡 延興君 박전지朴全之[1])가 지음

부인의 성은 김金이고 낙랑樂浪 사람인데, 낙랑은 신라국新羅國이다. 신라의 정순왕靜順王[2]) 김부金傅가 나라의 운수가 이미 다하였음을 알아 국토를 우리 태조대왕太祖大王에게 바치고 백관을 이끌고 조정에 들어오자, 신성神聖(태조太祖)[3])이 크게 기뻐하며 신란숙의공주神鸞淑儀公主[4])와 짝을 지어주었다. (그) 자손들이 번성하여 벼슬을 계속 이어가면서 세상에서 뛰어난 가문[승족勝族]이 되었으니, 부인은 즉 정순왕의 12대손이다.

아버지 혼琿[5])은 추성익대공신 삼중대광 수첨의정승 계림부원군推誠翊戴功臣 三重大匡 守僉議政丞 鷄林府院君이며 충선공忠宣公으로 시호가 추증되었다. 조부 경손慶孫[6])은 은청광록대부 지추

---

1) 『고려사』 권109 열전 박전지 및 「박전지 묘지명」, 김용선 편, 『집성』, 454~457쪽.

2) 신라의 마지막 임금인 敬順王 김부를 말한다. 그러나 이 왕을 靜順王이라고 적은 사례는 이 기록이 유일한 것이 아닌가 한다.

3) 태조의 시호는 應運元明光烈大定睿德章孝威穆神聖大王이다(『고려사』 권1 세가 태조).

4) 왕건의 장녀로, 신명왕태후 유씨의 소생이다. '신라왕 김부가 고려에 투항해 오자 공주를 그에게 시집보내고 낙랑공주라 불렀는데, 신란궁부인이라고도 한다'(『고려사』 권91 공주전 태조 안정숙의공주)는 기록과, '경순왕이 자기 나라를 버리고 다른 나라에 와서 살았으므로 난새에 비유하여 공주의 칭호를 신란공주라 고쳤다'(『삼국유사』 권2 기이2 김부대왕)라는 기록이 있다.

5) 『고려사』 권103 열전 김경손 부 혼.

6) 『고려사』 권103 열전 김경손.

밀원사 상장군銀靑光祿大夫 知樞密院事 上將軍이고, 증조 태서台瑞는 금자광록대부 문하시랑평장사 수문전대학사 판이부사金紫光祿大夫 門下侍郎平章事 修文殿大學士 判吏部事이며 문장공文莊公으로 시호가 추증되었다. 어머니 언양군부인 김씨彦陽郡夫人 金氏는 수태위 문하시랑평장사 판이부사守大尉 門下侍郎平章事 判吏部事이며 익대공翊戴公으로 시호가 추증된 김전金佺의 딸이다.

부인은 총명하고 지혜로우며 명민明敏하였는데, 일찍부터 부덕婦德을 갖추었다. 나이 15세에 찬성사贊成事 홍경洪敬공에게 시집왔는데, □ 진충동덕좌리공신 벽상삼한 삼중대광 도첨의중찬 상호군 경흥후盡忠同德左理功臣 壁上三韓 三重大匡 都僉議中贊 上護軍 慶興侯이며 충정공忠正公으로 시호가 추증된 홍자번洪子藩[7]공의 큰아들이다.

(부인은) 처음 쪽을 찌고 □ 가 되니, 집안이 화목하게 이어지고 가업家業이 흥하게 되었다. 5남 1녀를 두었는데, 모두 가훈家訓을 계승하여 예의를 갖추었다. 장남은 승서承緖로 승지承旨를 역임하고 지금은 정윤正尹이 되었는데, 중대광 광산군重大匡 光山君 김도金瑫의 장녀와 결혼하여 2남 1녀를 낳았다. 차남 승찬承贊은 □ 대호군大護軍에서 전□령典□令으로 옮겼는데, 판도진시사判都津寺事 정숙문鄭肅文의 딸과 결혼하여, 2남 3녀를 낳았다. 3남 각선覺宣은 중이 되어 천태 대선사天台 대선사大禪師가 되었다. 4남 승렬承烈은 총부직랑摠部直郎으로 밀직부사密直副使 전승全昇의 딸과 결혼하여 1남을 낳았는데, 불행히 어머니보다 먼저

7) 『고려사』 권105 열전 홍자번.

죽었다. 막내 승조承祚는 중문지후中門祗候로 밀직부사密直副使 이공득李公得의 딸과 결혼하여 1남 1녀를 낳았다. 딸은 당성군부인 홍씨唐城郡夫人 洪氏[8])로 지금 중대광 연흥군重大匡 延興君 박전지朴全之의 아들인 총부직랑摠部直郞 박원朴瑗[9])과 결혼하여 3남 1녀를 낳았다.

장남 승서承緖와 승찬承贊, 승렬承烈이 서로 뒤이어 과거에 급제하여 □□ 이롭게 하고 봉록을 해마다 20석(石)을 받으니, 당시 사람들이 영화롭게 여겼다.

부인은 찬성공贊成公이 돌아가자 슬퍼하는 정이 지나침으로 인해 병을 얻어 연우[10])延祐 4년(충숙왕 4, 1317) □ 4월 초엿새날에 돌아가시니, 나이가 58세이다. □ 문벌[가세家世]의 작록爵祿과 자손과 가업家業이 가히 성盛하다고 할 수 있으나, 나이가 이순耳順에 이르지 못했으니 부족한 것은 수령壽齡뿐이리라. □5일에 송림현松林縣[11]) 땅 대덕산大德山의 남쪽 기슭에 장례지내니, 예禮에 따른 것이다. 장남 정윤正尹이 나에게 명銘을 써줄 것을 부탁하니 감히 거절하지 못하고, 명銘하여 이른다.

김씨의 선조는
하늘로부터 내려왔나니
덕德을 □쌓아(?) 임금이 되어

---

8) 「박원 처 홍씨 묘지명」, 김용선 편, 『집성』, 488~489쪽.

9) 「박원 묘지명」, 김용선 편, 『집성』, 518~519쪽.

10) 원 인종의 연호(1314~1320).

11) 고려시대의 왕경 개성부의 속현(『고려사』 권56 지리지1 왕경 개성부 송림현). 지금의 경기도 장단군에 있었다.

성스러운 가르침을 크게 펼치도다
자손 중에 어진 임금이 있으니
이 분이 바로 정순靜順으로
□신□神의 낌새를 알아서
나라를 바치고 조정에 알현하였도다
착한 일을 많이 하여 경사스런 일이
대대로 자손에게 일어나니
□ 번성하고 □
그 가문을 크게 □하도다
부인이 있어서
일찍부터 훌륭한 덕을 풍기니
□족□族은 화합하고
순리에 □ (따라?) 규칙을 보존하여
□□를 일컬으니 □
넓은 하늘과 같이 부모의 은혜는 끝이 없도다

해제

「홍경 처 김씨洪敬 妻 金氏 묘지명」은 가로 36cm, 세로 47cm의 장방형 지석의 상단 윗면 모서리를 약간 줄인 형태인데, 가장자리에는 두 줄의 얇은 선을 둘러 테두리를 만들고 맨 위에는 당초문唐草文을 조각하고 그 밑에 가로로 제액을 썼다. 이 제액을 포함하여 묘지명 전문은 모두 19행인데, 글자는 각행마다 40~44자 정도로 해서체로 불규칙하게 쓰여있다. 지석의 상태는 전반적으로 좋지 않아 판독이 불가능한 부분도 여러 곳이 있다.

김씨부인은 신라 경순왕의 후손인 경주 출신으로, 증조는 문장공文莊公 김태서金台瑞, 조부는 지추밀원사 상장군 김경손金慶孫, 아버지는 계림부원군 김혼金琿이며, 어머니는 언양 김씨로 익대공翊戴公 김전金佺의 딸이다. 그런데 이 묘지명에서는 부인의 원조遠祖인 신라 경순왕敬順王을 정순왕靜順王이라고 쓰고 있어 이채롭다. 이러한 표기는 다른 기록에서 찾아볼 수 없는 것이기도 한데, 이 묘지명에서 두 차례나 그를 정순靜順이라고 쓴 것은 잘못이 아니라 피휘避諱 등의 이유 때문에 일부러 그렇게 썼다고 보는 것이 타당하지 않을까 한다.

부인은 연우 4년, 즉 충숙왕 4년(1317)에 58세로 사망하였는데, 이를 토대로 계산하면 태어난 해는 원종 1년(1260)이 된다. 부인은 15세(원종 15년, 1274)에 홍자번洪子藩의 맏아들 홍경洪敬과 결혼하였다. 시아버지인 홍자번은 고려후기의 명재상으로 널리 알려져 있지만,[12] 남편인 홍경에 대해서는 벼슬이 우승지를 거쳐[13] 첨의찬성사에 이르렀고 양순공良順公이라는 시호를 추증받았다[14]라는 기록 정도가 남아있어서 그의 경력이나 활동에 대해서는 더 자세하게 알 수가 없다. 이 당성홍씨唐城洪氏 가문은 무인정권 이후 등장한 신흥명문 가문으로 유명하다.

이렇듯이 부인의 가문을 보면, 친가는 경주김씨, 외가는 언양김씨, 그리고 시가는 당성홍씨이다. 그런데 이 가문들은 모두 고려후기의 '재상지종宰相之宗'에 속하는 가문이다. 잘 알다시피 충선왕은 그의 즉위교서(1308년)를 통해 왕실과 혼인할 수 있는 특정한 가문을 지정하였다.[15] 이들은 바로 당시의 고려사회를 대표하는 가문이었으므로, 부

12) 『고려사』 권105 열전 홍자번.

13) 『고려사』 권32 세가 충렬왕 30년 정월 병자 조.

14) 『고려사』 권105 열전 홍자번 및 이 묘지명 제(1)행의 제액 참조.

15) 경주김씨, 정안임씨, 경원이씨, 안산김씨, 철원최씨, 해주최씨, 공암허씨, 청주이씨, 파평윤씨, 언양김씨, 평강채씨, 당성홍씨, 황려민씨, 횡천조씨, 평양조씨가 이에 해당된다(『고려사』 권33 세가 충선왕 즉위년 11월 신미).

인의 혼맥은 바로 고려후기 최대의 벌족가문의 결합상을 잘 보여준다고 할 수 있다. 이러한 점에서 부인의 가문에 대해 '문벌門閥의 작록爵祿과 자손과 가업家業이 가히 성하였다'고 표현한 이 묘지명의 기록은 전혀 지나친 과장이 아니라고 할 수 있다.

한편 부인은 5남 1녀를 두었는데, 이중 장남 승서承緖와 차남 승찬承贊[16], 4남 승렬承烈은 모두 과거에 급제하여 부인은 해마다 녹봉俸祿 20석石을 국가로부터 받았다.[17] 3남 각선覺宣은 출가하여 천태종天台宗의 대선사大禪師가 되었으며, 막내는 승조承祚이다. 딸은 죽주竹州 출신 박전지朴全之의 아들인 박원朴瑗(또는 박원朴遠)과 결혼하였다. 그런데 이 김씨부인의 묘지명을 사돈, 즉 출가한 딸의 시아버지인 박전지가 직접 썼다는 점도 이채롭다고 할 수 있다.

이 부인의 묘지명 이외에, 딸과 사위인 박원 부부의 묘지명,[18] 또 부인의 사돈인 박전지 부부의 묘지명이 모두 전해지고 있다. 이렇게 2대에 걸쳐 5개의 묘지명이 남아있고, 또 그중에 여성 묘지명도 3개나 된다는 것도 흔하지 않은 일이다. 최근 생활사 방면의 연구가 많이 이루어지고 있는데, 이처럼 한 가문 내에 시기적으로 밀접되어 있는 묘지명들은 여러 가지로 흥미로운 모습을 많이 보여줄 수 있지 않을까 한다. 이러한 점에서 이들 묘지명에 대한 보다 많은 관심이 주어지기를 바라마지 않는다.

---

16) 『고려사』에는 홍경이 承緖와 承演이라는 두 아들을 두었고, 승연의 아들이 永通이라고 하였다(『고려사』 권105 열전 홍자번). 이 묘지명에는 승연이라는 이름이 나오지 않는데, 혹시 승연이 차남 承贊과 같은 인물일 가능성도 있지 않을까 한다.

17) 고려시대에는 세 아들이 과거에 합격하면 그 어머니에게 해마다 국가에서 곡식을 내려주었다(『고려사』 권74 선거지2 과목2 승장지전).

18) 「박원 묘지명」(김용선 편, 『집성』, 518~519쪽)·「박원 처 홍씨 묘지명」(김용선 편, 『집성』, 488~489쪽) 및 「박전지 묘지명」(김용선 편, 『집성』, 454~457쪽)·「박전지 처 최씨 묘지명」(김용선 편, 『집성』, 432~433쪽).

▎참 고 ▎

·「홍경 처 김씨 묘지명」, 『고려·조선 묘지 신자료』, 한국사료총서 50, 국사편찬위원회, 2006.

· 김용선, 「새 고려묘지명 여섯 사례의 검토, 『한국중세사연구』 32, 한국중세사학회, 2012.

24. 김순金恂 묘지명

소재: 경기도 수원시 수원광교박물관
(안동김씨 문영공파 소장품 위탁전시)

연대: 충숙왕 8년(원 지치 원년, 1321)

판독문

(1) 高麗國重大匡上洛君金公恂墓誌(앞면 題額) 贈謚文英公(뒷면 題額)
(2) 重大匡判三司事寶文閣大提學上護軍金　恂　墓誌
(3) 古所謂大君子者德行云乎哉功業云乎哉予曰唯德行耳非功業也何也德行在心功業在時在心
(4) 者人所修也在時者天所授也能修人之所可修者爲君子耳夫德行本乎忠孝能以忠孝立揚於當世
(5) 者唯我判三司相君有焉公諱恂字皈厚系出新羅王金傅內孫三韓壁上功臣司徒亞父三重大匡金
(6) 宣平公[1]爲金傅十五代孫而安東府卽其桑梓也曾祖諱敏成追封左僕射行掌冶署丞兼直史舘
(7) 祖諱孝印追封中書令行正議大夫兵部尙書翰林學士充史舘修撰官知制誥考諱方慶　宣授中奉大
(8) 夫管高麗軍都元帥推忠靖難定遠功臣匡靖大夫三重大匡判都僉議使司典理司事上將軍上洛郡開國
(9) 公食邑一千戶食實封三百戶贈宣忠協謨定難靖國功臣壁上三韓三重大匡忠烈公母朴氏中書舍人知制

1) '內孫三韓壁上功臣司徒亞父三重大匡金宣平'이라는 19글자는 『안동김씨대동보』(『안동김씨대동보』 1, 서울, 1980, 212~213쪽)에는 판독불능으로 표시되어 있으나, 묘지석에서는 분명하게 읽을 수 있다.

(10) 誥諱益旌之女封陰平郡大夫人公以善書多寫碑文年方志學以門蔭入仕爲掌牲署丞後改爲別將

(11) 御牽龍行首職雖從東至西其志未嘗不在文學盖嚴君雖位極兩朝將相猶惟以未忝桂籍爲恨冀嗣子

(12) 之能復祖業故也公由是力學不倦至至元十六年己卯春場一擧爲金牓副元是年初拜攝郎將後改爲國

(13) 學直講此公之能伸大人之遺憤者也自是先公益推偏季之恩常令不離左右賀正 上國無不令隨但

(14) 其東征船上不許追陪者不從軍[2]忝危事也公於是扈 駕不待命而先登戰艦頗有扶衛救援之功是公

(15) 唯專忠孝而不顧身者也壬午遷殿中侍史翌年出爲尙州判官政聲登聞未一年而入爲典法佐郎

(16) 權知通禮門事考功正郎丙戌奉使南方爲陪先公拜祖墓於桑鄕也戊子除秘書少尹知通禮門事

(17) 是年 上命公爲 世子府行李別監委以師傅之任壬辰加朝顯大夫典法摠郎知制誥累遷少府尹

(18) 世子文學軍簿摠郎典理摠郎朝奉大夫秘書尹三司右尹皆兼三字元貞乙未冬同知貢擧所取皆當世

(19) 名士因大開綺席□□□士朝野莫不嘉嘆是公之極於榮孝者也是年加朝議大夫丙申兼世子舍人

(20) 大德丁酉遷國學典酒又拜奉烈大夫密直使右副承旨驟遷左副承旨寶文閣直學士翌年加右承旨

(21) 知版啚司事每遷皆兼三字是年春奉使南方旣還改授通議大夫光政副使承旨成均祭酒又改爲

(22) 正議大夫集賢殿學士左散騎常侍是年七月復爲密直司右承旨國

---

2) 제(14)행과 제(15)행의 첫 부분 글자들은 현재의 지석에서는 온전하게 읽어내기가 쉽지 않다. 그러나 처음 이 묘지명을 소개한 『안동김씨대동보』에 실린 판독문에 따라 복원하기로 한다.

學祭酒寶文閣學士知民曹事依前

(23) 三字八月加奉翊大夫三司左使崇文舘學士九月又改爲正獻大夫密直司左承旨判秘書寺事充史舘修撰

(24) 官知制誥知軍簿司事十二月拜奉翊大夫密直司副使文翰學士己亥知止乞退翌年八月以先公 棄世依遣

(25) 囑葬于桑梓庚戌冬行祭于先公墓壬子起爲重大匡上洛君承襲先公之茅土己未又拜先公墓

【뒷면】

(26) 上命季子永煦奉使以陪行所以寵其行也至治元年辛酉命相以賢擢公爲判三司事八月加寶文閣大

(27) 提學上護軍至是月二十一日寢疾卒于第享年六十四公性敦厚直柔內實剛毅孝悌忠信出於天眞惜

(28) 乎以公之才德若延數載則利澤豈不及於蒼生名位豈止如是而已哉娶匡靖大夫僉議中贊修文殿大

(29) 學士監修國史判典理司事世子師贈謚文敬公許諱珙之女生四男三女曰永暾今爲都官直郎知陜州

(30) 事曰永暉今爲興威衛保勝別將曰斯順剃度爲慈恩宗大德曰永煦爲司憲持平女一嫡人內侍中

(31) 正大夫親禦軍大護軍鄭憤二嫡大匡上黨君白頤正三嫡舍人別里哥不花大元左丞相阿忽歹[3]之子也

(32) 永暾等旣卜兆于德水縣馬山將葬也以予爲先公親舊具公之行狀乞銘甚切予雖病不忍堅拒受而銘之

(33) 銘曰

(34) 赫赫忠烈　東國汾陽　瀾庭蘭玉　並秀爭芳　白眉爲季　時号最良　家尊所歎　未入桂堂

---

3) 이 글자는 反으로 읽혀졌으나, 지석을 다시 판독한 결과 歹자가 분명하다. 즉 阿忽歹는 『고려사』와 『원사』에 나오는 阿忽台와 같은 인물이다.

(35) 公承厥志　銳意文場　[世]傳祖法　詩効錦囊　妙岭乙第　名振四方　揚歷臺閣　演誥含香

(36) 一提文柄　挑李成行　[高]堂喜淚　流溢壽觴　眼前拜相　綠鬢金章　力殫榮孝　哀極梓鄕

(37) 子道無缺　宜降百[祥]　[暮]年閑退　天意茫茫　終傳茅土　門戶更光　不叅時政　虛度九霜

(38) 俄登極品　民固[邦][寧]　[胡]未卒歲　遽促仙裝　在公無慊　爲國可傷　刻銘流耀　庶及無疆

(39) 大元至治元年辛酉十月十四日

(40) 宣　授朝列大夫翰林直學士三重大匡檢校僉議政丞右文舘大提學監春秋舘事驪興君閔 漬　撰

역주

고려국 중대광 상락군高麗國 重大匡 上洛君**이며 추증된 시호가 문영공**文英公**인 김순공**金恂公 **묘지**墓誌(앞·뒷면 제액)

중대광 판삼사사 보문각대제학 상호군重大匡 判三司事 寶文閣大提學 上護軍 **김순**金恂 **묘지**墓誌

옛말에 대군자大君子라고 함은 덕행德行을 말한 것인가, 공업功業을 말한 것인가. 나는 다만 덕행일 뿐이고 공업은 아니라고 말하고자 하니, 왜 그러한가. 덕행은 마음에 달려 있고 공업은 때에 달려 있는 것인데, 마음에 달린 것은 사람이 닦을 수 있으나 때에 달린 것은 하늘이 주는 바이니, 능히 사람이 닦을 수 있는 것을 닦으면 군자가 되는 것이다. 대저 덕행은 충과 효로 바탕을 삼는 것인데, 충효로 당시에 이름을 떨친 이는 우리 판삼사 상군判三司 相君뿐이다.

공의 이름은 순恂이고, 자는 귀후皈厚이다. 신라왕 김부金傅(경순왕敬順王)의 내손內孫인 삼한벽상공신 사도 아부 삼중대광三韓壁上功臣 司徒 亞父 三重大匡 김선평金宣平의 후손으로, 공은 김부의 15대손이 되며, 안동부安東府가 곧 그 고향이다. 증조 민성敏成은 행장야서승 겸 직사관行掌冶署丞 兼 直史館으로 좌복야左僕射에 추봉되었고, 조부 효인孝印은 행정의대부 병부상서 한림학사 충사관수찬관 지제고行正議大夫 兵部尚書 翰林學士 充史館修撰官 知制誥로 중서령中書令에 추봉되었으며, 아버지 방경方慶[4]은 선수중봉대부 관고려군도원수 추충정난정원공신 광정대부 삼중대광 판도첨의사사 전리사사 상장군 상락군개국공 식읍 1,000호 식실봉 300호宣授中奉大夫 管高麗軍都元帥 推忠靖難定遠功臣 匡靖大夫 三重大匡 判都僉議使司 典理司事 上將軍 上洛郡開國公 食邑一千戶 食實封三百戶로 선충협모정난정국공신 벽상삼한 삼중대광 충렬공宣忠協謀定難靖國功臣 壁上三韓 三重大匡 忠烈公으로 추증되었다. 어머니 박씨朴氏는 중서사인 지제고中書舍人 知制誥 익정益旌의 딸로 음평군대부인陰平郡大夫人에 봉해졌다.

공은 글씨를 잘 써서 여러 비문碑文을 베껴 썼다. 나이 15세쯤[지학志學]에 문음門蔭으로 벼슬하여 장생서승掌牲署丞이 되고, 뒤에 별장 어견룡행수別將 御牽龍行首로 바뀌었다. 관직은 비록 동반東班(문반文班)에서 시작하여 서반西班(무반武班)에 이르렀지만

4) 「김방경 묘지명」, 김용선 편, 『집성』, 406~409쪽 및 『고려사』 권104 열전 김방경.

그 뜻은 학문[문학文學]에 두지 않은 적이 없었다. 대개 부친이 비록 양조兩朝의 장상將相이라는 극히 높은 지위에 올랐으나 다만 과거[계적桂籍]에 오르지 못했음을 한스럽게 여겨, 아들이 조업祖業을 회복하게 되기를 바랐기 때문이다.[5] 공은 이로 말미암아 힘써 공부하고 게으르지 않아서 지원至元[6] 16년 기묘년(충렬 5, 1279)의 과거[춘장春場]에 응시하여 단번에 2등[부원副元]으로 합격하였다.[7] 그 해에 처음 섭낭장攝郎將에 임명되었다가 뒤에 국학직강國學直講으로 바뀌었으니, 이는 공이 아버지가 가진 분憤을 푼 것이다.

이로부터 선공先公은 막내아들에게 은혜를 더 하여 늘 곁에서 떠나지 않도록 하였고, 상국上國(원元)에 하정사賀正使로 갈 때에도 따라가게 하지 않은 적이 없었다.[8] 단지 일본日本을 정벌하는 배[동정선東征船]에는 따라 오르지 못하게 하였으니 종군하면서 위험한 일에 빠지지 않도록 한 것이었다. 공은 이 때에 임금을 호종하였는데, 명을 기다리지 않고 먼저 전함戰艦에 오르니 자못 호위하고 구원한 공로가 있었다. 이 일은 공이 다만 충효

5) 김방경은 16세에 음서를 통하여 산원 겸 식목녹사가 되었다(『고려사』 권104 열전 김방경).

6) 원 세조의 연호(1264~1294).

7) '(충렬왕) 5년 6월 찬성사 朴恒이 지공거가 되고 전법판서 郭汝弼이 동지공거가 되어 진사를 뽑았는데, 趙簡 등 33명과 명경 2명, 은사 8명에게 급제를 주었다'(『고려사』 권73 선거지1 과목1 선장 충렬왕 5년 6월 조). 이 해의 과거에 뽑힌 인물 중 조간과 김순 이외에 權溥(김용선 편, 「권부 묘지명」, 529~531쪽), 吳潛(吳祁)(「오잠 묘지명」, 김용선 편, 『집성』, 489~491쪽)), 李世基, 李瑱, 韓謝奇의 이름이 알려져 있다.

8) 김방경은 충렬왕 6년 11월에 하정사가 되어 원에 들어갔다(『고려사』 권29 세가 충렬왕 6년 11월 병인).

를 오로지 하면서 분발하여 자신을 돌보지 않은 것이다.

임오년(충렬 8, 1282)에 전중시사殿中侍史로 옮기고, 이듬해에 상주판관尙州判官이 되어 나갔는데, 잘 다스렸으므로 한 해가 못 되어 들어와 전법좌랑 권지통례문사 고공정랑典法佐郞 權知通禮門事 考功正郞이 되었다. 병술년(충렬 12, 1286)에 남녘 지방으로 사명使命을 받들어 내려가면서 선공을 모시고 고향에 있는 조상의 묘에 참배하였다.[9] 무자년(충렬 14, 1288)에 비서소윤 지통례문사秘書少尹 知通禮門事에 임명되고, 그 해에 임금의 명으로 공을 세자부 행리별감世子府 行李別監으로 삼아 사부師傅의 직책을 맡겼다. 임진년(충렬 18, 1292)에 조현대부 전법총랑 지제고朝顯大夫 典法摠郞 知制誥로 승진하고, 여러 차례 옮기면서 소부윤 세자문학 군부총랑 전리총랑 조봉대부 비서윤 삼사우윤少府尹 世子文學 軍簿摠郞 典理摠郞 朝奉大夫 秘書尹 三司右尹을 지냈는데 모두 지제고知制誥[삼자三字]를 겸하였다. 원정元貞[10] 을미년(충렬 21, 1295) 겨울에 동지공거同知貢擧가 되자, 뽑힌 사람들이 모두 당시의 이름난 선비들이었다.[11] 크게 잔치를 열자 □□□□ 선비와 조야朝野에서 훌륭하다고 찬탄하지 않는 이가 없었으니, 이것은 공이 부모를 영화롭게 효도를 다한 것이다.

---

9) 충렬왕 9년에 김방경이 안동에 성묘하러 갈 것을 요청하였는데, 충렬왕은 그의 아들 김순을 태백산 제고사로 임명하여 그를 따라 고향에 가게 하였다(『고려사』 권104 열전 김방경).

10) 원 성종의 연호(1295~1297).

11) '(충렬왕) 21년 10월 鄭可臣이 지공거가 되고 金恂이 동지공거가 되어 진사를 뽑았는데, 姜暄 등 27명에게 급제를 주었다.'(『고려사』 권73 선거지1 과목1 선장 충렬왕 21년 10월 조).

그 해에 조의대부朝議大夫로 승진하고, 병신년(충렬 22, 1296)에 세자사인世子舍人을 겸하였다. 대덕大德[12] 정유년(충렬 23, 1297)에는 국학전주國學典酒로 옮기고, 다시 봉렬대부 밀직사 우부승지奉烈大夫 密直使 右副承旨에 임명되었다가 곧 좌부승지 보문각직학사左副承旨 寶文閣直學士로 옮겼다. 이듬해 우승지 지판도사사右承旨 知版圖司事에 올랐으며, 옮길 때마다 모두 지제고[삼자三字]를 겸하였다. 그 해 봄에 남녘지방으로 사명使命을 받들고 내려갔다가 돌아오게 되자 통의대부 광정부사 승지 성균제주通議大夫 光政副使 承旨 成均祭酒로 고쳐 임명되었고, 또 정의대부 집현전학사 좌산기상시正議大夫 集賢殿學士 左散騎常侍로 바뀌었다. 그 해 7월에 다시 밀직사 우승지 국학제주 보문각학사 지민조사密直使 右承旨 國學祭酒 寶文閣學士 知民曹事가 되었는데 전과 같이 지제고[삼자三字]를 겸하였다. 8월에 봉익대부 삼사좌사 숭문관학사奉翊大夫 三司左使 崇文館學士에 오르고, 9월에 다시 정헌대부 밀직사좌승지 판비서시사 충사관수찬관 지제고 지군부사사正獻大夫 密直司左承旨 判秘書寺事 充史館修撰官 知制誥 知軍簿司事로 바뀌었으며, 12월에 봉익대부 밀직사부사 문한학사奉翊大夫 密直司副使 文翰學士에 임명되었다. 기해년(충렬 25, 1299)에 물러날 때가 된 것을 알고 은퇴할 것을 청하였다.

이듬해 8월에 선공이 세상을 떠나니 유언에 따라 고향에 장례지내고, 경술년(충선 2, 1310) 겨울에 선공의 묘에 제사지냈다. 임자년(충선 4, 1312)에 다시 중대광 상락군重大匡 上洛君으로 임명

12) 원 성종의 연호(1297~1307).

되면서 선공의 작위[모토茅土]를 이어받았다. 기미년(충숙 6, 1319)에 또 선공의 묘에 참배하려 하자,

【뒷면】

임금이 막내아들 영후永煦에게 명하여 사명使命을 받들고 따라가게 하였으니, 그 행차에 임금이 종애를 내린 것이다.

지치至治[13] 원년 신유년(충숙 8, 1321)에 재상을 임명하면서 어진 이를 뽑도록 하였는데 공이 판삼사사判三司事가 되었다. 8월에 보문각대제학 상호군寶文閣大提學 上護軍을 더하였다. 그 달 21일에 병이 들어 집에서 돌아가시니, 향년 64세이다.

공은 성품이 정이 두텁고 곧으면서도 부드러우며, 내실內實이 있으면서도 강직剛直하여 굴하지 않았다. 효성스럽고 우애가 있으며 충성스럽고 신의가 있는 것이 조금도 꾸밈없이 자연스러웠으니, 애석하다. 공의 재주와 덕으로써 만일 더 오래 살았더라면 이익과 혜택이 어찌 백성들에게 미치지 않았을 것이며, 명성과 지위가 어찌 여기에 그칠 뿐이었겠는가.

광정대부 첨의중찬 수문전대학사 감수국사 판전리사사 세자사匡靖大夫 僉議中贊 修文殿大學士 監修國史 判典理司事 世子師이며 시호가 문경공文敬公으로 추증된 허공許珙[14]의 딸에게 장가들어 4남 3녀를 낳았다. 장남 영돈永暾[15]은 지금 도관직랑 지합주사都

13) 원 영종의 연호(1321~1323).

14) 「허공 묘지명」, 김용선 편, 『집성』, 403~405쪽 및 『고려사』 권105 열전 허공.

15) 「김영돈 묘지명」, 김용선 편, 『집성』, 538~540쪽 및 『고려사』 권104 열전 김방경 부 영돈. 「김순 묘지명」과 「김영돈 묘지명」에는 金永暾이라고 적혀 있으나, 『고려사』 세가와 열전에는 金永旽으로 나온다.

官直郎 知陝州事이고, 차남 영휘永暉는 지금 흥위위 보승별장興威衛保勝別將이며, 3남 사순斯順은 머리를 깎고 자은종慈恩宗의 대덕大德이 되었으며, 4남 영후永煦는 사헌지평司憲持平이 되었다. 장녀는 내시 중정대부 친어군대호군內侍 中正大夫 親御軍大護軍 정책鄭憤에게 시집갔고, 2녀는 대광 상당군大匡 上黨君 백이정白頤正에게 시집갔으며, 3녀는 사인舍人 별리가불화別里哥不花에게 시집갔으니 원의 좌승상左丞相 아홀태阿忽歹의 아들이다.

영돈 등이 덕수현[16] 마산德水縣 馬山에 무덤을 정하고 장례를 치르려고 하면서, 내가 선공의 친구라고 하여 공의 행장을 갖추어서 매우 간절하게 묘지명을 부탁하였다. 내가 비록 병들었지만 차마 굳게 거절하지 못하고 수락하고 글을 짓는다.

명銘하여 이른다.

> 빛나는 충성과 절의는 우리 나라[동국東國]의 분양汾陽[17]이 되고
> 뜰에 가득한 자손[난옥蘭玉]들은 모두가 빼어나서 아름다움을 다투도다
> 백미白眉는 바로 막내이니 당대에 가장 뛰어나다고 일컬어졌는데
> 부친이 아쉬워한 것은 과거[계당桂堂]에 오르지 못한 것이었도다
> 공은 그 뜻을 이어 문장에 마음을 단단히 두고
> 집안에 전해오는 조상의 법法이 든 시詩의 비단주머니[금낭錦囊]를 차서
> 젊은 나이[묘령妙齡]에 을제乙第에 합격하니 이름은 사방에 떨치고
> 대각臺閣을 두루 거치면서 고명誥命을 펼치니 향기를 품었도다
> 한 차례 과거를 주관하자 복사꽃과 오얏꽃 같이 뛰어난 인재가

16) 고려시대의 왕경 개성부의 속현(『고려사』 권56 지리지1 왕경 개성부 덕수현). 지금의 경기도 개풍군 중면에 있었다.

17) 중국 당의 郭子儀를 말한다. 현종 때 일어난 안록산과 사사명의 난을 평정하여 국가를 재건한 공으로 汾陽王에 봉해졌다(『구당서』 권120 열전 곽자의).

줄을 이으니
부모님도 즐거워 눈물을 흘리고, 장수를 비는 술잔은 넘쳐 흐르도다
생전에 재상에 임명되니 늙은 부모에게 영광이고
힘써 입신양명하여 효도를 다하니
고향에 부친을 장례지내며 슬픔이 지극하도다
아들된 도리를 다하였으니 마땅히 온갖 상서가 내릴 것이며
노년에 한가로이 물러났으니 하늘의 뜻은 넓고 크도다
끝내 작위[모토茅土]를 이어 받으니 가문에 다시 영광이 되었으나
시정時政에 참여하지 않은 채 마음을 비우며 아홉 해를 보내었도다
문득 가장 높은 지위에 오르니 백성은 안정되고 나라는 평안한데
어찌 나이를 다 채우지 않고 갑자기 선계仙界로 떠날 채비를 재촉하는가
공은 아쉬움이 없을지라도 나라를 위해서는 애통하기 만하여
명銘을 새겨 빛나는 이름을 전하고자 하니 무궁하기를 바라노라

대원大元 지치至治 원년 신유년(충숙 8, 1321) 10월 14일

선수 조열대부 한림직학사 삼중대광 검교첨의정승 우문관대제학 감춘추관사 여흥군宣授 朝烈大夫 翰林直學士 三重大匡 檢校僉議政丞 右文館大提學 監春秋館事 驪興君 민지閔漬[18]가 짓다.

18) 「민지 묘지명」, 김용선 편, 『집성』, 458~460쪽 및 『고려사』 권107 열전 민지.

해제

「김순金恂 묘지명」은 가로 71cm, 세로 71cm의 정방형 지석의 좌우 윗부분의 귀퉁이를 조금 잘라낸 형태를 취하고 있다. 앞뒷면에 글씨를 새겼는데, 두 면 모두 아무런 무늬가 없이 얇은 선으로 테두리를 구분하고 그 안에 글씨를 썼다. 또 앞뒷면 모두 윗부분에는 해서체로 제액을 새겼는데, 앞면에는 '고려국중대광상락군김공순묘지高麗國重大匡上洛君金公恂墓誌', 뒷면에는 '증시문영공贈謚文英公'이라고 쓰여 있다. 이 제액을 포함하여 전면에는 25행, 뒷면에는 15행의 명문을 역시 해서체로 새겼는데, 행을 구분하는 선은 없고, 각 행당 글자수도 39자~43자 정도로 일정하지 않다. 지석은 현재 상단부의 1/3쯤 되는 부분에서 전체가 둘로 조각난 것을 접합시켜 놓은 상태이나, 다행히 몇 글자를 제외하고는 대부분 판독이나 복원이 가능하다. 한편 지석 중간의 좌측과 우측 16cm 되는 곳에 직경 3cm 크기의 구멍 두 개가 뚫려 있는데, 이 부분을 피해 글자를 새긴 것으로 보아 이 구멍은 처음부터 의도적으로 만든 것 같다. 아마도 무엇인가에 지석을 고정시키거나 아니면 반대로 무언가를 지석에 묶어둘 목적으로 뚫은 것이 아닌가 짐작된다. 필자가 아는 한 고려시대의 묘지석 중에서 이렇게 가운데에 구멍이 뚫려 있는 것은 이것이 유일한데, 앞으로 좀더 검토할 필요가 있는 대목이라고 생각한다.[19] 지석의 글은 여흥군驪興君 민지閔漬가 썼는데, 명문에는 그가 김순의 친구라고 적혀 있다.

1) 김순 가문의 시작

김순은 삼별초 토벌로 이름을 날린 김방경金方慶(강종 1~충렬왕 26: 1212~1300)의 3남 3녀 중 제3남으로 고종 45년(1258)에 태어났다. 어머니 음

19) 백제 무령왕릉에서 출토된 무령왕과 왕비지석에는 지석 중앙에 구멍 하나씩이 뚫려 있다.

평군부인 박씨陰平郡大夫人 朴氏는 중서사인 지제고를 지낸 박익정朴益旌의 딸로, 죽산竹山 출신이다.[20] 김방경 묘지명에는 장남은 선愃(?~?), 차남은 흔忻(고종 38~충선왕 1: 1251~1309)이고, 3남이 순恂이며, 딸 세 명은 조변趙忭, 김원충金元冲, 권윤명權允明과 각각 결혼하였다고 하였다. 그런데 김순이 태어났을 때 김방경이 47세인 것을 보면, 김순은 6남매 중 제일 막내였을 가능성이 크다고 생각된다.

김순의 본관은 안동安東으로, 증조부는 행장야서승을 지낸 김민성金敏成이고, 조부는 병부상서를 지낸 김효인金孝印인데, 김방경 묘지명에는 김민성의 부친이 사호司戶에서 검교군기감으로 추증된 김의화金義和라고 밝히고 있다. 따라서 이 가문은 원래 안동의 향리 신분이었다가 고조부 때에 중앙관리로 진출했음을 알 수 있다. 또 『고려사』에는 김방경이 신라 경순왕의 원손遠孫이라고 하였는데,[21] 김순 묘지명에는 김순이 경순왕 김부金傅의 15대 손이자 김부의 내손內孫인 김선평金宣平의 후손이라고 보다 자세하게 밝히면서, 고향이 안동부라고 하였다. 이러한 사실은 김순의 가문이 원래 경주김씨에 속했으나, 경순왕의 손자인 김선평 대에 안동김씨로 분화해 갔음을 말해 주는 것이라고 생각한다.

김선평은 『고려사』에 다음과 같은 두 개의 기록을 남겼다.

· (태조 13년 정월) 경인에 고창군 성주古昌郡 城主 김선평을 대광大匡으로 삼고 권행과 장길을 대상大相으로 삼았다. 이에 영안永安·하곡河曲·직명直明·송생松生 등 30여 군현郡縣이 서로 차례 항복해 왔다(『고려사』 권1 세가 태조 13년 정월 경인).

---

20) 陰平은 竹州(지금의 경기도 안성시 죽산면)의 별호이며(『고려사』 권56 지리지1 양광도 광주목 죽주), 죽산 박씨 출신인 박원의 증조부가 박익정이라는 기록이 있다(「박원 묘지명」, 김용선 편, 『집성』, 518쪽).

21) 『고려사』 권104 열전 김방경. 김방경의 백부인 金敞의 전기에도 '신라 경순왕의 후손'이라고 적혀 있다(『고려사』 권102 열전 김창).

· 태조 13년에 후백제왕 견훤과 (고창군) 땅에서 싸워서 패배시켰다. 군 사람 김선평·권행·장길이 태조를 도와 공을 세웠으므로, 선평을 대광으로 삼고 행과 길을 각각 대상으로 삼았으며, 군을 승격시켜 안동부安東府라고 하였다가 뒤에 영가군永嘉郡으로 고쳤다(『고려사』 권57 지리지2 경상도 상주목 안동부).

고창군 성주인 김선평이 태조 13년(930)에 고려 태조를 도와 후백제의 견훤을 물리친 공을 세우자, 태조는 그에게 대광이라는 관직을 주고 고창군을 안동부로 승격시켰다는 것이다. 이에 따르면, 태조 13년에는 이미 김선평은 고창군 성주, 즉 일정한 무력이나 독자적 세력을 갖춘 안동의 실력가로 군림하고 있었음이 분명하다. 한편, 『고려사』와 거의 비슷한 시기에 편찬된 조선 초기의 다른 사서에는 김선평에 대해 다음과 같이 기록하였다.

· 김선평은 고려 태조 때에 아부亞父 공신功臣이 되고 권행과 장길은 공신이 되었는데, 모두 공신당 벽상功臣堂 壁上에 (초상을) 그려두었다(『경상도지리지』 안동도 안동도호부 토성).
· 김선평은 태조공신으로 관위가 아부에 올랐다(『신증동국여지승람』 권24 경상도 안동대도호부 인물).

이 두 기록은 앞의 『고려사』와는 조금 다른 각도에서 서술하고 있는데, 여기서 주목되는 것은 김선평이 안동 출신으로 아부였으며 태조의 벽상공신으로 책봉되었다고 하는 점이다. 이것은 김선평이 '삼한벽상공신 사도 아부 삼중대광三韓壁上功臣 司徒 亞父 三重大匡'이라고 적은 김순 묘지명의 기록과 거의 정확하게 일치한다.

이에 따라 『고려사』와 『경상도지리지』와 「김순 묘지명」이라는 세 기록을 종합하면, 안동의 세력가로 군림하던 김선평은 태조 13년에 태조를 도와 후백제 견훤을 패퇴시키고 이 지역이 고려의 세력권으로 흡수되는 데에 결정적인 역할을 했으며, 그 공로로 대광이라는 관직을 받은 뒤 아부라는 지위에 오르고 삼한벽상공신칭호를 받았다고 정리할 수 있게 된다.

이렇게 정리해 볼 때, 김선평이 신라 경순왕의 '내손內孫'이었다는 묘지명의 기록은 어떻게 이해해야 할 것인가. 우선 '내손'의 용례를 다른 문헌에서 찾아보면, 『고려사』의 음서나 서공신자손 조의 규정에는 내손·외손·내외손, 내현손·외현손·내외현손 등의 용어가 나타난다.[22] 즉, 고려시대에 내손은 외손과 분명히 구분되어, 아들의 아들인 친손親孫이라는 의미를 가지고 있었던 것이다. 이러한 용례에 따르면 묘지명에 기록된 '내손' 김선평은 경순왕 김부의 친손자라고 해석할 수밖에 없다.

그런데 문제는 김선평이 공을 세운 태조 13년(930)은 신라가 아직 망하기 전으로, 경순왕 4년이기도 하다는 점이다. 경순왕 김부의 출생년도는 알 수 없고 그의 자녀들에 대해서도 정확한 기록은 남아있지 않다. 그러나 그는 927년에 왕위에 올라 9년간 재위하다가 935년에 고려에 항복하고, 978년(경종 3)에 사망했다는 사실은 분명하다.[23] 그렇다면, 그는 900년대 초반이나 아니면 넉넉하게 잡아 880년~890년대에 태어났을 가능성이 있다. 만일 후자일 가능성에 비중을 둔다면, 이미 안동의 세력가로서 자리를 잡고 있던 그의 손자가 930년에 고려 태조를 도왔다는 사실은, 연대상으로 다소 무리가 있기는 하지만, 전혀 불가능한 일은 아니라고 할 수 있을 것이다.

그러면 경순왕의 내손인 김선평이 아부亞父였다는 김순 묘지명의 기록은 어떤 의미를 가지는 것일까. 중국의 제齊의 환공桓公이 관중管仲을 상부尙父라고 부르고 초楚의 항우項羽가 범증范增을 아부라고 불렀다는 기록에서 보듯이, 아부는 상부尙父·중부仲父와 함께 공경·친근을 표시하는 의제적擬制的 친족관계를 나타내는 용어이다.[24] 고려에

22) 『고려사』 권73 선거지3 전주 음서·서조종묘예·서공신자손 조의 여러 기사 참조.
23) 『삼국사기』 권12 신라본기 경순왕 9년 조 기사 및 『고려사』 권2 세가 경종 3년 4월.
24) 장동익, 『고려사 세가 초기편 보유』 1, 경인문화사, 2014, 201쪽.

서도 이 용어를 사용했는데, 태조는 후백제왕 견훤과 재암성 장군 선필 등을 상부라고 불렀다.[25] 또 경종은 즉위년(975) 10월에 자신의 장인인 경순왕 김부를 상부로 책봉하였는데,[26] 그를 책봉하는 '책상부고冊尙父誥'라는 문건이 현재 『삼국유사』에 실려 전해지기도 한다.[27]

상부라는 용어가 중부·아부와 함께 친족관계의 일정한 서열을 나타낸다는 점을 상기하면, 같은 경주김씨인 김부를 상부로 책봉하고 김선평을 중부가 아니라 세 번째 서열인 아부로 삼았다는 점도 우연한 일은 아니라고 생각한다. 즉, 혈연적 관계를 고려하면서 상부와 아부라는 칭호를 부여했다면, 고려왕실은 김부와 김선평이 형제나 부자가 아니라 조손祖孫관계에 해당함을 전제로 했다라는 의미로 해석해 볼 수 있다는 것이다.[28]

그렇다면 아부라는 용어가 나오는 이 묘지명은 후삼국과 고려 초기에 외부세력을 중앙으로 포섭하면서 의제적 친족관계를 어떻게 정했고, 어떻게 대우했는가 하는 모습을 보여주는 사례가 될 것이다. 또 이 묘지명에 적힌 김순의 선조에 대한 기록은 신라말의 안동지방이 경순왕계의 혈족집단들이 지배하는 세력권에 속했을 가능성이 크다는 사실을 말해 주며, 안동김씨 가문의 시작과 분화를 살피는 데에도 중요한 자료가 된다고 생각한다.

---

25) 『고려사』 권1 세가 태조 8년 10월 을해 및 『고려사』 권92 열전 왕순식 부 선필.

26) 『고려사』 권2 세가 경종 즉위년 10월 갑자.

27) 『삼국유사』 권2 기이2 김부대왕 조.

28) 김선평이 아부라는 칭호를 받은 것이 언제인지는 알 수 없다. 아마도 경종 즉위년 10월에 김부를 상부로 책봉할 때 김선평에게는 아부라는 칭호를 내렸을 가능성이 크다고 생각한다. 그러나 『경상도지리지』의 기록과 같이 태조가 김선평을 아부라고 불렀고, 이를 전례로 삼아 훗날 김부에게 상부라는 칭호를 주었을 가능성도 배제할 수 없다.

2) **김순의 생애**

김순이 태어나던 고종 45년(1258)에 최의가 피살되면서 최씨정권이 몰락했으나, 무인정권은 10여 년간 더 지속되다가 원종 11년(1270)에야 마침내 붕괴하였다. 뒤 이어 몽골과의 강화와 개경환도를 반대하는 삼별초의 난이 3년이나 지속되자, 김순의 아버지 김방경은 이 난을 진압하는 데 큰 공을 세우면서 명성을 떨치게 되었다.

이 무렵에 김순은 15세쯤의 나이로 문음으로 장생서승이 되고, 별장과 섭낭장을 역임하면서 초급의 무반 관리로 승진해갔다. 아버지 김방경은 16세에 음서로 벼슬한 뒤 무관직을 역임하면서 고위 관리로 출세했는데,[29] 그의 세 아들 중 차남인 김흔과 3남인 김순이 마찬가지로 음서를 통해 무관이 된 것이다.[30] 김순의 가계는 고조부 때에 안동의 향리에서 서울로 진출한 이래, 조부 김효인은 과거에 급제한 뒤 병부상서 한림학사 등의 관직을 지냈고, 종조부인 김창金敞 역시 과거에 급제하고 최우의 신임을 받으면서 고위직을 오른 이력을 가지고 있었다.[31] 이러한 점에서 이 가문은 지방 향리 신분에서 중앙으로 진출한 다음, 과거와 음서를 적절하게 이용하여 가세를 키워나갔다고 할 수 있다.

김순은 글씨, 특히 예서隸書를 잘 썼다고 한다.[32] 조부 김효인도 글씨를 잘 썼는데,[33] 아마 이 재능을 물려받았을 것이다. 이러한 김순이 초급 무관으로 승진해 가는 동안, 김방경은 일본원정에 적극 참여하

29) 『고려사』 권104 열전 김방경.

30) 장남인 김선의 입사경로는 알 수 없다. 그러나 김방경이 3남의 과거합격을 매우 기뻐하는 것을 볼 때, 김선은 과거출신자가 아닐 가능성이 크다고 생각한다.

31) 『고려사』 권102 열전 김창. 이 열전에는 김창에게 자식이 없었으며, 임종 시에 조카인 김방경에게 유언을 남겼다고 하였다.

32) 『고려사』 권104 열전 김방경 부 순.

33) 『고려사』 권104 열전 김방경.

면서 명성을 떨치기도 했으나 정치적으로 여러 차례 궁지에 빠지기도 했다. 즉, 충렬왕 2년(1276)에 반역을 도모했다는 혐의로 체포되었다가 무고임이 밝혀져 곧 석방되었고, 그 이듬해에도 같은 일이 벌어졌다. 또, 충렬왕 4년(1278)에는 아들인 김흔과 함께 다시 반역혐의로 혹독한 신문을 받은 뒤 대청도에 유배되었다가 끝내는 대질심문을 받기 위해 원에 들어갔는데, 위득유韋得儒 등 고발자가 급사하고 함께 간 충렬왕이 적극 옹호해 준 덕택에 무고임이 밝혀져서 귀국하기도 했다.34)

이러한 고난을 받던 차에 충렬왕 5년(1279)에 22세이던 김순이 과거에 응시하여 2등으로 합격했다.35) 그리고 섭낭장이던 김순에게 국학직강이라는 문한직이 주어지면서 그는 이제 문반 관리로 바뀌게 되었다. 이 늦둥이 아들의 과거합격이 김방경에게 얼마나 큰 기쁨이고 자랑이었는지는 충분히 짐작하고도 남음이 있을 것이다. 김방경은 고위직에 오른 뒤에도, 자신이 과거 합격이라는 가업을 잇지 못한 점을 무척 아쉬워했다는 이 묘지명 기록을 보면 더욱 그러하다. 그 이듬해에 김방경이 하정사賀正使가 되어 원에 가게 되자,36) 김순은 69세의 아버지를 수행하여 함께 원으로 갔다.

김순은 김순대로 부친에게 효성을 다 바쳤다. 충렬왕 7년(1281), 70세의 노구를 이끌고 김방경이 다시 일본원정에 오르자 왕을 수행하여 합포合浦(지금의 경상남도 창원시)까지 온 김순은 종군을 원했으나 아버지가 허락하지 않자 '몰래' 전함에 올랐다고 한다.37) 앞서의 몇 차례 원정이 실패한 터에 이 원정은 더 큰 참패로 끝나고 말았지만, 그 와중에

34) 이에 대해서는 『고려사』 권104 열전 김방경 및 권선우, 「고려 충렬왕대 김방경 무고사건의 전개와 성격」, 『탄신800주년기념 충렬공김방경논문집』, 안동김씨대종회, 2012, 216~254쪽 참고.

35) 앞의 역주 7)과 같음.

36) 『고려사』 권29 세가 충렬왕 6년 11월 병인.

37) 『고려사』 권104 열전 김방경 부 순.

서도 끝까지 아버지를 곁에서 호위하던 김순의 모습은 충분히 상상할 수가 있다. 원정에서 돌아온 뒤 충렬왕 12년(1286)에 김방경이 안동의 조상묘 참배를 허락해 줄 것을 왕에게 청하자, 왕은 김순을 태백산제고사太白山祭告使로 삼아 아버지를 수행하도록 배려해 주기도 했다.[38]

김순은 여러 벼슬을 거치면서 순조롭게 승진해 갔는데, 이 중에서 세자부 행리별감, 세자문학, 세자사인과 같이 세자부의 관직을 많이 맡았고, 태자의 사부가 되기도 했다는 점이 주목된다. 즉 충선왕과는 세자 시절부터 매우 가까운 관계를 유지했던 것이다. 특히 충선왕이 즉위하던 해에는 1년 동안에만 좌우승지, 지판도사사, 성균제주, 삼사좌사, 밀직부사, 보문각학사 등 10여 개가 넘는 관직에 임명되었다. 이러한 기록은 김순이 충선왕 초기의 개혁정치에도 활발하게 참여했으리라는 사실을 말해 주는 것이 아닌가 한다.

그러나 그해 1월에 즉위했던 충선왕은 8월에 퇴위하고 충렬왕이 복위했는데, 그 이듬해인 충렬왕 25년(1299)에 42세의 김순은 갑자기 퇴직을 요청하였다. 그 이유는 자세히 알 수 없으나, 아마도 충선왕의 개혁정치가 실패로 돌아가면서 김순도 실각했을 가능성이 있다. 또 하나는 그 해 1월에 형인 김흔 등이 만호萬戶 한희유韓希愈 등이 반역을 모의하였다고 하여 사사로이 군사를 동원하여 잡아들였으나 무고로 처리된 일이 있었다. 마침 사면령이 내려서 김흔은 처벌을 면하였지만, 어쩌면 이 때 김순도 이 사건에 연좌되었을 가능성도 배제할 수는 없다. 이 와중에 김방경은 89세의 나이로 충렬왕 26년(1300)에 사망하면서 고향인 안동에 묻어달라는 유언을 남겼으나, 당시 권력을 잡은 자들이 그를 미워하여 예로써 장례하는 것을 방해했다고 한다.[39] 이

38) 위와 같음.

39) 『고려사』 권104 열전 김방경.

러한 일련의 사실들을 보면, 충렬왕이 복위한 뒤 몇 년 간 김순은 정치적으로 크게 두각을 나타내지는 못했던 것 같다. 이 묘지명이나 『고려사』 등의 사서에도 이 동안의 김순의 활동에 대해 특별한 기록이 찾아지지 않는다는 점도 그와 같은 사정을 반영해주는 것이 아닌가 한다.

충선왕 1년(1309)에는 7년 연상이던 형 김흔이 사망하였고, 그 이듬해에 김순은 안동의 부친 묘를 찾아가 제사를 지내기도 하였다. 충선왕 4년(1312)에 김순은 중대광重大匡 상락군上洛君으로 봉해지면서 부친의 작위[茅土]를 이어 받았다. 그러나 그 뒤부터 그에게 관직이 주어졌다는 기록이 또 오래 동안 나오지 않는다. 이에 대해 묘지명에는 그가 '시정時政에 참여하지 않은 채 마음을 비우면서 9년을 보냈다'고 적혀 있다. 그러다가 충숙왕 8년(1321) 정월에 판삼사사가 되고, 4월에는 충선왕파의 관료이던 권한공權漢功 등을 부패혐의로 유배보내는 등 정치활동에 나섰으며,[40] 8월에는 보문각대제학 상호군에 제수되었다. 그러나 그 달 8월에 64세로 사망하자 문영공文英公이라는 시호가 추증되고, 10월에 덕수현德水縣 마산馬山에 장례를 치렀다.

김순은 문경공 허공文敬公 許珙의 딸과 결혼하여 4남 3녀를 낳았다. 장남은 영돈永暾, 차남은 영휘永暉, 3남은 출가하여 자은종慈恩宗의 중이 된 사순斯順, 4남은 영후永煦이며, 장녀는 정책鄭幘, 차녀는 백이정白頤正, 3녀는 원 좌승상 아홀태阿忽歹(아홀태阿忽台)의 아들인 별리가불화別里哥不花와 각각 결혼하였다.

김순을 두고 『고려사』의 그의 전기에는 '성품이 관대하고 너그러우며, 예서를 잘 썼고, 노래하는 기생을 기르면서 날마다 음악으로 즐거움을 삼았다'라고 했다. 이러한 평가와 묘지명의 기록을 놓고 보면, 그는 명문가에서 태어나 판삼사사라는 고위직에 오르고 상락군으로

40) 『고려사』 권35 세가 충숙왕 8년 4월 임신; 권108 열전 채홍철; 권125 간신전1 권한공.

봉군되는 등 나름대로 현달했다고 할 수 있다. 그러나 40대 이후부터는 정치적으로 큰 활동을 하지는 않은 채 풍류를 즐기면서 만년의 생애를 보냈다. 음서를 통해 무관이 된 뒤에 과거에 급제하는 등 학문적 재능과 열성도 있었고, 한때는 부친의 반대에도 불구하고 일본원정에도 적극 참여하던 그가 인생의 중후반기, 더구나 증대하는 원의 간섭 속에서 고려의 정치가 점차 혼란기에 빠져들던 그 시기에는 정작 현실과 일정한 거리를 두고 지냈던 것이다. 그것이 그의 선택에 의한 것인지, 아니면 피치 못할 다른 사정이 있었던 것인지 자세한 내막을 알 수는 없다. 다만 명문가 출신 지식인으로서의 그의 활동에 대해서 아쉬움이 남는다는 사실만큼은 지적할 수 있을 것이다. 그러나 그의 아들 중 김영돈金永暾, 김영후金永煦는 부원배에 맞서 고려의 국왕권을 지키고자 열심히 노력하였고, 또 그의 손자 중 김사형金士衡은 고려말기에 개혁파로 활약하다가 조선건국에 적극 참여하기도 했다.41)

이러한 점에서 김순 묘지명은 고려후기 한 지식인의 존재양태를 보여주고, 지방 향리신분에서 출발한 안동김씨 가문이 어떤 과정을 거쳐 벌족으로 융성해 갔는가를 보여주는 점에서 사료적 가치가 있다고 생각한다.

---

41) 김순의 자손의 혼인과 활동에 대해서는 『고려사』 권104 열전 김방경 부 영돈·영후·사형 및 남인국, 「충렬공 김방경 및 그 후예들의 혼인과 안동」, 『탄신800주년기념 충렬공김방경논문집』, 안동김씨대종회, 2014, 308~313쪽 참고.

▌참 고▐

· 『고려사』 권104 열전 김방경 부 순.
· 김용선, 「신자료 고려묘지명 17점」, 『역사학보』 117, 역사학회, 1988.
· 김용선, 「재소개: 오준·김순·이덕손 처 유씨 묘지명」, 『한국중세사연구』 44, 한국중세사학회, 2016.

25. 이덕손 처 유씨李德孫 妻 庾氏 묘지명

소재: 개인 소장

연대: 충숙왕 13년(원 태정 3년, 1326)

판독문

□□□□□□□(梵字題額)

(1) 茂松郡大夫人庾氏墓誌銘

(2) 夫人姓庾氏茂松人曾大父諱敬玄左僕射翰林學士承旨大父諱弘樞密院右

(3) 承宣禮部侍郎寶文閣直學士父諱垓舊曰世芳樞密院副使右散騎常侍垓娶慶

(4) 源李氏父諱長龍虎軍上將軍夫人年若干適李氏系出江陽諱德孫後改曰帖凡

(5) 中外所歷多有聲績官至知都僉議府事臨老以贊成事致仕及卒謚曰莊淑公父諱淳

(6) 牧右僕射翰林學士承旨中古名儒庾李兩家皆尊顯世所謂甲乙者夫人稟性柔靜其

(7) 事夫義以順之能盡婦道故李氏之能守富貴不危溢者夫人以助焉可李氏卒後□□

(8) 二十六年間常以修善納爲事也夫人生一男一女男曰偰今重大匡僉議贊成事上護軍

(9) 娶藁城池氏父諱允輔以知僉議府事告老而退謚莊烈公有子二人男爲將軍女配通□

(10) 女適礪良宋氏諱璘密直司知申事國學大司成先沒父諱玢卒僉議中贊亦三韓華

(11) 宗也有子七人四男知敎三女有從夫人初封茂松郡以子故累封爲大夫人於其溫淸僾

(12) 頗有勤因發誓願就大德山東麓先塋之側構一願刹曰禪寂薦冥祐已有年矣夫人

【뒷면】

□□□□□□□□□□□□(梵字題額)

(13) 年八十泰定三年丙寅九月有微疾至二十八日洗浴更衣請僧剃髮名目眞十

(14) 月七日薨于正元里之私第其逝也翛然雖侍側者不之覺也以十一月十四日葬于先

(15) 公莊淑之兆次長子相公與予同出文靖公門下相信也熟故承囑而銘之曰

(16) 庾氏本宗　蟬聯之後　自歸隴西　家有賢婦　贊成好逑

(17) 贊成慈母　母儀有光　子孝無偶　天亦假年　九九其壽

(18) 母兮子兮　三韓稱首　刻于貞珉　用傳不朽

(19) 　　追封三韓國大夫人

역주

<앞면 맨 윗 줄에 7자, 뒷면 첫 줄에 11자의 범자梵字 제액이 새겨져 있으나 판독이 불가능함>

무송군대부인茂松郡大夫人 유씨庾氏 묘지명墓誌銘

부인의 성은 유씨庾氏로, 무송茂松[1] 사람이다. 증조부 경현敬玄[2]은 좌복야 한림학사승지左僕射 翰林學士承旨이고, 조부 홍弘은 추밀원우승선 예부시랑 보문각직학사樞密院右承宣 禮部侍郞 寶文閣直學士이며, 아버지 해垓는 옛 이름이 세방世芳으로 추밀원부사 우산기상시樞密院副使 右散騎常侍이다. 해는 경원이씨慶源李氏와 결혼하였는데, 아버지 장長은 용호군상장군龍虎軍上將軍이다.

부인은 나이가 몇 살이 되자 이씨李氏와 결혼하였는데, 강양江陽[3] 출신으로 이름은 덕손德孫[4]이나, 뒤에 첩帖으로 이름을 고쳤다. 무릇 중앙과 지방에서 거치는 관직마다 명성과 공적이 많았고, 관직이 지도첨의부사知都僉議府事에 이르렀다. 나이가 들어 찬성사贊成事 관직으로 은퇴하고 세상을 떠나니, 시호를 장숙공莊淑公이라고 하였다. 아버지 순목淳牧[5]은 우복야 한림학사승지右僕射 翰林學士承旨로 예전의 이름난 선비였다. 유씨庾氏

---

1) 지금의 전라북도 고창군 무장면으로, 고려시대에는 영광군의 속현이었다(『고려사』 권57 지리지2 전라도 나주목 영광군 무송현).

2) 「유경현 묘지명」, 김용선 편, 『집성』, 364쪽.

3) 「이덕손 묘지명」에는 이덕손의 본관이 합주라고 하였다(「이덕손 묘지명」, 김용선 편, 『집성』, 413쪽). 대량주군을 신라 경덕왕이 강양군으로 고치고 고려 현종 때에 합주로 승격시켰다(『고려사』 권57 지리지2 경상도 진주목 합주). 지금의 경상남도 합천군이다.

4) 「이덕손 묘지명」, 김용선 편, 『집성』, 413~414쪽 및 『고려사』 권123 폐행전1 권의부 이덕손.

5) 『고려사』 권102 열전 이순목.

와 이씨李氏 양 집안은 모두 지위가 높고 이름이 드러나니, 세상에서 말하는 이른바 첫째 둘째로 꼽히는 가문[갑을甲乙]이다.

부인의 품성은 부드럽고 고요하였으며, 남편을 섬기는 직분을 순종으로써 하여 능히 아내의 도리를 다하였다. 그러므로 이씨가 능히 부귀를 지키면서도 위태롭거나 정도에 지나친 일이 없었던 것은 부인이 도왔기 때문에 가능한 것이었다. 이씨가 작고한 뒤 □□(홀로?) 26년을 사는 동안 항상 불교[선납善納]를 수행하는 것을 일로 삼았다.

부인은 1남 1녀를 낳았다.

아들 설偰은 지금 중대광 첨의찬성사 상호군重大匡 僉議贊成事 上護軍이다. 예성[6]지씨蘂城池氏에게 장가들었는데, 아버지 윤보允輔는 지첨의부사知僉議府事로 은퇴하고 시호가 장렬공莊烈公이다. 자녀 두 명을 낳았는데, 아들은 장군이 되었고 딸은 □과 결혼하였다.

딸은 여량[7]송씨礪良宋氏인 인璘에게 시집갔는데, 밀직사지신사 국학대사성密直司知申事 國學大司成을 지냈으나 먼저 작고하였다. (인의) 아버지 분玢은 첨의중찬僉議中贊으로 사망했는데, 또한 삼한의 뛰어난 집안[삼한화종三韓華宗]이다. (이 딸은) 자녀 일곱 명을 낳았는데, 아들은 네 명으로 가르침을 따르고 있고, 딸 세 명은 부녀자의 도리를 따르고 있다.

---

6) 고려시대에 충주목(지금의 충청북도 충주시)을 예성이라고 부르기도 했다(『고려사』 권56 지리지1 양광도 충주목).

7) 지금의 전라북도 익산시 여산면 일대로, 고려시대에는 전주목의 속현이었다(『고려사』 권57 지리지2 전라도 전주목 여량현).

부인은 처음 무송군茂松郡[부인夫人]에 봉해졌는데, 아들이 귀해졌기 때문에 거듭 봉하여져서 [무송군]대부인大夫人이 되었다. 따뜻한 정으로 가르치니 설偰도 자못 부지런하였다. 서원誓願을 내어서 대덕산大德山[8] 동쪽 기슭의 선영先塋 곁에 선적사禪寂寺라는 원찰願刹 하나를 짓고, 명복과 복을 비는 제사를 지낸 지 이미 몇 년이 지났다.

부인은

【뒷면】

나이 80세인 태정泰定[9] 3년 병인년(충숙 13, 1326) 9월에 병이 들었다. 28일이 되자 목욕하고 옷을 갈아입은 다음, 중을 불러 머리를 깎고 목진目眞이라고 이름을 지었다. 10월 7일에 정원리正元里의 집에서 돌아가셨는데, 편안하게 가시니 옆에서 모시는 자도 알지 못하였다. 11월 14일에 남편인 장숙공莊淑公의 무덤 곁에 장례지냈다.[10] 큰아들 상공相公과 내가 모두 문정공文靖公의 문하 출신으로 서로 벗이 된 지 이미 오래되었으므로, 묘지명을 지어줄 것을 부탁하여 왔다.

명(銘)하여 이른다.

유씨는 본래 으뜸가는 집안으로
뛰[illegible] 인물이 대를 이었는데
이씨[[illegible][11]]에게 시집가니

---

8) 개경 동쪽에 있는 산([illegible] 묘지명」, 김용선 편, 『집성』, 52쪽 참고).
9) 원 진종의 연호(1324~1[illegible]27).
10) 이덕손의 묘는 대덕산 옥동의 동쪽 기슭에 있었다(「이덕손 묘지명」, 김용선 편, 『집성』, 413쪽).

집안에 어진 부인이 생겼도다
찬성贊成의 좋은 짝이 되고
찬성의 어진 어머니가 되어
어머니로서의 법도가 위엄이 있으며
자식의 효성스러움 또한 짝을 찾을 수가 없도다
하늘 또한 장수를 허락하여
구구九九년[12]의 수壽를 누렸으니
어머니와 아들을
삼한의 으뜸이라 칭송하도다
단단한 돌에 새겨
영원토록 전하고자 하노라

삼한국대부인三韓國大夫人에 추봉되었다.

해 제

「이덕손 처 유씨李德孫 妻 庾氏 묘지명」은 가로 34cm, 세로 48cm의 장방형을 기본으로 하되, 지석 좌우의 상단부 모서리를 조금씩 잘라낸 형태를 취하고 있다. 지석의 앞뒷면 모두 가장자리에 얇은 선을 두르고, 그 안에 앞면은 12행, 뒷면은 7행에 걸쳐 해서체로 글자를 새겼다. 행을 구분하는 선은 그어져 있지 않으며, 각 행당 글자수도 31～35자 내외로 일정하지 않다. 또 앞면 윗부분에는 7자, 뒷면 윗부분에는 11자의 제액題額이 범어梵語로 쓰여 있으나 판독하기가 어려우며, 앞면

11) 중국 甘肅省 隴西縣 서남쪽에 있던 현인데, 고려시대의 이씨들은 이 지명을 그들의 출신지로 자주 표기하였다.

12) 九九는 81로, 여기서는 80세를 전후한 나이를 말한다.

하단 중간 부분의 몇 글자는 지석이 깨어진 탓에 읽을 수 없는 곳도 있다. 묘지명을 지은이의 이름도 적혀져 있지 않다.

유씨부인庾氏夫人은 무송현茂松縣(지금의 전라북도 고창군 무장면) 출신으로, 고종 34년(1247)에 태어났다. 증조부는 좌복야 한림학사승지인 경현敬玄, 조부는 추밀원우승선인 홍弘, 아버지는 추밀원부사인 해垓(옛 이름은 세방世芳)이고, 어머니는 경원이씨慶源李氏 출신으로 용호군상장군을 지낸 이장李長의 딸이다. 이 중 유해나 유홍에 관한 다른 기록은 거의 찾아볼 수 없으나, 증조부인 유경현은 자신의 묘지명[13]과 아울러『고려사』등에 몇 개의 기록을 남겼다. 유씨부인의 동생인 유자우庾自偶(1260~1313)의 묘지명도 남아있다.[14]

이들 기록에 의하면, 무송유씨는 고려 태조의 개국공신인 유금필庾黔弼의 후예로 무송현의 재지세력이었다가 상경하여 중앙귀족이 되었는데, 특히 숙종 때 참지정사를 지낸 유녹숭庾祿崇, 의종의 배향공신이 된 유필庾弼 등의 활약으로 가세가 크게 일어났다. 유필의 아들인 유자량庾資諒은 상서좌복야에 올랐으며, 부인의 고조부가 된다. 부인의 외조부인 이장은 잘 알려진 인물은 아니나, 고려 최고의 문벌로 군림하던 경원이씨 출신이다. 부인보다 13살 아래인 유자우는 횡천조씨橫川趙氏 출신인 조변趙忭의 딸과 결혼했는데, 조변은 고종 때 거란의 침입을 물리친 조충趙冲의 아들이기도 하다. 이렇게 보면 이 무송유씨 가문은 당시 고려사회에서 나름대로 명문으로 행세하고 있었다고 보아도 좋을 것이다.[15]

---

13) 「유경현 묘지명」, 김용선 편, 『집성』, 364~365쪽.

14) 「유자우 묘지명」, 김용선 편, 『집성』, 429~431쪽.

15) 박용운, 「고려시대 무송유씨가문 분석」, 『고려사회와 문벌귀족가문』, 경인문화사, 2003, 341~369쪽. 단, 박용운은 평산유씨가 유금필의 후예이며, 무송유씨는 평산유씨와는 계파를 달리한다고 보고 있다.

부인은 이덕손李德孫(뒤에 첨帖으로 개명)과 결혼하였다. 본관이 합주陜州(강양江陽)[16]인 이덕손은 자신의 묘지명과 함께 『고려사』에 열전을 남기고 있으며,[17] 그의 아버지인 이순목李淳牧도 『고려사』에 열전이 실려 있다.[18] 이에 의하면, 이 가문은 원래 합주의 향리였는데, 그 주州의 사호司戶였던 이익단李益端의 아들인 이순목이 최충헌 집권기에 과거에 급제함으로써 중앙의 귀족 신분으로 편입되었다. 시를 잘 짓고 특히 주필走筆로 이름을 떨친 이순목은 최이崔怡의 총애를 받으면서 판비서성사에 오르고, 최항崔沆의 스승이 되었다가 상서좌복야로 사망하였다. 그는 5명의 아들을 두었는데, 이 중 신손信孫은 삼별초가 난을 일으켜 승화후 온承化侯 溫을 왕으로 추대하자 그 아래에서 좌우승선으로 임명되었다가 삼별초 정부가 제주도로 들어가던 중에 탈출하여 중앙조정으로 돌아온 뒤 판사에 오른 특이한 경력이 있고,[19] 의손義孫은 소부소감 등을 거쳐 판사에 올랐다.[20] 이러한 기록을 보면 이 합주이씨 가문은 무인정권기에 갑자기 융성해진 가문이라고 할 수 있다.

형제 중 막내였던 이덕손은 고종 28년(1241)에 태어났다. 그의 입사경로는 알 수 없으나, 젊은 나이에 군郡의 수령이 되었고, 원종 9년(1268)에 유경柳璥 등이 김준金俊을 제거할 때 공을 세웠다. 이후 충렬왕 때에는 감찰잡단, 경상·충청·전라 3도 안찰사, 서북면지휘사, 응양군상장군 등을 거쳐 찬성사로 치사한 뒤 충렬왕 27년(1301)[21]에 61세로

16) 이 묘지명에는 이덕손의 본관이 江陽이라고 하였으나, 「이덕손 묘지명」과 『고려사』 이순목전에는 본관이 陜州라고 되어 있다.

17) 「이덕손 묘지명」, 김용선 편, 『집성』, 413쪽 및 『고려사』 권123 폐행전1 권의 부 이덕손.

18) 『고려사』 권102 열전 이순목.

19) 『고려사』 권130 반역전4 배중손 및 위의 『고려사』 권102 열전 이순목.

20) 『고려사』 권27 세가 원종 14년 11월 기해 및 위의 『고려사』 권102 열전 이순목.

21) 『고려사』 이덕손전에는 그가 충렬왕 26년에 사망했다고 적혀 있으나, 27년의 잘못이다. 『고려사』 권32 세가 충렬왕 27년 7월 조, 『고려사절요』 권22 충렬왕 27년 7월 조와 「이덕손 묘지명」에는 모두 그가 27년 7월에 사망했다고 적혀 있다.

사망하자 장숙공莊淑公이라는 시호를 받았다. 그는 특히 충렬왕 5년(1279)에 동경유수로 재직할 당시 일본원정 길에 나선 국왕이 동경을 지나게 되자 그 경비와 물품을 잘 조달하여 동경부윤으로 승진하였고, 뒤에 경상도왕지별감慶尙道王旨別監이 되었을 때에도 왕의 총애를 받아 위위윤에 올랐다. 그러나 지방관으로 재직하는 동안 백성들을 지나치게 수탈하였다는 비난을 얻었는데,22) 『고려사』 편찬자들도 이 일을 부정적으로 평가하였는지 그의 전기를 폐행전嬖行傳에 실었다.

부인이 이덕손과 결혼한 시기는 알 수 없다. 또 6년 연상이던 남편과의 부부생활이 어떠했는지를 보여주는 구체적이 기록은 없다. 단지 부인의 묘지명에 적힌 '(남편이) 능히 부귀를 지키면서도 위태롭거나 정도에 지나친 일이 없었던 것은 부인이 도왔기 때문에 가능한 것이었다'라는 짧은 구절을 통해, 가정이나 친족집단 내에서의 부인의 내조나 활동을 함축적으로 짐작할 수 있지 않을까 한다.

부인은 1남 1녀를 두었다. 장남 설偰은 첨의찬성사에 올랐으며, 충주지씨忠州池氏인 장렬공莊烈公 지윤보池允輔의 딸과 결혼하여 1남 1녀를 낳았다. 딸은 여량송씨礪良宋氏인 첨의중찬 송분宋玢의 아들인 송린宋璘과 결혼하여 4남 3녀를 낳았다. 이 묘지명에는 사위 송린이 딸보다 먼저 작고하였다고 적었는데, 『고려사』는 송린의 죽음과 관련하여 다소 복잡한 내용을 전해 준다. 즉, 당시 충렬왕과 충선왕 부자간의 갈등과 함께 신료들의 대립도 격화되자, 충렬왕파인 송분·송린 부자는 왕위에서 물러난 충선왕의 왕비인 계국대장공주를 개가시키려는 모의에 적극 가담하였다. 이에 대해 이설은 매서妹壻인 송린에게 편지를 보내 '원컨대 국왕 부자가 처음과 같이 되도록 노력하고, 사람들의 잘못된 말을 두려워하여 스스로를 그르치지 말라'라고 충고를 하였

22) 『고려사절요』 권22 충렬왕 27년 7월의 이덕손의 사망 기사에도 이러한 사실이 언급되어 있다.

다.[23] 그러나 충렬왕 33년(1307) 4월에 원에 있던 충선왕이 정치적 권력을 다시 잡게 되자, 결국 송분은 유배를 가고 송린은 처형되고 말았다.[24] 그 뒤에 이 편지를 본 충선왕은 이설의 충직함을 가상하게 여기고 밀직부사직을 주었다고 한다.[25]

송린이 처형될 때 유씨부인은 61세였다. 그보다 5년 전에 남편을 사별한 뒤부터 부인은 불교를 깊이 믿었는데, 아들 설이 대덕산大德山 선영 곁에 선적사禪寂寺라는 원찰願刹을 세워주자 여러 해 동안 명복을 비는 제사를 지내왔다. 홀로 사는 동안, 아들의 출세를 기뻐해야 하는 한편으로 사위의 비극적인 죽음과 딸의 불행을 겪으면서 부인의 신앙심은 더욱 깊어졌을 것이다. 그러다가 80세가 되던 해 9월 28일에 병이 든 부인은 중을 불러 머리를 깎고 목진目眞이라는 법호를 받았다. 아마도 평소에 그리 원하였을 출가의 소망을 마침내 이룬 것이리라. 그 뒤 부인이 10월 7일에 집에서 사망하자, 나라에서는 무송군부인茂松郡大夫人이던 부인을 삼한국대부인三韓國大夫人으로 추봉하였다. 그리고 11월 14일에 대덕산의 남편 무덤 곁에 부인을 장례지냈다.

이렇게 부인의 생애를 정리해 보면, 이 묘지명은 고려 무인정권기 아래 가문을 번성시켜가던 가계의 구체적인 모습과, 고려 후기 원과의 관계 속에서 새로운 정치질서를 수립하고자 애쓰던 지식인 사회에서 여성은 어떻게 살아갔는가를 보여주는 좋은 자료가 된다고 평가할 수 있다.

---

23) 『고려사』 권123 폐행전1 권의 부 이덕손.

24) 이에 대한 자세한 내용은 김성준, 「고려후기 원공주출신왕비의 정치적 지위」, 『한국중세정치법제사연구』, 일조각, 1985, 170~185쪽 참고.

25) 『고려사』 권123 폐행전1 권의 부 이덕손.

| 참 고 |

·「무송군대부인 유씨 묘지명」,『고려·조선 묘지 신자료』, 한국사료총서 50, 국사편찬위원회, 2006.
· 김용선,「재소개: 오준·김순·이덕손 처 유씨 묘지명」,『한국중세사연구』44, 한국중세사학회, 2016.

26. 정포鄭誧 묘지명

소재: 경상남도 진주시 토지주택박물관

연대: 충목왕 1년(원 지정 5년, 1345)

판독문

(1) 左司議大夫鄭君墓銘(篆書題額)

(2) 大元高麗國故中正大夫左司議大夫藝文館直提學知製敎鄭君墓誌銘

(3) 前匡靖大夫開城尹寶文閣大提學上護軍安　震　撰

(4) 君諱誧字仲孚姓鄭氏淸州人也曾祖諱僨監察御史祖諱瑎都僉議贊成[事]

(5) 延英殿大司學謚章敬父諱幘大匡淸河君母夫人金氏兩國都元帥[推]忠[靖]

(6) 難定遠功臣都僉議中贊上洛公謚忠烈諱方慶之孫判三司事寶文閣大提

(7) □上洛君謚文英諱恂之女也祖宗功烈並光於國史君生閥閱不以紈綺□

(8) 意喜隨韋布講隸經史登進士第初調備巡衛錄事歷典儀直長藝文修撰□

(9) 忠肅王愛其材授左思補俾委銓選加奉善大夫成均司藝及

(10) 永陵襲位除典校副令尋知通州事不行累遷至左司議大夫進階中正皆□

(11) 知製敎以直言行其志爲執政所惡由是罷職未幾出爲蔚州然無慍色務□

(12) 利懲姦暴其治有古廉吏風去郡之日民無老幼欄道哭立行路□爲流涕至

(13) 正甲申春隨其舅都僉議叅理崔公文度入賀

(14) 聖節因□京師盖欲觀天下文物也至乙酉秋七月十四日以疾終于旅舍年

(15) 三十七國人聞者□□□之君資恭謹睦於族姻信於朋友凡莅官處晝必□

(16) 詳其□與筆妙絶一時若保天年功業可量哉有子六人男仁藩德寧府寶凬

(17) 陪行首次男仁翰未仕女適德寧府注簿元松壽餘皆幼逮九月仁翰侍君□

(18) 喪歸取其月二十四日甲辰葬于天和寺之東岡注簿請銘予知君熟故不辞

(19) 銘曰

(20) 學以成質　仕惟盡忠　旣秀而實　胡不克終

(21) 德有餘兮　爵齒不足　當流慶兮　子孫享□

(22) 至正五年乙酉九月　日書丹

역주

좌사의대부左司議大夫 **정군**鄭君 **묘명**墓銘〈전서 제액〉

대원 고려국大元 高麗國**의 돌아가신 중정대부 좌사의대부 예문관직제학 지제교**中正大夫 左司議大夫 藝文館直提學 知製敎 **정군**鄭君 **묘지명**墓誌銘

전 광정대부 개성윤 보문각대제학 상호군前 匡靖大夫 開城尹 寶文閣大提學 上護軍 안진安震이 지음

군의 이름은 포誧이고, 자字는 중부仲孚이며, 성은 정씨鄭氏이니, 청주淸州 사람이다. 증조 현儇은 감찰어사監察御史이고, 조부 해瑎[1]는 도첨의찬성사 연영전대사학都僉議贊成事 延英殿大司學이자 시호가 장경章敬이며, 아버지 책幘은 대광 청하군大匡 淸河君이다. 어머니 부인 김씨夫人 金氏는 양국도원수 추충정난원정공신 도첨의중찬 상락공兩國都元帥 推忠定難遠定功臣 都僉議中贊 上洛公이고 시호가 충렬忠烈인 방경方慶[2]의 손녀이자 판삼사사 보문각대제학 상락군判三司事 寶文閣大提學 上洛君이고 시호가 문영文英인 순恂[3]의 딸이니, 조종祖宗의 찬란한 공적은 나란히 국사國史에 빛나고 있다.

군은 벌열閥閱에서 태어났으나 부귀富貴로써 뜻을 □하지 않고 가난한 선비들을 따라 경사經史를 공부하는 것을 즐겨하였다. 진사제進士第에 합격하자[4] 처음 비순위녹사備巡衛錄事가 되고

1) 『고려사』 권106 열전 정해.

2) 「김방경 묘지명」, 김용선 편, 『집성』, 406~409쪽 및 『고려사』 권104 열전 김방경.

3) 「김순 묘지명」, 김용선 편, 『집성』, 439~442쪽(이 책, 201~222쪽) 및 『고려사』 권104 열전 김방경 부 순.

전의직장典儀直長 예문수찬藝文修撰을 역임하였는데, □ 충숙왕이 그 재능을 아껴서 좌사보左思補를 제수하고 전선銓選을 맡겼다. 봉선대부奉善大夫와 성균사예成均司藝를 거쳐 영릉永陵(충혜왕)이 즉위하자 전교부령典敎副令을 제수하고 곧 지통주[5]사知通州事가 되었으나 부임하지 않았다. 거듭하여 좌사의대부左司議大夫에 이르고 계階는 중정中正에 오르면서 모두 지제교知製敎를 □(겸兼?)하였는데, 직언直言으로서 그 뜻을 행하니 집정執政이 미워한 까닭에 파직되었다. 얼마 뒤에 울주蔚州의 지방관으로 나갔으나 노여워하는 기색이 없이 □에 힘쓰고 간악하고 흉포한 무리들을 날카롭게 징벌하니 그 다스림에 옛날의 청렴한 관리의 풍모가 있었다. 고을을 떠나는 날 노인과 어린아이를 막론하고 백성들이 길 가장자리에 통곡하며 서서 행로行路를 □하니 눈물을 흘렸다.

지정至正[6] 갑신년(충목왕 즉위년, 1344) 봄에 장인인 도첨의참리都僉議叅理 최문도崔文度[7]공을 따라 성절聖節을 축하하는 사절에 끼어 □ 경사京師에 들어갔다.[8] 대개 천하의 문물을 관람하고자

4) 『고려사』에는 그가 18세에 과거에 합격했다고 하였는데(『고려사』 권106 열전 정해 부 포), 이 해는 충숙왕 13년(1326)에 해당한다. 이 해에 치러진 과거의 지공거는 權準과 동지공거는 朴瑗이었다(『고려사』 권73 선거지1 과목1 선장 충숙왕 13년 조 및 아래의 역주 11) 참고).

5) 지금의 강원도 통천군에 해당하는데, 고려 충렬왕 11년에 금양현을 통주방어사로 승격시켰다(『고려사』 권58 지리지3 동계 금양현).

6) 원 순제의 연호(1341~1367).

7) 「최문도 묘지명」, 김용선 편, 『집성』, 527~528쪽 및 『고려사』 권108 열전 최성지 부 문도.

8) 최문도 일행이 원에 간 것은 충목왕 즉위년 3월이다(『고려사』 권37 세가 충목왕 즉위년 3월 계묘).

함이었는데, 을유년(충목왕 1, 1345) 7월 14일에 질병으로 여사旅舍에서 사망하니 37세였다. 나라사람들로 듣는 이들이 □□□하였다.

군은 자질이 공손하고 부지런하였으며 친족들과 화목하였고 친구들과도 신의가 있었다. 무릇 관직에 있으면서 계획을 반드시 □ 상세하게 하고 그 □ 무성함이 한 때에 절묘하니, 마치 천수天壽를 누리며 공업功業을 이룰 만한 기량이 있었던 것이 아닌가.

자녀 6명을 두었으니, 장남 인번仁藩은 덕령부 보마배행수德寧府 寶馬陪行首이고, 차남 인한仁翰은 아직 벼슬하지 않았다. 딸은 덕령부주부德寧府注簿 원송수元松壽에게 시집갔는데, 나머지는 모두 어리다.

9월에 인한이 군의 □상□喪을 모시고 돌아오니, 그 달 24일 갑진일에 천화사天和寺의 동쪽 언덕에 장례를 지내면서 나에게 명銘을 청하였다. 나는 군을 잘 알기 때문에 사양하지 못하고, 명銘을 짓는다.

> 학문으로 바탕을 이루고
> 벼슬하면서는 오직 충성을 다하였으니
> 이미 빼어나 결실을 맺어야 하는데
> 어찌 수壽를 누리지 못하였는가
> 덕德은 넉넉하나
> 관직과 나이가 채워지지 않았으니
> 마땅히 경사慶事가 이어져
> 자손들이 □을 누리리라

지정至正 5년 을유년(충목왕 1, 1345) 9월 일에 새긴다

해 제

「정포鄭誧 묘지명」은 가로 50.4cm 세로 69.0cm인데, 윗 모서리 양변의 모를 줄인 장방형의 형태를 하고 있다. 지석에는 테두리 선을 둘렀으며 윗 부분에는 전서篆書로 제액題額이 쓰여 있고, 전문 22행은 해서체로 균일한 크기와 간격으로 쓰여 있다. 그러나 하단부 마지막 글자 부분은 대부분 지워져 있어서 읽기가 어렵고, 본문 중에도 결락된 부분이 몇 군데 있다.

정포(충선왕 1~충목왕 1: 1309~1345)는 『고려사』에 조부인 정해鄭瑎의 전기에 함께 附傳되어 있는데,[9] 이와 함께 묘지명의 내용을 검토하면 다음과 같다.

그는 청주淸州 출신으로, 증조 현儇은 감찰어사를, 조부 해瑎는 도첨의찬성사를 지내고 장경章敬이라는 시호를 받았으며, 아버지 책幘은 대광大匡을 지내고 청하군淸河君에 봉군되었다. 어머니 김씨는 안동김씨 가문인 김방경金方慶의 손녀이자 문영공文英公 김순金恂의 딸이다.[10] 이렇듯 정포는 친가와 외가가 모두 고려후기의 대표적인 벌족인 가문에서 탄생하였다.

묘지명 기록에는 그가 을유년(충목왕 1, 1345)에 37세로 사망하였다고 하는데, 이를 토대로 태어난 해를 역산해 보면 충선왕 1년(1309)이 된다. 짧은 생애를 살았던 만큼 묘지명에 적힌 내용도 그다지 풍부하지는 않다. 그가 과거에 합격한 해도 묘지명에는 적혀져 있지 않으나, 『고려사』에는 그가 18세 때라고 밝혔는데 바로 충숙왕 13년(1326)에 해당한다.[11] 그는 비순위녹사를 첫 관직으로 받은 뒤, 예문관수찬이 되

9) 『고려사』 권106 열전 정해 부 포.

10) 김순은 4남 3녀를 두었는데, 이 딸은 그의 장녀이다(「김순 묘지명」, 김용선 편, 『집성』, 441쪽 및 이 책, 203쪽).

11) 충숙왕 13년에 치러진 이 과거의 시험관은 權準과 朴瑗이었으며, 정포 이외에 崔元

어 표문을 가지고 원에 가다가 중도에 귀국하던 충숙왕을 만났는데, 왕이 그의 재주를 아껴서 머물게 하고 자신을 수종하게 하였다고 한다.[12] 귀국 후 충숙왕은 좌사보 관직과 함께 전선銓選을 맡기고 또 성균사예에 임명하였다. 충혜왕[영릉永陵]이 즉위한 뒤에는 전교부령, 좌사의대부 등을 거쳤으나 직언直言 등으로 당시의 집권자에게 미움을 받아 파직되었다가 울주蔚州의 지방관으로 나가가기도 하였다. 그 뒤 충목왕 즉위년(지정 갑신, 1344)에 장인인 최문도崔文度를 따라 하성절사賀聖節使로 원에 갔다가,[13] 그 이듬해인 충목왕 1년(을유, 1345) 7월에 연도燕都에서 37세의 나이로 사망하였다.

황제의 생일을 축하하는 사절인 하성절사는 매년 해당시기에 파견되는 것이 원칙이었다. 예컨대 충목왕 즉위년 3월의 최문도 일행에 이어 그 이듬해 3월에도 고려는 권겸權謙 등을 하성절사로 보냈다.[14] 그러므로 그 사절단도 특별한 경우가 아니라면 현지에 오래 체류하지 않는 것이 관례였을 것이다. 그런데 정포는 바로 귀국하지 않고, 그 이듬해까지 원의 수도에 머무르고 있었다는 사실이 주목된다. 이와 관련하여 『고려사』에는 그가 집권자의 미움을 사서 파직되었는데, 형 정오鄭頫와 함께 중국으로 달아나 국왕의 동생을 도우려 한다는 참소를 받아 다시 울주(지금의 울산광역시)로 좌천되자, 겉으로는 태연한 척하면서도 '대장부가 어찌 능히 답답하게 한 구석에서 지낼 것인가'라고 하면서 원에서 벼슬할 생각을 가지고 있었다고 하였다.[15] 그러다가

遇·李挺·李仁復·李達衷·金臺卿 등 33명이 합격한 것으로 추정된다(『고려사』 권73 선거지1 과목 1 선장 충숙왕 13년 조 및 박용운, 『고려시대 음서제와 과거제연구』, 일지사, 1990, 461~462쪽).

12) 『고려사』 권106 열전 정해 부 포.

13) 이 해 3월에 王煦와 崔文度가 聖節을 축하하러 원으로 갔다(『고려사』 권37 세가 충목왕 즉위년 3월 계묘).

14) 『고려사』 권37 세가 충목왕 원년 3월 정유.

마침 장인인 최문도의 사절단에 합류하는 기회를 얻게 되었던 것이다. 『고려사』에는 원에 들어간 그를 승상丞相 별가불화別哥不花가 총애하여 황제에게 추천하려 하였으나 병을 얻어 사망하였다고 하였다. 꿈이 막 실현되려던 순간에 이국땅에서 급작스러운 죽음을 맞이하게 된 것이다. 정포가 충목왕 1년 7월에 중국에서 사망하자, 그 해 9월에 차남 인한仁翰이 유해를 모시고 돌아와 천화사天和寺 동쪽 언덕에 상례 지내면서, 묘지명을 안진安震이 지었다.

그는 최문도의 큰 딸과 결혼하여[16] 6명의 자녀를 낳았는데, 묘지명에는 장남 인번仁藩과 차남 인한仁翰 및 사위 원송수元松壽의 이름만 나와 있고, 나머지 자녀는 모두 어리다고 하였다. 그러나 『고려사』에는 정포의 전기에 이어 그의 아들인 정공권鄭公權의 전기가 실려 있어서, 아들 한 명의 이름을 더 확인할 수 있다.[17] 정공권(초명은 추樞)은 공민왕 초에 과거에 급제한 뒤 간관이 되어 신돈을 탄핵하다가 고초를 겪다가 복직되었으며, 우왕 때에 공신칭호를 받았다.

정포는 글을 잘 짓고 글씨도 잘 썼다고 하는데, 그의 문집인 『설곡집雪谷集』[18]이 지금 전해지고 있다. 그러나 자신의 뜻을 펼칠 수 없는 고려사회를 벗어나 중국에서 출세를 꿈꾸다가 37세라는 짧은 생애를 마친 탓인지, 그의 묘지명 내용은 비교적 소략하다. 『고려사』 등에 실린 기록도 마찬가지로 짧기는 하지만, 두 기록을 보완하면서 대조해 보면 그의 활약상이나 내면세계를 좀더 자세하게 살펴볼 수 있다. 이러한 점에서 이 묘지명은 고려후기의 혼란기를 살다간 한 지식인이

15) 『고려사』 권106 열전 정해 부 포. 정포가 지지했던 국왕의 동생은 충목왕에 이어 즉위한 충정왕이 아닌가 짐작된다. 충정왕 저㬋는 충혜왕의 서자로 충목왕의 이복동생이다.

16) 「최문도 묘지명」에는 정포가 최문도의 맏사위라고 되어있다(김용선 편, 『집성』, 527쪽).

17) 『고려사』 권106 열전 정해 부 공권.

18) 정포의 8대손인 鄭逑가 1609년에 중간한 『西原世稿』 중에 실린 『설곡집』(2권)이 현재 전해지고 있다(『설곡집』, 『한국문집총간』 3, 민족문화추진회, 1996, 243~264쪽).

고뇌하는 모습을 보여준다는 점에서 의의를 갖는 자료라고 할 수 있을 것이다.

▌참 고▐

· 『고려사』 권106 열전 정해 부 포.
· 김용선, 「새 고려묘지명 7점, 『사학연구』 100, 한국사학회, 2010.

27. 박충좌朴忠佐 묘지명

소재: 미상

연대: 충정왕 1년(원 지정 9년, 1349)

판독문

(1) 文齊公墓誌(題額)

(2) 大元高麗國純誠輔德協贊功臣三重大匡咸陽府院君贈謚文齊公朴公墓誌銘幷敍

(3) 　　　勅授將仕郎匡靖大夫檢校都僉議叅理藝文館大提學知春秋館事上護軍安山君安　震 撰

(4) 公諱冲佐字子華姓朴氏咸陽郡人也曾王父諱臣蕤大府卿致仕王父諱之彬衛尉尹致仕生四子登第一代罕

(5) 倫其長曰莊宬有名官至軍簿捴郎是爲公父母夫人李氏政堂文學諱尊庇之女公遵內外家訓幼而好學中南省

(6) 試入太學才貌出羣初拜惠民局判官登癸丑年第爲賀□□□官朝京師

(7) 忠宣王□其位寓都下公常隨從□　忠宣王于(?)視瀋王暠爲王師傅公從忠義不阿附故竟　無非議五遷爲興福都

(8) 監判官知製敎按部全羅道事有使怨(?)必力爲有嬖人私受　內旨以良民爲賤公堅執不許遂讒公曰按部不敬　王旨棄如

(9) 弊紙宜加責讓　上大怒遣使者於全州流海島一方皆拊心泣血而(?)後(?)召還除監察持平移病不出入除典校寺又遷通礼門

(10) 副使藝文應敎使監塩稅慶尙道三辭本職不就尋移內書舍人直寶文閣出按楊廣道未朞還之司議大夫又按慶尙道

(11) 其觀風三道盖因前日爲民受命歷判小府典校二寺事除密直提學
又□開城尹至正甲申授都僉議贊成事爲　王師傅朝夕納誨
(12) 是冬掌試春闈得河乙沚等三十三人再遷弘文館大提學監春秋館
事判軍簿司事加純誠輔德協贊功臣三重大匡判三司事封咸
(13) 陽府院君公嘗疾病徙其所大華嚴宗都僧統□峰方丈要以法喜意
□□愈返其私第□而病早卒盖己丑秋(?)七月十八日也享
(14) 年六十三卜九月癸酉葬于栗村□□公娶韓氏密直副使致仕諱安
之女封漢陽郡夫人生男女七人男曰玿爲典儀錄事先歿次曰珽
(15) 永福都監判官次曰瓊軍簿判書次曰璠郎將次曰璵衛尉注簿女適
內侍崔自敬夫沒落髮爲尼適千牛衛錄事叅軍事洪有龍公
(16) 資溫厚而儉睦於族親信於朋友雖自判官至府院君不□(?)起居室
無丹雘衣不知美号其所寓曰恥菴上嘗重公儼慤無私俾
(17) 莅軍簿之職公辨其東西各(?)將勤怠賢不肖爲黜陟其愜衆望於是
諸領府數十人各出布納於佛寺欲爲公長年祝禧公聞之
(18) 曰爲政善不得係　王恩若如此重吾不德所致之以其布施諸困窮
後又□□□祈堂題品東西衆官臧否欲遏奔競時公已嬰罹
(19) 羸不能策略薨曰國人惜之震與公□□姑座□之銘曰　詞謙說儼
心和志剛　有德不好　惟君子常　胡不眉壽
(20) 吁嗟彼蒼　啓心納忠　吾君一心　推恩人民　己閏七逝　銘以
紀德　子孫其保
(21) 至正九年己丑九月日

역주

문제공文齊公 **묘지**墓誌(제액)

대원 고려국 순성보덕협찬공신 삼중대광 함양부원군大元 高麗國 純誠輔德協贊功臣 三重大匡 咸陽府院君**으로 시호가 문제공**文齊公**으로 추증된 박공**朴公 **묘지명과 서문**

칙수 장사랑 광정대부 검교도첨의참리 예문관대제학 지춘추관사 상호군勅授 將仕郞 匡靖大夫 檢校都僉議叅理 藝文館大提學 知春秋館事 上護軍 안산군安山君 안진安震이 지음.

공의 이름은 충좌冲佐[1]이고, 자는 자화子華이며, 성은 박씨朴氏로, 함양군咸陽郡[2] 사람이다. 증조부 신유臣蕤는 대부경大府卿으로 벼슬에서 물러나 은퇴하였다. 조부 지빈之彬은 위위윤衛尉尹으로 벼슬에서 물러나 은퇴하였는데, 네 아들이 과거에 합격하니 당대의 드문 일이었다.[3] 그 장남은 장莊으로 가장 이름을 날려 벼슬이 군부총랑軍簿摠郞에 이르렀으니, 바로 공의 아버지이다. 어머니 이씨부인李氏夫人은 정당문학政堂文學인 존비尊庇의 딸이다.[4]

공은 친가와 외가의 가르침을 받들어 어려서부터 배우기를 좋아하였다. 남성시南省試에 합격하여 태학太學에 들어가니 재

---

1) 『고려사』 권109 열전 박충좌를 비롯하여 『고려사』나 『고려사절요』 등의 사서에는 그의 이름이 忠佐라고 되어 있다.

2) 고려시대에 경상도 진주목 합주의 속현으로, 원래 含陽이었으나 뒤에 咸陽으로 고쳤다(『고려사』 권 57 지리지2 경상도 진주목 합주 含陽縣). 지금의 경상남도 함양군이다.

3) 네 명의 아들 중에서 朴莊, 朴理, 朴季元의 이름이 밝혀져 있다(이색, 「죽계안씨 삼 형제의 등과를 축하하는 시의 서문」, 『목은문고』 권8 서). 이 중 박이에 대해서는 '(충렬왕) 29년 6월에 밀직사사 金台鉉이 지공거가 되고 비서윤 金祐가 동지공거가 되어 진사를 뽑았는데, 박이 등 33명에게 급제를 주었다.'(『고려사』 권73 선거지1 과목1 선장 충렬왕 29년 6월)라는 기록이 있다.

4) 이존비의 3녀 중 장녀가 朴莊과 결혼하였다(「이존비 묘지명」, 김용선 편, 『집성』, 398쪽).

주와 용모가 무리에서 뛰어났다.

처음 혜민국판관惠民局判官이 되었으나, 계축년(충숙왕 즉위년, 1313) 과거에 합격하여[5] 하□□□관賀□□□官으로 경사京師에 조회하였다.[6] 충선왕忠宣王이 왕위를 □(물려주고?) 수도에 머물고 있었는데,[7] 공은 항상 수종하였다. □ 충선왕이 심왕瀋王 고暠를 돌보게 하면서 왕사부王師傅로 삼았으나, 공은 충과 의를 따르고 아부하지 않았으므로 끝내 비방하는 논의가 없었다.[8]

다섯 번 옮겨서 흥복도감판관 지제교興福都監判官 知製敎가 되고, 전라도 안찰사[전라도 안부全羅道 按部]가 되어서는 일에 원망이 있으면 반드시 힘을 썼다. 폐인嬖人이 있어 사사로이 내지內旨를 받아 양민을 천인으로 삼으려고 하자,[9] 공은 굳게 고집하여 허락하지 않으니, 마침내 공을 참소하여 "안찰사[안부按部]가 임금

5) '(충선왕) 5년 8월에 權漢功이 지공거가 되고 崔誠之가 동지공거가 되어 진사를 뽑았는데, 安震 등 33명에게 급제를 주었다.'(『고려사』 권73 선거지1 과목1 선장 충선왕 5년 8월). 이와 달리 『고려사』 세가에는 충숙왕 즉위년 9월에 이 과거가 시행되었다고 하였고(『고려사』 권34 세가 충숙왕 즉위년 9월 무자), 『고려사절요』에도 이 과거가 9월에 시행되었다고 적혀 있다(『고려사절요』 권23 충선왕 5년 9월 조 기사 참조). 이 해에 과거에 뽑힌 인물 중 안진, 박충좌 이외에 金光載, 李嵒의 이름이 알려져 있다.

6) '(충선왕 5년 9월) 무신에 상호군 朴從龍을 원에 보내 왕위를 이은 것을 사례하였다.'(『고려사』 권34 세가 충숙왕 즉위년 9월 무신)라는 기사와 관련이 있을 것이다. 즉, 앞의 역주와 연결시켜 해석하면, 이 해 9월 1일 무자에 과거에 합격한 박충좌가 그 달 21일 무신에 충숙왕의 즉위를 사례하는 사절단으로 원에 간 것으로 이해된다. 이 해 9월 1일과 21일의 간지에 대해서는 「삭윤표」, 『한국사 연표』, 진단학회, 1959, 80쪽 참고.

7) 충선왕은 재위 5년 3월에 왕위를 물려주자, 맏아들인 江陵大君 燾가 충숙왕으로 즉위하였다.

8) 왕위를 충숙왕에게 물려준 충선왕은 충숙왕 3년에 자신의 심왕의 지위를 조카인 暠에게 넘겨주었다(『고려사』 권34 세가 충숙왕 3년 3월). 그 결과 원 황제의 총애를 받던 심왕 왕고와 충숙왕 사이에 권력 다툼이 벌어져, 심왕을 고려 국왕으로 옹립하자는 움직임이 일어났다.

9) 『고려사』에는 이 폐인의 이름이 朴連이라고 적혀 있다(『고려사』 권109 열전 박충좌).

의 뜻을 받들지 않고 헌 종이처럼 버리니 마땅히 책임을 꾸짖어야 합니다."라고 하였다. 왕이 크게 노하여 사자를 전주全州에 보내어 (공을) 바다의 섬으로 유배를 보내니, 모두 가슴을 두드리면서 피눈물을 흘렸다.10) 그러나 뒤에 소환되어 감찰지평監察持平에 제수되었으나 병이 들어 부임하지 않았다. 전교시典校寺에 제수되었다가 통례문부사 예문응교 경상도감염세사通礼門副使 藝文應敎 使監塩稅慶尙道가 되었는데, 세 번 사양하고 본직에 나가지 않았다. 곧 내서사인 직보문각內書舍人 直寶文閣으로 옮기고, 양광도楊廣道 안찰사가 되어 나갔다가 한 해가 되지 않고 돌아와 사의대부司議大夫가 되고, 또 경상도 안찰사가 되었다. 3도道의 풍속을 다스린 것은 대개 예전에 백성을 위하라는 명령을 받들었기 때문이다. 소부·전교小府·典校 두 관청의 판사判事를 거쳐 밀직제학密直提學에 제수되고, 또 개성윤開城尹에 제수되었다.

지정至正11) 갑신(충목왕 즉위년, 1344)에는 도첨의찬성사都僉議贊成事를 제수받고 왕사부王師傅가 되어 아침저녁으로 가르침을 바쳤고, 이해 겨울에는 과거[춘위春闈]를 주관하여 하을지河乙沚 등 33명을 뽑았다.12) 다시 홍문관대제학 감춘추관사 판군부사사弘文館大提學 監春秋館事 判軍簿司事로 옮기고 순성보덕협찬공신

10) 이 일은 충숙왕 복위 원년 1월에 일어났으며, 박충좌는 杖刑을 받은 뒤에 海島에 유배되었다(『고려사절요』 권25 충숙왕 복위 원년 1월). 충숙왕이 실제로 복위한 것은 2월이다.

11) 원 순제의 연호(1341~1367).

12) '(충혜왕) 복위 5년(1344, 충목왕 즉위년) 11월에 朴忠佐가 지공거가 되고 李蒨이 동지공거가 되어 진사를 뽑았는데, 河乙沚 등 33명에게 급제를 주었다'(『고려사』 권74 선거지1 과목1 선장 충혜왕 복위 5년 11월 조). 이 해의 과거급제자 중에서 하을지 이외에 安吉常(安吉祥)의 이름이 알려져 있다.

삼중대광 판삼사사純誠輔德協贊功臣 三重大匡 判三司事에 더해지고 함양부원군咸陽府院君에 봉해졌다.

공은 일찍이 병이 들자, 거처를 대화엄종 도승통大華嚴宗 都僧統 □봉□峰의 방장方丈으로 옮기고 법희法喜로 치료하고 □□ 낫기를 바랐으나 사제私第로 돌아와 □ 병으로 일찍 돌아가시니, 대개 기축년(충정왕 1, 1349) 가을 7월 18일로 향년 63세이다. 9월 계유에 율촌栗村 □□에 장례지냈다.[13]

공은 한씨韓氏와 결혼했는데, 밀직부사密直副使로 벼슬에서 물러나 은퇴한 안지安之의 딸로 한양군부인漢陽郡夫人에 봉해졌고, 남녀 7명을 낳았다. 장남 소玿는 전의녹사典儀錄事가 되었는데, 먼저 사망했다. 차남 정珽은 영복도감판관永福都監判官, 3남 경璚은 군부판서軍簿判書, 4남 번璠은 낭장郎將, 5남 여璵는 위위주부衛尉注簿이다. 장녀는 내시內侍 최자경崔自敬에게 시집갔으나 그가 죽자 머리를 깎고 비구니가 되었고, 차녀는 천우위녹사참군사千牛衛錄事叅軍事 홍유룡洪有龍에게 시집갔다.

공은 성품이 온후하면서도 검소하였고, 친족들과는 화목하였으며, 친구들과는 신의가 있었다. 판관判官으로부터 부원군府院君에 이르렀지만 집을 크게 짓거나 화려하게 치장하지 않았고, 의복도 아름다운 것을 알지 못한 채 거주하는 곳을 치암恥菴이라고 불렀다.

임금이 항상 공이 엄정하고 성실하여 사사로움을 좇지 않는

13) 이 묘지명은 지금의 경기도 개풍군 대성면 풍덕리에서 출토되었다고 한다. 진성규, 「박충좌 묘지명에 대하여」, 『백산학보』 94, 2012, 176쪽.

다고 하여 군부軍賦의 직을 맡겼다. 공은 동서東西의 각 장수들의 부지런함과 게으름, 어짐과 그렇지 않음을 구분하여 내쫓거나 승진시키자, 여러 사람들의 소망과 맞았다. 이에 여러 영부領府의 수십 명이 각자 베[포布]를 내어 절에 바치고, 공의 장수를 빌려고 하였다. 공을 이를 듣고, "정치를 하면서 왕의 은혜에 잘 보답하지 못했는데, 이와 같이 부담을 준 것은 내가 덕이 없는 까닭이다."라고 하면서 그 베를 곤궁한 사람들에게 나누어주었다. 그 뒤에 또 □□□기당祈堂에서 동서東西의 여러 관리들의 옳고 그름을 판단하여 엽관 운동을 막으려 하였다. 이 때 공은 이미 병이 들어 약해져서 계획한 방책을 실행하지 못하니, 돌아가시던 날에 나라 사람들이 슬퍼하였다.

진震(안진安震)은 공과 □□(친하였는데?), 우선 □ 앉은 채로 명銘하여 이른다.

글은 겸손하되 말은 엄격하였고
마음은 따뜻하되 뜻은 강하며
덕이 있으되 좋아하지 않으니
오직 군자의 도리이네
어찌 장수하지 못하였는가
아, 하늘이여
마음을 밝혀 충성을 바치니
그대는 한 마음이었네
백성들에게 은혜를 베풀고
윤7월에 돌아가시자
덕을 기려 새겼으니
자손들은 그것을 지킬 것이네

지정至正 9년 기축(충정왕 1, 1349) 9월 일

해제

「박충좌朴忠佐 묘지명」을 처음 학계에 소개한 글에 따르면, 개성공단의 부지를 조성할 때 출토된 이 지석이 중국을 거쳐 한국에 들어왔으나, 현재 그 소재는 명확하지 않다고 한다.14) 그러나 탁본이 남아있어 지석의 상태와 원문을 확인할 수 있다.

가로 44cm 세로 95cm인 지석은 상단부 양쪽의 각을 줄인 모습처럼 보이나 깨어져 나간 것으로, 원래는 장방형이었던 것으로 짐작된다. 지석의 가장자리 전체에는 얇은 선을 두르고 그 안에 명문을 새겼는데, 윗부분에는 '문제공묘지文齊公墓誌'라는 제액이 전서로 가로로 쓰여 있고, 해서체인 본문은 20행에 걸쳐 세로로 쓰여 있다. 행당 글자 수는 40~50여 자로 일정하지 않으나, 결락되어 판독이 불가능한 글자도 다수 있다.

이 묘지명의 주인공은 '박충좌朴冲佐'라고 적혀 있다. 그러나 『고려사』나 『고려사절요』 등의 사서에는 모두 '박충좌朴忠佐'라고 되어 있으므로,15) 편의상 이 표기를 따르기로 한다. 이에 이 묘지명과 사서에 적힌 그의 생애를 간단하게 살펴보면 다음과 같다.

본관이 함양咸陽인 박충좌는, 증조부 신유臣蕤가 대부경(3품), 조부 지빈之彬이 위위윤(3품)을 지냈으므로 나름대로 고위관리를 배출한 가문 출신이라고 할 수 있다. 이들에 대해서는 다른 기록이 남아있지 않으나, 조부인 박지빈의 네 아들이 모두 과거에 급제함으로서 이 가문은 이름을 떨치게 되었다. 이 아들 중 박장朴莊, 박리朴理, 박계원朴季元의 이름이 알려져 있는데,16) 장남인 박장은 군부총랑에 올랐고 이존비李

14) 진성규, 「박충좌 묘지명에 대하여」, 『백산학보』 94, 2012.

15) 특히 『고려사』 권109 열전 박충좌 참고.

16) 앞의 역주 3) 참고.

尊庇의 장녀와 결혼하여 박충좌를 낳았다.[17)]

충렬왕 13년(1287)에 태어난 박충좌는 남성시南省試에 합격하여 태학太學에 들어갔고, 27세인 충숙왕 즉위년(1313)에 과거에 합격하였다. 그런데 이 묘지명에는 그가 과거에 합격하기 전에 혜민국판관을 지냈다고 하였다. 태학생이거나 태학을 졸업한 뒤 이 관직을 받았을 디인데, 그가 어떤 자격으로 관리가 되었는지 혹시 음서를 통한 것인지는 잘 모르겠다.

박충좌가 과거에 합격하기 이전, 그 해 3월에 충선왕은 재위 5년 만에 아들인 충숙왕에게 왕위를 물려주었다. 충숙왕이 즉위한 지 6개월 뒤인 9월 1일 무자에 과거가 시행되었는데,[18)] 이 과거의 지공거는 권한공權漢功이고 동지공거는 최성지崔誠之로, 33명의 급제자 중 장원을 한 안진安震, 김광재金光載, 이암李嵒의 이름이 알려져 있다. 안진은 동기인 박충좌의 묘지명을 지었고, 김광재의 형인 김광철金光轍의 묘지명도 지었다는 것을 보면,[19)] 이들 동년급제생의 우의는 상당히 깊었던 것으로 짐작된다.

박충좌가 과거에 합격한 뒤 20일이 지난 9월 21일 무신에 고려는 충숙왕의 즉위를 사례하는 사절단을 원에 보냈다. 이 때 박충좌는 이 사절단의 일행으로 원에 가게 되었다. 상왕이 된 충선왕은 연경에 계속해서 머물러 있었는데, 원에 들어간 박충좌는 충선왕을 수종하면서 상당한 기간 동안 그곳에 머물러 있었던 것으로 보인다. 묘지명에는 박충좌가 심왕 고暠의 왕사부가 되었다고 했는데, 충선왕이 자신이 가지고 있던 심왕의 지위를 조카인 왕고에게 물려준 것은 그 전인 충숙왕 3년(1316) 3월이기 때문이다.

---

17) 「이존비 묘지명」, 김용선 편, 『집성』, 398쪽.

18) 앞의 역주 5)와 같음.

19) 「김광철 묘지명」, 이 책, 256~265쪽.

그런데 원의 총애를 받던 왕고의 세력이 강해지면서 그를 지지하는 심왕파들과 충숙왕 사이에 정치적 갈등이 커져갔다. 심왕파들은 왕고를 고려의 국왕으로 즉위시키려는 움직임을 벌이게 되자 충숙왕은 심왕뿐 아니라 아버지인 충선왕과도 정치적으로 대립하게 되었다. 이 과정에서 상당 기간 원에 머물러 있던 박충좌도 그 소용돌이에 휘말릴 수밖에 없었을 것이다. 이와 관련하여 묘지명에는 심왕의 사부였던 그가 '충과 의를 따르고 아부하지 않았으므로 끝내 (그를) 비방하는 논의가 없었다'라고 기록하고 있다. 이를 보면 중립적 태도를 지녔던 것처럼 보이지만, 그는 충선왕의 신료였던만큼 정치적으로는 충선왕파로 분류될 수밖에 없었다.

그러므로 충선왕파이자 반충숙왕 계열로 분류되던 박충좌가 귀국한 뒤 그의 관료생활도 순탄할 수만은 없었을 것이다. 묘지명에는 그가 전라도 안찰사가 되었을 때, 왕의 총애를 받는 폐인嬖人[20]이 왕의 뜻을 빙자하여 양민을 천민으로 삼으려 하자 이에 반대하다가 왕명을 거역했다는 참소를 받고 섬으로 유배갔다고 적혀 있다. 충혜왕 2년(1332) 1월에 일어난 일인데,[21] 묘지명에는 전라도 안찰사가 되기 전 그가 '다섯 차례 관직을 옮겨 흥복도감판관 지제교가 되었다'라고 하였다. 흥복도감판관은 종5품의 직인데,[22] 충선왕의 총애를 받았던 그가 과거에 급제한 뒤 20년이나 지난 뒤에도 이 관품에 있었다는 것은 그의 승진이 늦었다는 느낌을 주기에 충분하다. 게다가 유배에서 풀려난 뒤 소환되어 감찰지평을 제수받았으나 병을 이유로 부임하지 않았

20) 이 사람의 이름이 朴連임은 『고려사』에 밝혀져 있다(『고려사』 권109 열전 박충좌전).

21) 『고려사절요』 권25에는 충숙왕 복위 원년 1월에 이 일이 일어났다고 하였으나, 충숙왕이 실제로 복위한 것은 2월이다(『고려사절요』 권25 충숙왕 복위원년 1월·2월 기사 참고).

22) 『고려사』 권77 백관지2 제사도감각색, 흥복도감. 이 백관지 기사에는 흥복도감이 공민왕 때 설치되었다고 하였으나, 그 이전에 이미 설치되어 있었다(박용운, 『『고려사』 백관지 역주』, 신서원, 2009, 604~605쪽).

다고 하였으며, 이후 통례문부사 등을 거쳐 경상도 감염세사가 되었으나 사양하고 취임하지 않았다는 기록도 무언가 현실에 불만을 품은 그의 모습을 보여준다. 그의 좌주였던 권한공이 충선왕의 핵심적인 측근세력으로 활동하다가 충숙왕 8년에 체포되어 유배당하는 등 충숙왕에게 숙청된 것과,[23] 동지공거였던 최성지도 충선왕의 최측근 관료였다는 점도[24] 박충좌의 당시의 정치적 입지와 관련이 있을 것이다.

이후 박충좌는 소부시와 전교시 판사를 거쳐 밀직제학에 임명되는 등 차츰 승진을 거듭해 가다가, 마침내 58세 되던 해인 1344년에 충목왕이 즉위하자 도첨의찬성사를 제수받고 왕의 사부가 되었다. 묘지명에는 '아침저녁으로 가르침을 바쳤다'라고 하였는데, 『고려사』에 실린 그의 열전에는

> 서연書筵에 들어가 모시고 『정관정요貞觀政要』를 강론하면서 연燕의 소왕昭王이 황금대黃金臺를 짓고 곽외郭隗를 맞이한 일을 함께 말하였다. (왕이) 초鈔 50정錠을 주었다(『고려사』 권109 열전 박충좌).

라고 하여, 서연에서 『정관정요』를 강론하기도 하였고 금품도 하사받았다고 하였다. 그리고 그해 11월에는 지공거가 되어 하을지河乙沚 등 33명을 뽑기도 했다.[25] 이제 정치적으로나 학문적으로 온전한 대우를 받게 된 것이다.

특히 박충좌의 학문과 관련하여

> 이때에 정주학程朱學이 비로소 중국에서 행해졌으나 동방에는 미치지 못했는데, (백白)이정頤正이 원에 있으면서 배워 동쪽으로 가지고 돌아오니 이제현과 박충좌가 처음으로 먼저 배웠다(『고려사』 권106 열전 백문절).

라고 하여, 성리학을 처음 배운 인물로 소개하고 있다. 백이정과 이제

---

23) 『고려사절요』 권24 충숙왕 8년 조 기사 및 『고려사』 권125 간신전1 권한공.

24) 『고려사』 권108 열전 최성지.

25) 앞의 역주 12) 참고.

현 등은 충선왕이 연경에 세운 만권당萬卷堂에서 중국학자들과 교유하면서 성리학을 처음으로 접했다. 박충좌가 원에 머물고 있을 때 만권당이 세워졌으므로,[26] 어쩌면 그도 말단이기는 하나 만권당의 창설에 기여하면서 성리학을 처음 접했을 가능성이 크고, 뒤에 고려로 귀국한 뒤 성리학을 본격적으로 공부했다고 생각한다.

그 뒤 박충좌는 홍문관대제학, 판군부사사, 판삼사사[27]를 거쳐 등을 거쳐 함양부원군에 봉해졌다. 그리고 충정왕 1년(1349) 7월 18일에 63세의 나이로 사망하자, 그해 9월 15일 계유[28]에 율촌栗村(지금의 경기도 개풍군 대성면)에 장례지냈다.

박충좌는 밀직부사를 지낸 한안지韓安之의 딸과 결혼하여 5남 2녀를 낳았다. 아들의 이름은 소玿, 정珽, 경瓊, 번璠, 여璵이고, 사위는 최자경崔自敬, 홍유룡洪有龍인데, 이들의 이름은 다른 사서에서 찾아볼 수 없다. 다만, 윤소종尹紹宗의 계실繼室이 판서判書 박경朴瓊의 딸이라는 우왕 7년(1381)의 기록이 남아있는데,[29] 시기상으로 볼 때 이 박경과 박충좌의 3남인 박경이 같은 인물일 가능성이 크다. 박충좌의 큰 사위가 죽자 딸은 머리를 깎고 중이 되었다. 만년의 박충좌 역시 병이 들자 화엄종 고위 승려의 방장으로 거처를 옮겨 가료하였다. 이러한 점은 당시 성리학자들이, 고려 초중기의 선배 유학자들과 마찬가지로 사상적으로 개방된 채 불교에 대해서도 포용적인 모습을 가지고 있었다는 사실을 잘 보여준다.

이와 같이 박충좌의 생애를 개관할 때, 「박충좌 묘지명」은 고려 후

---

26) 만권당은 충숙왕 1년(1314) 3월에 세워졌다(『고려사절요』 권24 충숙왕 1년 3월).
27) 박충좌는 충목왕 원년 4월에 판삼사사에 임명되었다(『고려사』 권37 세가 충목왕 원년 4월 정묘).
28) 묘지명에 적힌 9월 계유가 21일임은 「삭윤표」, 『한국사 연표』, 진단학회, 1959, 87쪽 참고.
29) 「윤구생 처 최씨 묘지명」, 김용선 편, 『집성』, 609쪽.

기, 특히 충선왕·충숙왕·충혜왕 때의 어수선한 정치적 상황과 아울러 성리학을 초기에 도입한 한 유학자의 모습을 잘 보여주는 자료라고 할 수 있다.

▌참 고▐

· 『고려사』 권109 열전 박충좌.
· 진성규, 「박충좌 묘지명에 대하여」, 『백산학보』 94, 백산학회, 2012.

28. 김광철金光轍 묘지명

소재: 경기도 하남시 하남역사박물관

연대: 충정왕 3년(원 지정 11년 신묘, 1351)

판독문

(1) 贈諡文敏金公墓銘(篆書題額)

(2) 故三重大匡化平君金公墓誌銘

(3) 匡靖大夫檢校都僉議叅理藝文館大提學知春秋館事 上護軍安山君常軒 安 震 撰

(4) 子壻 宣授宣武將軍合浦等處鎭邊万戶□□戶重大匡玄城君倍菴 權 鏞書幷篆

(5) □□名相光州金公台鉉嘗以文學□□ 忠烈□諺(?)□□□典禮標準一邦卒贈□正是生四子公行爲二□不離□丁薰其□□最知名年十七登

(6) 第從文正入賀

(7) 天壽聖節勤勞四千里如□習艱嶮者人以爲□席門廕初拜都□□判官□遷拜監察糾正 移檢校典客丞□正言知製敎除獻納出按楊廣道吏畏而民安之初

(8) 文正年□十按部此道有三十觀風古求多之句膾炙人口□□□□□□□□重□而已忤執政又出守善州徙福州判官三轉爲開城少尹歷□□典

(9) 理二摠郞詔成均祭酒知典法事□知申事□典儀版啚判書□□館□□密直爲同□□事上護軍□封化平君復起爲密直右文館提學坐事免□□

(10) 封化平階自通士郎九迁三重大匡圑正戊子　明陵薨□□□□□□慶圖[1]□國人洶洶異議罔極公勉士夫一□推戴及　□朝京師□欲

(11) 從行爲用事者所沮因仕□不出己丑四月十七病卒于家生年□□矣□□月甲□葬之德水縣東原□久□次公諱光轍字仲由(?)自号鈍齋曾王父諱

(12) 鏡亮金吾衛大將軍王父諱須監察御史累贈門下侍中母王氏神虎衛郎將丁旦之女封開城郡大夫人□爲王族公以下三子王□所生皆登□故歲

(13) 給母□粟三十斛公夫人元氏贊成事灌之女封平原郡生二男四女長曰承祖千牛衛別將次曰懷祖監門衛錄事叅軍女適資贍副使崔仲孫先歿次

(14) □合浦万戶玄城君權鏞次適監察糾正柳思孫次適中郎將洪仁浩臨絶囑子壻曰圜昌[2]必得位□輩毋二心吾之不逮事□也□

(15) □果襲□聞公訃震悼命有司贈謚文敏公性聰英强記其說(?)□七歲時事如籍□無錯大風儀謹礼度丁文正□哀毀過人居處常肅凡琴碁書冊必□

(16) □而後坐儼然不可犯及酒醉與□親賓□談論戲謔但而不□容正可觀以此人慕之不衰予與公同里(?)姑書□知者銘曰

(17) 幼爲學文　壯以行道　忠義一軀　千金非寶　家存老母　國有新王　爲臣爲子　素志欲償

(18) 年未及(?)稀　寔歎其躬　位不極高　且□其德　骨雖易爛　心(?)郎□存　積□幽墳　應發後昆

(19) 至正十一年辛卯二月　吉日　　祖暉(?)刊□

---

1) 아래의 역주 7) 참고.

2) 위와 같음.

역주

추증된 시호가 문민文敏인 김공金公 묘명墓銘(전서 제액)
돌아가신 삼중대광 화평군圀目圍大臣 化平君 김공金公 묘지명墓誌銘

광정대부 검교도첨의참리 예문관대제학 지춘추관사 상호군匡靖大夫 檢校都僉議叅理 藝文館大提學 知春秋館事 上護軍 안산군安山君 상헌常軒 안진囡震이 지음
사위 선수선무장군 합포등처진변만호 □□□호 중대광宣授宣撫將軍 合浦等處鎭邊万戶 □□□戶 重大臣 현성군玄城君 배암倍菴 권용圏鏞이 글씨와 전액篆額을 함께 씀

□□ 명재상인 광주光州 김태현金台鉉[3]공은 일찍이 문학文學으로 □□하고 충렬왕忠烈王 때 전례典禮로서 나라의 표준을 세웠다. 사망하자 문정図正이라는 시호를 추증하였는데, 이 분이 낳은 네 아들 가운데 공은 항렬이 둘째였으나 □ 장례에서 떠나지 않으니, 그 □□ 훈훈함으로 이름이 가장 알려졌다. 나이 17세에 과거에 급제하고 문정공을 따라 (황제의) 천수天壽를 축하하는 성절사[천수성절사天壽聖節使]로 원에 들어가 4,000리里를 □ 한결같이 어려움을 가까이하였으므로 사람들이 □라고 하였다.

문음門蔭으로 처음 도□□판관都□□判官이 되고, □ 거듭하여 감찰규정監察糾正이 되었다가 검교전객승 □정언 지제교檢校典客丞 □正言 知製敎로 옮겼다. 헌납獻納에 제수되고 양광도 안찰사楊廣道 按察使로 나가자 향리鄉吏는 두려워하고 백성들은 편안히 여겼다. 처음 문정文正이 나이 □십□十세에 이 도道를 다스리면

---

3) 「김태현 묘지명」, 김용선 편, 『집성』, 472~479쪽 및 『고려사』 권110 열전 김태현.

서 '30개의 풍속이 있으니 옛 것을 찾을 바가 많도다'라고 한 구절이 많은 사람들에게 회자되었는데, □□□□□□□□□ 중히 □ 여겼다. 그러나 권력을 잡은 자가 꺼려하여 다시 선주善州[4]의 수령으로 나갔다가 복주[5]판관福州判官으로 옮기고 세 차례 직을 바꾸어 개성소윤開城少尹이 되었다. □□·전리典理 두 총랑摠郎을 거쳐 성균제주 지전법사 □지신사 □ 판도판서 □□관□ □밀직成均祭酒 知典法事 □知申事 □ 版圖判書 □□館□ □密直을 역임하고, 동□□사 상호군同□□事 上護軍이 되었으며, 화평군化平君에 봉해졌다. 다시 밀직우문관密直右文館으로 기용되었다가 일에 연좌되어 □면직되었다가 □ 화평군에 봉해졌다. 계階는 통사랑通士郎에서 아홉 번 옮겨 삼중대광三重大匡이 되었다.

지정至正[6] 무자년(1348)에 명릉明陵(충목왕)이 사망하자 □□□ □□□ 경창慶昌[7]이 □□(왕위를 이으려 하니?) 나라 사람들이 어지러이 여러 가지 논의가 끝이 없었다. 공이 사대부士大夫를 격려하여 하나같이 □을 추대하여 □조朝의 경사京師에 □ 함께 가고자 하였으나 일을 벌인 자들에게 저지당하였다. 이로 말미암아 벼슬

4) 고려시대의 경상도 상주목의 속현(『고려사』 권57 지리지2 경상도 상주목 일선현). 지금의 경상북도 선산군이다.

5) 고려시대의 동계 안변도호부에 속한 방어군의 하나(『고려사』 권58 지리지3 동계 안변도호부 복주). 지금의 함경남도 단천군이다.

6) 원 순제의 연호(1341~1367).

7) 충목왕 4년 4월에 충목왕의 이복 동생인 종실 眡를 慶昌府院君으로 봉했다(『고려사』 권37 세가 충목왕 4년 4월 정묘). 충목왕 4년 12월에 충목왕이 사망하자, 후계자로 충혜왕의 동모제인 祺를 옹립하자는 의견과 저를 추대하자는 의견이 대립하였으나, 그 이듬해 5월에 원은 저가 왕위를 잇는 것을 승인하였다(『고려사』 권37 세가 충정왕 원년 5월 무술).

을 □(버리고?) 두문불출하다가 기축己丑(충정왕 1, 1349) 6월 17일에 병으로 집에서 돌아가시니, 나이 □□(61)세였다. □□월 갑□에 덕수현德水縣[8] 동쪽 언덕에 □ 장례지냈다. □

공의 이름은 광철光轍이고, 자字는 중유仲由이며 스스로 호號를 둔재鈍齋라고 하였다. 증조부 경량鏡亮은 금오위대장군金吾衛大將軍이고, 조부 수須는 감찰어사監察御史인데 여러 차례 추증되어 문하시중門下侍中이 되었다. 어머니 왕씨王氏는 신호위낭장神號衛郎將 정단丁旦의 딸로 개성군대부인開城郡大夫人에 봉해졌는데, □ 왕족王族이다. 공 이하 세 아들은 모두 왕씨 □ 소생으로 모두 과거에 급제하였으므로, 해마다 어머니에게 □ 조[속粟] 30말[곡斛]을 지급하였다.

공의 부인 원씨元氏는 찬성사贊成事 관灌의 딸로 평원군平原郡에 봉해졌는데, 2남 4녀를 낳았다. 장남 승조承祖는 천우위별장千牛衛別將이고, 차남 회조懷祖는 감문위녹사참군監門衛錄事叅軍이다. 장녀는 자섬부사資贍副使 최중손崔仲孫에게 시집갔으나 먼저 사망하였고, 차녀는 □합포만호□合浦万戶 현성군玄城君 권용權鏞과, 3녀는 감찰규정監察糾正 유사손柳思孫과, 4녀는 중랑장中郎將 홍인호洪仁浩와 결혼하였다.

사망할 때에 아들과 사위들에게 유언을 내려 말하기를, "경창慶昌이 반드시 왕위를 이을 것이니, □ 너희들은 두 마음을 먹지 말라. 나는 섬길 □수가 없다."라고 하였다. 과연 □□ 왕위에 올랐는데,[9] (충정왕은) 공의 부음을 듣고 슬퍼하면서 담당 관리에

8) 당시 왕경 개성부의 속현 중의 하나였다(『고려사』 권56 지리지1 왕경 개성부 덕수현).

게 명하여 시호를 추증하여 문민공文敏公이라고 하였다.

공은 성품이 총명하고 슬기로웠으며, 기억이 뛰어나 □7살 때에 일을 책과 같이 □(알아서?) 착오가 없다. 풍채가 멋지고 컸으며, 예의와 법도에 신중하였다. 문정文正의 장례를 치르면서 □ 슬퍼함이 남과 달랐다. 거처하는 곳은 언제나 엄숙하여서, 무릇 거문고와 바둑과 서책書冊은 반드시 □□한 이후에야 앉으니 엄정하고 위엄이 있어서 가히 범할 수가 없었다. 술이 취하여 흥이 나면 □ 친한 손님들과 □ 담론을 하면서 우스개소리를 하였으나, 단지 □ 하지 않고 몸가짐이 단정하니 가히 볼 만하였다. 이로써 사람들이 사모함을 그치지 않았다.

나는 공과 같은 마을 □(출신으로?) 아는 것을 □ 대략 쓰면서, 명銘을 짓는다.

어려서는 글을 익히고
자라서는 도道를 행하니
충의忠義가 한 몸에 있어
천금千金만이 보배가 아니네
집에는 노모가 생존해 있고
나라에는 새 왕이 즉위했는데
신하가 되고 아들이 되어
평소에 품은 뜻을 보답하려 했네
나이는 70에 이르지 못하고
그 직도 참으로 만족스럽지 못하고
지위가 높은데 이르지 못하였어도
바야흐로 그 덕은 □하네

9) 앞의 역주 7) 참고.

뼈는 비록 쉽게 썩어도
마음(?)은 즉 □ 남는 것
□을 쌓아 무덤을 만들었으니
마땅히 후손이 흥하리로다

지정至正 11년 신묘년(충정 3, 1351) 2월 길일吉日에 조휘祖暉(?)가 □을 새긴다.

해 제

「김광철金光轍 묘지명」은 가로 47cm 세로 116cm로, 비교적 규모가 큰 편에 속한다.10) 지석의 테두리에는 선을 그었으며, 윗부분에는 전서篆書로 쓴 제액題額이 있다. 제액을 제외한 본문은 모두 19행인데, 행을 구분하기 위한 세로선은 아주 약하게 그어져 있으나 가로선은 없다. 각 행마다 글씨는 해서체로 균일한 간격으로 쓰여 있으며, 대두법擡頭法을 사용하여 '천수성절天壽聖節'로 시작하는 제(3)행을 제외한 모든 행은 이 행보다 두 자를 더 뒤로 미뤄서 첫 글자를 쓰고 있다. 묘지명을 지은 이는 안진安震이고, 제액과 본문 글씨는 김광철의 둘째 사위인 권용權鏞이 썼다. 그러나 지석 전면은 군데군데 결락된 부분이 많아서 읽을 수 없는 글자도 상당수 있다.

김광철의 본관은 광주光州로, 증조는 금오위대장군을 역임한 김경량金鏡亮, 조부는 삼별초의 난 때 공을 세워 문하시중으로 추증된 김수金須, 아버지는 충렬왕 때의 재상인 문정공文正公 김태현金台鉉이다. 어

---

10) 이 묘지명은 최규성, 「화평군 김광철 묘지명」, 『하남역사박물관』, 하남역사박물관, 2009에 처음 소개되었다.

머니 왕씨王氏는 신호위낭장을 지낸 왕정단王丁旦의 딸인데 김태현의 후처이다.[11] 김태현은 4남 2녀를 두었는데, 장남은 광식光軾이고, 차남이 바로 광철光轍이며, 3남은 광재光載, 4남은 광로光輅이다.[12] 특히 왕씨가 낳은 광철·광재·광로 3형제가 모두 과거에 급제하였으므로, 어머니 왕씨는 해마다 국가로부터 30석碩의 곡식을 받는 영예를 누리기도 하였다.[13]

묘지명에는 김광철의 생몰연대가 밝혀져 있지는 않으나, 제(5)~(6)행에는 그가 17세 때 과거에 급제하였다고 하였다. 그런데 「김태현 묘지명」에는 김광철이 과거에 급제한 해가 을사년, 즉 충렬왕 31년(1305)이라고 밝혀 놓았다. 그러므로 이를 토대로 역산해 보면 그가 출생한 해는 충렬왕 15년(1289)이 된다. 한편 그는 충정왕 원년(기축, 1349) 6월 병자에 사망하였다는 『고려사』의 기록이 있으므로,[14] 묘지명 제(11)행의 '己□□月十七日病卒于家'에서 앞 부분은 '己[丑][六]月十七日'로 복원할 수 있다. 즉 김광철은 1289년에 태어나 1349년에 61세의 나이로 사망한 것이다.

과거에 급제한 이듬해인 충렬왕 32년(1306)에 김광철은 아버지 김태현을 따라 천수성절天壽聖節을 축하하러 원에 들어갔으며,[15] 이후 감찰규정·양광도안찰사·개성소윤·성균제주·지신사 등의 관직을 역임한 다음 화평군化平君에 봉해지고 우문관대제학에 올랐다. 『고려사』

11) 「김태현 묘지명」, 김용선 편, 『집성』, 478쪽.

12) 「김태현 묘지명」(위와 같음) 및 「김태현 처 왕씨 묘지명」(김용선 편, 『집성』, 558쪽).

13) 『고려사』 권110 열전 김태현에는 왕씨가 해마다 國廩 20석을 받았다고 하였으나, 「김광철 묘지명」 제(13)행에는 '粟 30석'을 받았다고 하여 차이를 보인다.

14) 『고려사』 권37 세가 충정왕 1년 6월 병자.

15) 김태현은 그의 묘지명 기록과 『고려사』에서 밝히고 있듯이, 충렬왕 27년(신축, 1300) 7월과 32년(병오, 1306) 8월에 각각 하성절사로 원에 다녀왔다(『고려사』 권32 세가 충렬왕 27년 7월 을축 및 동왕 32년 8월 기해 조). 김광철이 부친을 따라 원에 간 것은 후자인 충렬왕 32년의 일이다.

에는 그가 충목왕 즉위년(1344) 6월에 지신사로 서연書筵에 참가하였고,[16] 충목왕 3년(1347) 2월에는 판밀직사사로 정치도감판사整治都監判事가 되었다가[17] 그 해 10월에 면직되었다는 기록도 있다.[18] 그 이듬해에 충목왕[명릉明陵]이 사망하자 충정왕의 추대에 공을 세우고[19] 새 왕의 즉위를 알리는 고주사告奏使로 원에 가려하였으나 가지 못하고 두문불출하다가 이듬해 6월에 사망하자, 시호를 문민文敏이라 하고, 덕수현德水縣 동쪽 언덕에 장례지냈다.[20]

김광철은 원관元瓘(또는 元灌)의 셋째 딸과 결혼하여,[21] 2남 4녀를 낳았다. 장남은 승조承朝, 차남은 회조懷祖이고, 장녀는 최중손崔仲孫과 결혼하였으나 김광철보다 먼저 사망하였고, 둘째는 권용權鏞과, 셋째는 유사손柳思孫과, 넷째는 홍인호洪仁浩와 각각 결혼하였다.

김태현 가문은 그 동안 「김태현 묘지명」과 부인 「왕씨 묘지명」, 어머니 「김수 처 고씨 묘지명」,[22] 셋째 아들 「김광재 묘지명」,[23] 둘째 딸 「박윤문 처 김씨 묘지명」[24]이 알려져 있었다. 이세 둘째 아들인 「김광철 묘지명」이 새롭게 알려짐으로써, 김태현의 가계 뿐 아니라 고려후기 최대 벌족의 하나로 번성하였던 광주김씨 가문의 모습을 보다 자세하게 살피는데 큰 도움을 주리라고 생각한다. 또 이 묘지명은

16) 『고려사』 권37 세가 충목왕 즉위년 6월 을묘.

17) 『고려사』 권37 세가 충목왕 3년 2월 기축.

18) 『고려사』 권37 세가 충목왕 3년 10월 갑오.

19) 앞의 역주 7) 참고.

20) 고려시대 왕경 개성부의 속현(『고려사』 권56 지리지1 왕경 개성부 덕수현). 지금의 경기도 개풍군 중면 지역에 해당한다.

21) 「원관 묘지명」에는 김광철이 원관의 셋째 딸과 결혼하였다고 하였다(김용선 편, 『집성』, 642쪽).

22) 「김수 처 고씨 묘지명」, 김용선 편, 『집성』, 462~464쪽.

23) 「김광재 묘지명」, 김용선 편, 『집성』, 562~565쪽.

24) 「박윤문 처 김씨 묘지명」, 김용선 편, 『집성』, 580~581쪽.

충목왕대의 정치도감의 참여, 충정왕의 옹립 등에 주도적으로 참여하면서 당시 혼란스러웠던 고려사회의 정치와 사회의 개혁을 위해 노력하던 김광철의 모습을 보다 구체적으로 보여주는 좋은 자료라고 할 수 있다.

▌참 고▐

· 최규성, 「화평군 김광철 묘지명」, 『하남역사박물관』, 하남역사박물관, 2009.
· 김용선, 「새 고려묘지명 7점」, 『사학연구』 100, 한국사학회, 2010.

증　　보

29. 채인범蔡仁範 묘지명

소재: 서울 국립중앙박물관
(No. 신7884, 신수51881-1)
연대: 현종 15년(요 태평 4년, 1024)

판독문

(1) 　　*贈尙書右僕射濟陽蔡*公墓誌銘幷序

(2) *□夫伯夷故國箕子有國家*興禮讓之風俗尙神仙之道孔聖欲居而何陋徐生不返以

(3) *園留君子居之其來有*素矣　　公姓蔡諱仁範是大宋江南泉州人也隨本州持禮使

(4) *航爲書狀官西踰巨*寖東達扶桑以　　光宗朝御宇之乾德八年覲我　　明庭應玆

(5) *□像忽蒙　　光*宗駐留便賜官告一通拜爲禮賓省郎中仍賜苐宅一區幷贓獲田莊

(6) *奴婢鞍馬家園*諸物等凡其所須並令官給　　公以博通經史富有文章蘊王佐之大

(7) *才實老成之*碩學加之廉謹篤以溫良歷贊　　累朝咸推稱職至成宗朝授以閤

(8) *門使仍遷*拜爲尙書禮部侍郎至　　穆宗朝継叨　　寵用之次以統和十六年歲在

(9) *戊戌*六月十五日啓手足于私苐享年六十有五矣此際　　睿情是悼遂贈爲禮部尙

(10) *書幷*賻贈尤厚擇以是月吉晨葬于五冠山也初有閨室崔氏封爲清河郡大夫人先

(11) 公而卒所生有一男官爲內史侍郎同內史門下平章事監修國史　公後所娶張氏

(12) 亦封爲清州郡君所生有三男孟爲閤門祗候仲爲軍器主簿季爲出家依止佛住寺大

(13) 德沙門復有二女並適人從禮理家可箴享年不永近歲俱亡然有嗣子兄弟姉妹所生

(14) 男女諸孫等甚亦蘩盛亦各入仕爲官也　公洎于　今上纔登寶位之年便加

(15) 恩寵贈尙書右僕射焉今者惟嗣子相國与諸舍弟等以其　先塋之處松楸則拂漢

(16) 磨霄雖云拱矣丘壟則襟山帶水有所闕焉待以利年仍更卜兆莫不山包四秀地帶三

(17) 陽眠牛偃臥以呈祥白鶴迴翔而薦吉乃營馬鬣且異虎墳儉匪闕儀豊無越禮粵以太

(18) 平四年歲在甲子十一月十二日　遷葬于法雲山東麓禮也素車白馬執紼執紼者

(19) 豈可勝數乎嗚呼積善之徵歿而弥著飾終之禮魂而可知恐年紀寖遙丘陵遷變俾刊

(20) 貞石實于玄扄謹爲銘曰

(21) 伯夷遺址　箕子故鬨　風傳木鐸　境壓蓬山　仲尼何陋　徐福不還　哲人君子

(22) 實所躋攀 一　稟氣嵩華　降靈中夏　越彼大洋　賓于王者　時遇文明　道光儒雅

(23) 秩小宗伯　奄歸泉下 二　善慶有徵　嗣子持衡　勳高致主　勁草推誠　懇切追遠

(24) 累茵感情　欲修玄寢　穆卜新塋 三　龍耳巉巖兮牛崗峭崱　營
玆馬鬣兮崇彼兆域

(25) 安廣禮成兮哀榮情極　陵谷遷變兮永光厥德 四

(26) 　　　　太平四年歲在閼逢閹茂辜月十有二日　　　竪

역주

상서우복야尙書右僕射로 추증된 [제][양][濟][陽] [채]공[蔡]公의 묘지명 및 서문

□□ 백이伯夷[1]의 옛 나라에 기자箕子[2]를 봉하니, 집집마다 예의와 겸양의 풍속이 떨치고 신선神仙의 도를 숭상하였다. 공자孔子와 같은 성인이 살고자 하였으니 어찌 누추하다고 하겠으며,[3] 서복徐福[4]이 돌아가지 않고 이에 머물렀으니, 군자君子가 살고자 오게 되는 바탕이 있다.

공의 성은 채蔡이고 이름은 인범仁範이니, 바로 송[大宋]의 강남江南 천주泉州[5] 사람이다. 그 주의 지례사持禮使의 배를 타고

1) 중국 殷의 賢人. 은을 치려는 周의 武王을 말리다가 말을 듣지 않자, 아우인 叔齊와 함께 首陽山에 들어가 고사리를 캐어먹다가 죽었다.

2) 중국 殷의 賢人. 은이 망하자 조선으로 와서 禮義·田蠶·紡績을 가르치고 이른바 8조의 禁法을 제정했다고 전한다.

3) 『論語』「子罕」篇에 '子欲居九夷 或曰 陋如之何 子曰 君子之居 何陋之有'라고 하였다.

4) 중국 秦 사람으로 진시황의 명을 받아 불사약을 구하러 봉래산으로 떠난 뒤에 돌아오지 않았다고 한다. 徐生이라고도 한다.

5) 오늘날 중국 福建省 남동부 晉江專區 지방에 해당하는 지역. 五代 때에 閩(909~

서장관書狀官이 되어 서쪽에서 큰 물결을 건너 동쪽의 해 뜨는 곳에 이르렀다. 광종光宗이 나라를 다스리는 동안인 건덕乾德[6] 8년(광종 21, 970)에 우리의 조정에 배알하였다. 이에 □상像에 응하니, 홀연히 광종이 은덕을 내려 머무르게 하고 곧 관고官告 1통을 내려 예빈성낭중禮賓省郎中에 임명하였다. 이어 주택 한 채 및 장획臧獲이 딸린 토지, 노비奴婢, 안장을 얹은 말과 가구와 여러 물품을 하사하고, 여러 필요한 것들은 모두 다 국가에서 지급해 주라고 명령하였다.

공은 경전經典과 역사에 널리 통달하고 문장을 잘 지어 임금을 보좌하는 큰 재주를 품었으니, 실로 노성한 석학碩學이었다. 이에 더하여 욕심이 없고 신중하며 착실하여 여러 임금을 도우면서 모든 직무를 잘 수행하였다. 성종成宗 대에 이르러 합문사閤門使가 되고 상서예부시랑尙書禮部侍郎이 되었으며, 목종穆宗이 즉위한 뒤에도 총애를 이어받아 중용되었다. 통화統和[7] 16년 무술년(목종 1년, 998) 6월 15일에 집에서 사망하니, 향년 65세이다. 이때에 임금이 추모하는 정이 매우 커서 드디어 예부상서禮

945)이 이 곳을 중심으로 하여 건국되었다. 고려 태조 11년 8월에는 신라승 洪慶이 閩府에서 대장경 1부를 싣고 와 예성강에 도착한 일이 있으며(『고려사』 권1 세가 태조 11년 8월 조), 광종 대에 활약한 王融이 閩川 지역 출신이라는 기록이 있다(「산청 지곡사 진관선사비」, 이지관, 『교감역주 역대고승비문』 고려편 2, 가산불교문화연구원, 1995, 124쪽). 또한 신라말기의 지방세력가인 王逢規는 '泉州節度使'라는 직함을 가지기도 하였다(『삼국사기』 권12 신라본기12 경명왕 8년 조). 이러한 점을 참고하면 고려 초기에 천주 지역과 고려 간에 활발한 교류가 이루어지고 있었으며, 이에 따라 이 지역 출신 인물들이 고려에 많이 귀부해 온 것으로 생각된다.

6) 송 태조의 연호(963~968).

7) 요 성종의 연호(983~1011).

部尙書를 추증하고 아울러 부의賻儀를 더욱 후하게 내렸다. 그 달의 좋은 날을 택하여 오관산五冠山[8]에 장례지냈다.

첫 부인은 최씨崔氏로 청하군대부인淸河郡大夫人으로 봉해졌으나 공보다 앞서 사망하였다. 소생으로는 한 아들이 있는데, 관직이 내사시랑동내사문하평장사 감수국사內史侍郞同內史門下平章事 監修國史에 이르렀다.[9] 공은 뒤에 장씨張氏와 결혼하였는데 그 또한 청주군군淸州郡君에 봉해졌으며, 소생으로는 세 아들이 있다. 맏아들은 합문지후閤門祗候, 둘째는 군기주부軍器主簿가 되었고, 셋째는 출가하여 불주사佛住寺[10]의 대덕大德이 되었다. 또 두 딸이 있었는데, 모두 좋은 사람과 결혼하고 예법에 따라 집안을 잘 다스리니 가히 본받을 만하였으나, 수명이 길지 않아 근래에 모두 사망하였다. 그러나 아들과 형제자매가 낳은 남녀와 여러 손자 등이 매우 창성하여 다 벼슬하여 관리가 되었다. 공도 지금의 임금(현종〈顯宗〉)이 즉위한 그 해에 곧바로 은총을 받아 상서우복야尙書右僕射에 추증되었다.

이제 아들인 국상國相과 여러 아우들이 선영에 심은 소나무와

---

8) 경기도 개풍군 영남면에 있는 산.

9) 이 인물은 내사시랑동내사문하평장사 감수국사라는 고위직을 지녔음에도 불구하고 그의 이름은 알려져 있지 않다. 다른 기록에 의할 때, 채인범의 만년인 목종이나 그의 묘지의 개장 시기인 현종 대에, 이와 같은 고위직을 가진 채씨 인물은 蔡忠順 뿐이다. 채충순의 전기는 『고려사』 권93에 수록되어 있고, 세가에도 여러 기록이 있다. 이를 보면, 그는 현종 13년에 내사시랑평장사 겸 서경유수를 지내고 현종 18년에 문하시랑평장사가 되었다. 『고려사』의 기록에는 그의 출신에 대해 '史失世系'라고 하였지만, 채충순이 채인범의 아들이 될 가능성은 상당히 높다고 하겠다.

10) 위치 미상이나, 명종 26년 宣孝寺에 있던 毅宗의 神御를 佛住寺로 옮긴 일이 있는 것을 볼 때(『고려사』 권20 세가 명종 26년 2월 임신), 개경 주위에 있던 사찰로 추정된다.

가래나무가 하늘의 별빛을 가리고 진눈깨비를 막을 정도로 아름드리 나무가 되었으나, 산소가 있는 언덕이 금산襟山[11]과 대수帶水[12]가 빠져 있다고 하여, 길한 해를 기다려 이에 다시 무덤자리를 정하였다. 산은 사수四秀[13]를 담고 땅은 삼양三陽[14]을 포함하지 않음이 없으니, 잠자는 소가 드러누워 상서로움을 보이고 흰 학이 날아돌며 길함을 바쳤다. 이에 말갈기처럼 생긴 무덤을 만들면서 호분虎墳과 다르게 하였으니, 검소하되 법도를 빠뜨리지 않았고, 풍성하되 예법에 지나침이 없었다. 태평太平[15] 4년 갑자년(현종 15, 1024) 11월 12일에 법운산法雲山[16]의 동쪽 기슭으로 이장하니, 예禮에 따른 것이다. 백마가 끄는 흰 수레의 고삐와 상여줄을 잡은 사람의 수를 어찌 헤아릴 수 있겠는가. 아, 선행을 쌓은 징험은 죽어서도 더욱 드러나니 마지막 보내는 예의를 혼백은 가히 알 수 있으리라. 세월이 오래되어 언덕은 바뀌어도, 묘지에 새긴 글은 무덤에 남아있을 것이다.

삼가 명銘을 짓는다.

백이伯夷의 옛 땅이고 기자箕子의 옛터에
바람이 현인[목택木鐸]을 실어 보내니 이 땅에 봉래산蓬萊山[17]의

---

11) 풍수설에서 옷의 깃[襟]과 같이 중요한 요충지를 이루는 산.
12) 풍수설에서 말하는 물이 돌아가는 방향.
13) 풍수설에서의 四大는 地·水·火·風을 말하는데, 四秀란 이 四大가 빼어나게 잘 화합한 곳을 의미하는 것이 아닌가 한다.
14) 풍수설에서 明堂인 內陽, 案山인 中陽, 案後山인 外陽을 아울러 이르는 말.
15) 요 성종의 연호(1021~1030).
16) 고려시대 松林縣에 있던 산. 지금의 경기도 장단군에 해당하며 佛日寺가 있었다.
17) 蓬萊山은 신선이 산다는 三神山의 하나로, 여기서는 한반도 즉 고려를 일컫는다.

기운이 서리도다.
중니仲尼(공자孔子)가 살고자 한 곳이 어찌 누추할 것이며, 서복이 돌아가지 않았으니
철인哲人과 군자도 실로 오르고 싶어 하는 곳이로다. (하나)
숭산崇山[18]과 화산華山[19]의 기운을 받고 중하中夏[20]의 신령神靈이 내려와 태어나서
저 넓은 바다를 건너와 임금의 귀한 신하가 되었네.
밝은 세상을 만나 도를 빛내고 유학을 닦아
예부시랑[소종백小宗伯] 벼슬에 이르러 갑자기 황천으로 돌아갔도다. (둘)
선을 쌓은 복으로 그 아들도 높은 관리가 되어
훌륭한 공훈으로 임금을 돕고 굳은 지조로 충성을 다하였네.
어버이를 그리는 마음 간절하고 사무친 감정 쌓여 무덤을 고치고자
새 무덤을 아름답게 꾸몄네. (셋)
용의 귀처럼 높고 험한 산이여, 소와 같은 언덕의 우람함이여.
여기 말갈기 같은 무덤을 꾸미고 그 묘역을 공경하네.
편안하고 넓어 예는 갖추어졌으나 슬픔과 그리운 정은 끝이 없어라.
언덕과 골짜기는 변할지라도 그 덕은 길이 빛나리. (넷)

태평 4년 갑자[봉알엄무閼逢閹茂][21]년 11월[고월辜月] 12일 세우다.

---

18) 중국 河南省에 있는 산으로, 五嶽의 하나이다.
19) 중국 陝西省에 있는 산으로, 五嶽의 하나이다
20) 중국이 세계의 중앙에 있는 큰 나라라는 中華와 같은 뜻이다.
21) 古干支에서 閼逢은 甲, 閹茂는 戌을 말한다. 태평 4년의 간지는 甲子이므로 원문의 閹茂는 잘못이며, 子를 말하는 困敦이 되어야 옳다.

해 제

「채인범 묘지명」은 지석의 오른쪽 윗부분 일부가 깨어져서, 해당 부분의 명문을 읽지 못한 상태로 지금까지 알려져 왔다. 그러나 최근 깨어진 부분이 새로 발견되어 묘지명 명문 전체를 소개하고 내용을 재검토한 글이 발표되었다.[22] 이를 토대로 새롭게 판독된 「채인범 묘지명」의 명문 전체를 다시 소개하면서, 그 내용과 사료적 가치도 함께 검토해 보기로 한다.

새로 발견된 지석도 나머지 지석과 함께 서울의 국립중앙박물관이 소장하고 있다. 조사자에 따르면, 이 「채인범 묘지명」은 1920년에 조선총독부박물관이 골동상인 이케우치 도라키치池內虎吉에게서 석관과 함께 구입했다고 한다. 그런데 언제인가 -최소한 1960년 이전에- 이 지석의 오른쪽 윗부분이 파손되었는데, 이를 제외한 나머지 부분만 학계에 소개되었던 것이다.[23] 이 묘지명의 전체 크기는 가로 72.5cm, 세로 107.0cm, 두께 1cm인데, 이번에 새로 알려진 석편은 가로 31.5cm, 세로 27cm이며 10행에 걸쳐 60자가 새겨져 있다. 이 중에서 글자 2개는 판독이 불가능하나, 8개의 글자는 추정을 통해 복원이 가능하다.[24] 새로 판독된 명문은 이탤릭체로 하여 전체 명문과 함께 앞에서 밝혀두었다.

채인범蔡仁範(934~998)은 송의 천주泉州 출신으로, 지례사持禮使의 서장관書狀官으로서 광종 21년(970)에 배를 타고 고려에 왔다. 천주는 지금의 중국 복건성福建省 남동부의 진강전구晉江專區 지역에 해당하는데,

---

22) 강민경, 「「채인범 묘지명」의 복원과 그 의의」, 『동원학술논문집』 23, 2022, 56~77쪽.
23) 「채인범 묘지명」, 김용선 편, 『고려묘지명집성』, 한림대학교 아시아문화연구소, 1993, 13~15쪽.
24) 강민경, 앞의 글, 57~61쪽 참고.

중국의 오대五代 때에 민閩(909~945)이 이 지역을 중심으로 건국되었고, 970년 당시에는 남당南唐(937~975)이 이 지역을 차지하고 있었다. 이 지례사는 명문에서 보듯이 천주의 지방관이 보낸 외교사절로,[25] 채인범의 직책은 서장관이었다. 사절단을 수행하며 기록을 담당하는 임무를 맡는 서장관은 학문적 능력이 뛰어난 이가 임명되는 경우가 많았다. 그러므로 채인범은 본국에서 이미 과거에 합격해서 관리가 되었을 가능성이 크다. 그가 경전과 역사에 널리 통달하고 문장을 잘 지었다는 묘지명의 기록도 이러한 추측을 강하게 뒷받침해준다.

외교사절단의 일행으로 온 채인범이 광종을 배알하자, 광종은 그를 고려에 머무르게 하면서 예빈성낭중에 임명하였다. 예빈성은 외교사절에게 잔치를 베푸는 일을 맡는 관청으로, 낭중郎中은 5품에 해당한다.[26] 채인범이 중국에서 가졌던 관직은 알 수 없으나 그는 고려 조정에서 중급 관리로 대우받게 된 것이다. 또 예빈성은 귀화업무도 담당하였으므로,[27] 채인범은 외교사절을 접대하는 한편으로 귀화에 대한 업무를 맡았을 것이라고 짐작할 수 있다. 광종은 그에게 주택과 토지와 노비, 안장이 딸린 말과 가구 등의 물품을 하사하면서 우대해 주었다고 한다. 그 이전인 광종 7년(956)에 후주後周 출신의 쌍기雙冀가 고려에 귀화하여 과거제 도입에 큰 역할을 하는 등 광종의 개혁정치에 적극 참여하였는데, 채인범 역시 고려 조정에서 쌍기 못지않은 역할을 하면서 광종의 총애를 받은 것이 아닌가 한다.

쌍기의 흔적이 광종 대 이후에는 찾아지지 않는 것과는 달리 채인

25) 고려도 요의 東京留守에게 지례사를 보내는 등(『고려사』 권16 세가 인종 9년 9월 정유), 요와 금에 여러 차례 지례사를 파견하였다.

26) 『고려사』 권76 백관지1 예빈시. 예빈성에 낭중이라는 관직은 나오지 않으나, 상서 6부 등에서 낭중은 정5품 관리였다,

27) 이진한, 「고려시기 외국인의 거류와 투화」, 『한국중세사연구』 42, 중세사학회, 2015.

범은 성종이 즉위한 뒤 합문사閤門使(정5품)를 거쳐 예부시랑禮部侍郎(정4품)에 올랐다. 그 뒤 목종 1년(998)에 사망하자 목종은 그를 예부상서禮部尙書(정3품)로 추증했다. 합문(각문閣門)은 조회朝會할 때 의례儀禮를 맡는 관청이고,[28] 예부는 예의禮儀·제향祭享·조회朝會·교빙交聘·학교學校·과거科擧에 관한 업무를 담당했다.[29] 채인범이 고려에서 맡은 이러한 관직들은 결국 그가 무엇보다도 의례에 밝은 채 외교사절을 접대하거나 교육과 과거 등의 업무를 주로 맡았다는 사실을 말해준다. 그 의례란 당연히 유교적 이념을 바탕으로 하는 것이었다. 이와 관련된 중국의 여러 선진적인 제도를 고려에 도입하고 뿌리내리게 하는 데에 채인범도 크게 기여했으리라 여겨진다. 당시 지식인 출신의 중국계 귀화인들이 고려조정에서 많이 활약하였고, 고려정부가 이들을 적극 활용하며 우대하던 모습을 「채인범 묘지명」을 통해 잘 찾아볼 수 있다.

채인범은 998년(목종 1)에 65세로 사망했다. 그는 37세이던 970년(광종 21)에 고려에 왔으므로, 햇수로는 29년을 고려에서 산 셈이다. 그는 고려에서 최씨崔氏와 결혼하여 아들 한 명을 낳았는데, 이 부인이 먼저 사망하자 장씨張氏와 다시 결혼하여 세 아들을 낳고 딸 두 명을 더 두었다. 채인범의 나이를 감안하면 아마도 중국에서 이미 결혼하지 않았었나 여겨지지만 이에 관해서는 전혀 알 수 없다. 고려의 최씨부인에 대해서도 청하군대부인淸河郡大夫人이었다는 기록만 남아있고, 둘째 부인인 장씨도 청주군군淸州郡君이었다는 기록만이 남아있다. 따라서 고려에서의 생활에 큰 도움을 주었을 그의 처가가 어떤 가문이었는지는 더 이상 추적해 볼 수가 없다. 채인범은 이 두 부인에게서 4남 2녀를 낳았으며, 이 자녀 중 셋째 아들은 출가하여 승려가 되었으

28) 『고려사』 권76 백관지1 통례문.

29) 『고려사』 권76 백관지1 예조.

나 나머지 자녀들에게서 여러 명의 손자와 손녀를 보았다. 그들의 자손도 매우 번성했다고 한다.

아쉽게도 이 묘지명에는 네 아들의 이름은 물론이고 사위들의 이름도 적어놓지 않았다. 손자·손녀를 비롯한 나머지 후손들도 마찬가지이다. 단지 채인범이 사망한 지 만27년이 되는 1025년(현종 15)에 그의 무덤을 개장改葬하면서 묘지명을 만들었는데. 당시 그의 큰 아들이 '내사시랑 동내사문하평장사 감수국사內史侍郞 同內史門下平章事 監修國史'라는 관직을 가지고 있다고 밝혀 놓았다. 내사문하성內史門下省(뒤의 중서문하성中書門下省)에 속한 내사시랑(정2품)과 내사문하평장사(정2품)는 고려에서 수상인 문하시중門下侍中(종1품) 다음에 해당하는 고위직이다.[30] 귀화인의 아들이 이와 같은 지위에 오른 것이다. 그의 이름은 알 수 없지만, 『고려사』 등의 기록에서 현종 때에 이 관직을 가진 인물을 찾아보면 채충순蔡忠順이라는 인물이 나온다.

채충순은 『고려사』에 그의 전기가 실려 있고,[31] 다른 기록도 많이 남기고 있다. 이에 의하면 그는 현종 13년(1022) 4월에 내사시랑평장사 겸 서경유수가 되었고,[32] 현종 18년(1027) 1월에는 문하시랑이 되었다.[33] 그가 역임한 이 관직은 「채인범 묘지명」에 적힌 것과 매우 비슷하다. 이 기록에 더하여 채蔡라는 성이 그리 흔하지 않다는 점을 아울러 생각해보면, 채충순이 채인범의 아들일 확률은 거의 100%에 가깝다고 말해도 좋지 않을까 한다.

한편 「채인범 묘지명」의 제(1)행에는 '贈尙書右僕射▨▨▨公墓誌銘幷序'라는 제목이 적혀있다. 이 제목은 새로 발견된 지석과 기왕에 알려져

30) 『고려사』 권76 백관지1 문하부·찬성사.
31) 『고려사』 권93 열전 채충순.
32) 『고려사』 권4 세가 현종 13년 4월 정묘.
33) 『고려사』 권5 세가 현종 18년 1월 신해.

있던 지석을 합하여 판독된 것인데, □ 안에 적힌 세 글자 중 두 번째 글자는 이 부분의 지석 자체가 완전히 깨어져 버려서 전혀 읽을 수가 없다. 그런데 첫 글자는 새로 발견된 지석에서 글자의 윗 부분만 조금 남아있고, 세 번째 글자는 기존의 지석에 글자의 아랫 부분 일부가 남아있다. 그런데 이 세 글자의 복원과 관련해서 채충순이 채인범의 아들이라고 생각하면 중요한 단서 하나가 찾아진다.

채충순은 제양현개국남濟陽縣開國男(1019)[34]·제양현개국자 식읍500호濟陽縣開國子 食邑五百戶(1021)[35]·제양군개국후 식읍1,000호濟陽郡開國侯食邑一千戶(1022)[36]라는 작호를 가지고 있는데, 이 작호에는 '제양'이라는 지명이 공통적으로 들어있다. 고려시대에 작호를 줄 때는 본관本貫명을 붙이는 것이 일반적인 관례이나, 그렇지 않은 경우도 있다. 즉, 본관이 아니라 인연이 있는 어떤 지역의 명칭을 붙여줌으로써 자손들이 선대의 봉작지를 향관鄕貫으로 삼는 경우도 있는 것이다.[37] 채충순 가문의 경우는 어떠한지 잠시 뒤에 검토하기로 하겠지만, 어떻든 이를 통해 '제양'이라는 지명이 떠오르게 되었다. 이 명칭을 감안하면서 묘지명 지석에 남아있는 글자들을 읽어보면, 첫 글자는 '濟'가 확실해지고 세 번째 글자는 '蔡'로 읽을 수 있다. 따라서 가운데 글자는 '陽'이 되어 결국 제(1)행의 해당 글자들은 '제양채공濟陽蔡公'으로 무리 없이 복원할 수 있게 되는 것이다.

제양이라는 지명은 『고려사』 지리지를 비롯한 고려시대의 기록이나 조선시대의 지리서인 『신증동국여지승람』에는 나오지 않는다. 즉 이런 이름을 가진 지역은 한반도에는 없는 것이다. 대신 중국에는 제양이

---

34) 『고려사』 권4 세가 현종 10년 12월 갑진.

35) 「현화사비」(앞면), 『조선금석총람』 상, 1919, 241쪽.

36) 「현화사비」(뒷면), 『조선금석총람』 상, 1919, 247쪽.

37) 김기덕, 『고려시대 봉작제 연구』, 청년사, 1998. 125쪽.

라는 지명이 몇 군데 있는데, 특히 중국의 제양 채씨는 지금의 강소성 상주시 무진구江蘇省 常州市 武進區 서북쪽에 있던 제양을 그들의 군망群望, 즉 본적지로 삼았다.38)

그렇다면 묘지명에 적혀있는 '제양채공'이라는 구절을 어떻게 이해해야 할 것인가. 몇 가지 검토가 필요하다고 생각한다.

첫째, 이 묘지명 제(3)행에서 채인범이 '바로 송의 강남 천주 사람이다[是大宋江南泉州人也]'라고 밝힌 기록이다. 일단 이 문장은 채인범의 본관이 아니라 출신지를 말한다고 이해할 수 있다. 그러나 일반적으로 묘지명에서의 이러한 표현은 대부분은 본관지를 나타낸다. 본관은 원래 조상의 본적지를 의미하므로, 후손들의 거주지와 반드시 일치하지는 않는다. 특히 고려시대에 묘지명을 남긴 사람들은 모두 수도인 개경에 살고 있는 중앙의 지배층들이므로 이들의 거주지를 구태여 밝힐 필요가 없었던 것이다. 그러나 채인범은 이들과 달리 중국 출신 귀화인이므로 그의 본관은 제양이고, 중국에서의 거주지가 천주라고 따로 적어 둘 필요가 있었을 가능성을 배제할 수는 없다. 그렇지만 이렇게 생각한다고 하더라도 묘지명에 그를 천주 사람이라고 밝힌 것은 고려 사회에서 그의 본관을 제양이 아닌 천주라고 간주했을 가능성이 크다는 점을 말해준다. 중국 출신 인물들의 다른 기록을 보아도, 임광林光은 '서송西宋 장주인漳州人',39) 주저周佇는 '송 온주인溫州人',40) 유재劉載는 '송 천주인泉州人',41) 호종단胡宗旦은 '송 복주인福州人',42) 신안지愼安之는 '송 개봉부인開封府人'43)이라고 적고 있는데, 이 지명들은 고려사회에서 그들

38) 강민경, 앞의 글, 64쪽, 각주 11) 참고.

39) 「임광 묘지명」, 김용선 편, 『집성』, 131쪽.

40) 『고려사』 권94 열전 주저.

41) 『고려사』 권97 열전 유재. 「유재 묘지명」에는 그가 '泉州 溫陵人'이라고 하였다(김용선 편, 『집성』, 48쪽).

42) 『고려사』 권97 열전 유재 부 호종단.

의 본관처럼 여겨졌기 때문이다.[44] 그러므로 채인범이 중국에서의 원래 본관이 제양이었다고 하더라도 고려에서 그는 '천주' 사람으로 통했을 것이다.

둘째, 고려의 채씨 가문으로는 평강平康 채씨,[45] 소성邵城 채씨[46] 등이 알려져 있다. 제양 채씨는 지금까지 알려진 적이 없지만, 제양을 본관처럼 사용한 사례를 기록에서 찾아볼 수 있다. 즉, 진광인晋光仁의 사위가 '제양濟陽 채정蔡靖'이고,[47] 채상정蔡祥正은 '제양인濟陽人'이라고 적혀 있는 것이다.[48] 이 제양을 그들의 본관이라고 이해하게 되면, 고려시대에 제양 채씨가 있었고, 또 이들은 채인범의 후손이 될 가능성이 커진다. 그러나 이렇게 이해하기에는 주저되는 점이 있다. 채충순의 작호에 제양이라는 지명이 들어있다는 사실은 앞에서 보았는데, 제양은 실제로는 고려에 없는 행정구역 이름이다. 채충순에게 작호와 함께 식읍도 등급에 따라 500호·1,000호를 주었는데, 식읍은 책봉된 봉호封戶에 대해 조세租稅·공부貢賦·역역力役 등도 받을 수 있는 경제적 혜택이 주어졌다.[49] 그렇다면 채충순에게 주어진 제양의 식읍은 중국에 있던 실제 행정구역을 대상으로 할 수는 없었음이 분명해진다. 따라서 이 제양이라는 명칭은 하나의 상징적인 표현에 지나지 않았던 것이다. 이와 관련해서 고려의 문벌 귀족들이 그들의 구체적인 본관지

43) 『고려사』 권97 열전 유재 부 신안지.

44) 박순우, 「고려 전기 정부의 한인 인식과 내투 한인들의 행적」, 『역사와 현실』 84, 한국역사연구회, 2015 참고.

45) 이들 중 蔡洪哲(1262~1340) 같은 인물이 잘 알려져 있다(『고려사』 권108 열전 채홍철 및 「채홍철 묘지명」, 김용선 편, 『집성』, 507~509쪽 참고.

46) 「채환 묘지명」(연대 미상), 김용선 편, 『집성』, 618쪽 참고.

47) 「진광인 묘지명」(1186), 김용선 편, 『집성』, 256쪽.

48) 「채상정 묘지명」(1192), 김용선 편, 『집성』, 655쪽.

49) 이경식, 「고대·중세의 식읍제의 구조와 전개」, 『손보기정년기념 한국사학논총』, 지식산업사, 1988.

가 있었음에도 불구하고, 중국의 지명을 본관으로 사용하는 관행을 떠올릴 필요가 있다. 예컨대 동래 정씨는 영양滎陽 정씨,[50] 이씨는 농서隴西 이씨[51] 등과 같이 중국의 지명을 붙여 그들의 본관지로 적었다. 또 중국에서 원래 京畿를 뜻하던 경조京兆라는 지역은 고려의 경주 김씨와 도강道康 김씨들이 그들의 본관으로 동시에 사용했고,[52] 중국 河南省에 있던 복양濮陽은 고려의 서씨徐氏와[53] 오씨吳氏[54] 등이 각자 그들의 본관으로 사용했다. 이 지명들은 중국에서 같은 유력한 성씨들의 군망群望이기도 했다. 다시 말하지만 고려의 몇 가문들은 중국의 군망을 빌어오면서도 고려에 실제로 존재하는 지명을 자신의 본관으로 삼고 있았던 것이다. 이런 점을 감안하면 고려시대 채씨 가문 중 제양 채씨가 실제로 있었다고 단정짓기에는 다소 무리가 생겨나는 것이다. 한국의 성씨 중에는 조상이 중국에서 건너왔다고 하는 가문도 꽤 있는데, 이들 중 중국의 지명을 본관으로 삼는 경우는 거의 없다. 그 대신 한반도에 있는 지역을 그들의 새 연고지로 연관지으면서 이 지명을 그들의 본관지로 사용하고 있다는 점도 참고할 필요가 있다.

설명이 다소 길어졌지만, 지금으로서는 제양이 고려에서 태어난 채인범 후손들의 본관일 수도 있고 아닐 수도 있다고 애매하게 정리할

---

50) 대표적인 사례로 동래정씨인 鄭穆의 사례를 꼽을 수 있다(「정목 묘지명」, 김용선 편, 『집성』, 34쪽).

51) 咸昌이씨(「이농서공 묘지명」, 김용선 편, 『집성』, 19쪽」), 遂安이씨(「이인영 묘지명」, 김용선 편, 『집성』, 202쪽) 등은 고려의 지명을 본관으로 삼으면서도 한편으로 隴西를 자신들의 본관처럼 표기하고 있다. 驪州이씨이자 시호가 文順인 이규보의 경우도 '隴西文順公'으로 불린 사례가 나온다(「김구 묘지명」, 김용선 편, 『집성』, 395쪽).

52) 이자연의 처 김씨는 계림국대부인에 봉해졌는데 출신지를 '樂浪郡京兆氏'라고 하였다(「이자연 묘지명」, 김용선 편, 『집성』, 23쪽). 한편 김함金諴은 '京兆金氏'이자 그의 선조는 '道康郡人'이라고 밝히고 있는데, 중국의 경조와 고려의 도강(지금의 전라남도 강진군)을 모두 본관으로 적고 있는 것이다(「김함 묘지명」, 김용선 편, 『집성』, 98쪽).

53) 「서균 묘지명」, 김용선 편, 『집성」, 54쪽.

54) 「오□실 묘지명」, 김용선 편, 『집성』, 247쪽.

수밖에 없다. 이 점은 앞으로 다른 귀화인들의 사례를 통해 좀 더 구체적으로 살필 필요가 있다고 본다. 그렇기는 하지만 제양이라는 용어를 통해 채인범과 채충순이 부자관계가 분명하리라는 점을 밝힌 것은 적지 않은 소득이라고 생각한다. 이렇게 보면 채충현蔡忠顯이라는 인물도 등장시킬 수 있게 된다. 그는 1035년(정종 1)에 합문사(정5품),[55] 1049년(문종 3)에 예부상서(정3품)라는 관직을 가지고 있었다.[56] 채인범은 998년(목종 1)에 65세로 사망한 뒤 만26년이 지난 1024년(현종 15)에 이장移葬을 하면서 묘지명을 만들었다. 이 묘지명에는 채인범의 전처 소생으로 맏아들-채충순-이 있고, 후처인 장씨부인은 세 아들을 낳아 막내는 출가하여 승려가 되고 두 아들은 합문지후(정7품)와 군기주부(정8품)가 되었다고 적혀 있다. 이 중 한 명이 11년 뒤에 정5품 관리로 승진한 채충현이 아닌가 한다. 그는 채충순과 항렬이 같을 뿐 아니라, 활동 시기도 서로 엇비슷하기 때문이다.[57]

이상 채인범의 출신, 생애와 자녀들에 대해 살펴보았는데, 마지막으로 「채인범 묘지명」의 사료적 가치에 대해 살펴보기로 한다. 앞에서 말했듯이 이 묘지명은 채인범이 사망하고 만26년이 지난 뒤인 1024년에 이장을 하면서 만들었다. 그가 사망한 직후에도 묘지명을 만들었는지는 알 수 없지만, 이 묘지명의 기록을 보면 그렇지는 않은 것 같다. 또한 이 묘지명은 지금 남아있는 묘지명 중 가장 오래된 것이기도 하다. 이 묘지명에 이어 1045년에 만든 「유지성 묘지명」, 1051년에 만든 「유방헌 묘지명」이 차례로 오래된 묘지명으로 지금 남아있다. 이러한 사실은 고려의 묘지명 문화가 11세기 전반에 시작하면서 급속도로 확산되었음을 말해준다. 즉, 중국에서 묘지명의 등장은

55) 『고려사』 권6 세가 정종 1년 6월.
56) 『고려사』 권7 세가 문종 3년 2월 을해.
57) 강민경, 앞의 글, 73쪽 참고.

B.C. 2세기 무렵의 전한시대에 시작되었지만 한반도에서는 오랜 기간 별다른 관심을 가지지 않다가, 고려 사회에서 비로서 시작되고 널리 퍼졌다고 할 수 있는 것이다.

그런데 채인범도 그러하고, 유지성도 중국계 귀화인이었다. 이렇게 보면 고려시대의 묘지명 문화는 이들 중국 출신 인물들이 묘지명 문화를 선도했다는 해석이 가능해진다. 따라서 고려 전기에 고려조정에서 활약한 중국출신 귀화인들에 대한 관심도 더 가질 필요가 있고, 그들을 통해 고려가 받아들인 여러 제도와 문화에 대해 보다 많은 관심도 가질 필요가 있게 되는 것이다.

❙ 참 고 ❙

· 김용선, 「고려시대 묘지명문화의 전개와 그 자료적 특성」, 『고려·사회·사람들』, 일조각, 2018.
· 강민경, 「「채인범 묘지명」의 복원과 그 의의」, 『동원학술논문집』 23, 2022.

30. 민수閔脩 묘지명

소재: 서울 국립중앙박물관(No.德壽794)
연대: 인종 즉위년(임인, 1122)

판독문

【앞면】

(1) 閔之
(2) 公墓

【뒷면】

(1) 歲在壬寅十月十九日甲辰　檢校礼
(2) 賓卿行左司郎中知制誥閔公卒公諱
(3) 脩年五十六越十一月十七日壬申葬于
(4) 松林縣長峯洞公之平昔所行歷〃
(5) 有可觀眞忠信剛懿之士也有子二人長
(6) 彦實次彦誠有五女三皆適名人二未嫁

역주

【앞면】

민공閔公의 묘

【뒷면】

임인년(인종 즉위년, 1122) 10월 19일 갑진일에 검교예빈경 행좌사낭중 지제고檢校禮賓卿 行左司郎中 知制誥인 민공閔公이 돌아가셨다. 공의 이름은 수脩이고, 나이는 56세이다. 11월 17일 임신일에 송림현[1] 장봉동松林縣 長峯洞에 장례지냈다.

공이 평소 행한 바는 뚜렷하게 가히 볼 만하니, 참으로 충성스럽고 신의가 있으며 강직하여 굴하지 않는 선비이다.

아들은 두 명인데, 장남은 언실彦實이고, 차남은 언성彦誠이다. 딸은 다섯 명인데, 세 명은 이름난 이에게 시집갔고 두 명은 아직 결혼하지 않았다.

---

1) 고려시대의 왕경 개성부의 속현(『고려사』 권56 지리지1 왕경 개성부 송림현). 지금의 경기도 長湍郡에 있었다.

해제

이 묘지명은 『조선고적도보朝鮮古蹟圖譜』에 실려 있는 도판 사진으로 처음 소개되었다.[2)] 그러나 최근 서울의 국립중앙박물관이 이 묘지명의 원석을 소장하고 있으며, 명문도 앞과 뒷면에 새겨져 있다는 사실이 알려졌다.[3)] 이에 명문을 다시 소개하면서 간단한 검토를 하고자 한다.

이 「민수 묘지명」은 일반적인 묘지석과는 달리 '풍風'이라는 글자 모양처럼 생긴 벼루로 지석을 만들고, 그 윗면과 바닥에 글씨를 새겼다. 벼루의 크기는 가로 13cm, 세로 17.4cm, 두께 2.9cm이며, 앞면은 전서체, 뒷면은 해서체로 쓰였는데, 글자의 크기나 간격은 일정하지 않다.

민수閔脩는 임인년, 즉 1122년인 인종 즉위년 10월 19일에 56세로 사망했다고 하므로, 태어난 해는 1067년(문종 21)이 된다. 묘지명에는 그의 생애나 관력이 자세하게 적혀 있지 않다. 그러나 『고려사』와 『고려사절요』에는 민수에 관해 거의 비슷한 기사가 하나씩 실려 있다. 이를 보면, 예종 10년(1115) 8월에 요가 여진 정벌을 위해 군사를 요구하자 국왕이 회의를 열었는데, 여러 신하들이 찬성했으나 김부일·김부식 형제와 함께 우정언右正言 민수 등이 출병을 반대했다고 하였다.[4)] 우정언은 중서문하성의 종6품 관직으로, 이 때 민수의 나이는 49세였다. 그가 역임한 다른 관직은 알 수 없으나, 묘지명에는 민수의 관직이 검교예

---

2) 이 묘지명은 「墓誌鐫刻石硯」이라는 이름으로 『조선고적도보』 제9권(No.4469, 조선총독부, 1929)에 사진으로 실려 있다. 이를 박종기가 처음 판독하여 소개하였다(박종기, 「고려묘지명 신례」, 『한국학논총』 20, 국민대학교 한국학연구소, 1995). 「민수 묘지명」 명문은 김용선 편, 『집성』, 636~637쪽에도 실려 있다.

3) 강민경, 「새롭게 확인된 고려 묘지명: 「김용식 묘지명」·「상당현군 곽씨 묘지명」·「민수 묘지명」」, 『미술자료』 96, 2019, 231~232쪽.

4) 『고려사』 권97 열전 김부일 및 『고려사절요』 권8 예종 10년 8월. 『고려사』 권14 세가 예종 10년 8월 조에도 이 회의에 대한 간단한 기사가 나온다.

빈경(정3품)·행좌사낭중(정5품)·지제고라고 하였다. 그러므로 그는 사망 당시 5품의 현직 관리였다고 할 수 있다. 또 그가 문한직文翰職인 지제고를 역임하였다는 점에서 과거 출신자임이 틀림없을 것이다.

민수의 출신이나 가족관계에 대해서도 묘지명에는 밝혀져 있지 않다. 그러나 그의 아우인 민영閔瑛의 묘지명이 남아있어서 이 가문에 대해 몇 가지 사실을 알 수 있다.[5] 이에 의하면, 그는 황려현黃驪縣(지금의 경기도 여주시) 출신으로, 증조는 사서우복야 겸 대자소사인 가거可擧, 조부는 위위경 지삼사사인 창경昌京이다. 아버지는 효후孝侯는 동계병마판관으로 여진과 싸우다 사망하였는데, 뒤에 감찰어사직을 받았다. 어머니는 경주김씨인데, 국자제주 한림시강학사를 지낸 김상빈金尙賓의 딸로 낙랑군대부인樂浪郡大夫人에 봉해졌다.

「민영 묘지명」에는 민영(1075~1150)의 형제자매가 대여섯 명[五六人]이라고 하였다. 민수(1067~1122)보다 7살 어린 민영은 예종 때 신기군이 되어 여진과의 전투에서 공을 세웠으며, 여러 관직을 거쳐 제릉서령(종5품)으로 은퇴한 뒤 76세로 사망하였다. 형인 민수가 사망한 뒤 다른 형제자매들도 모두 세상을 떠나자, 민영은 조카들을 친자식처럼 돌보았고 어머니가 94세로 사망할 때까지 효성스럽고 근실하게 모셨다고 한다. 그러나 이들 형제자매의 이름이나 조카들이 누구인지 알 수 없다.

「민수 묘지명」에는 민수의 자녀가 2남 5녀였다고 하였다. 두 아들의 이름은 언실彦實과 언성彦誠인데, 이들에 대해 다른 기록은 더 이상 찾아볼 수 없다. 5녀 중 세 딸은 민수 생전에 결혼했다고 하였는데, 이 중 한 명에 대해서는 수주水州(지금의 경기도 수원시) 출신의 김단金端과 결혼하여 김열보金閱甫를 낳았다는 기록이 있다.[6] 김단은 예종 10년(1115)

5) 「민영 묘지명」, 김용선 편, 『집성』, 122~123쪽.

에 송의 대학大學에 입학하고 예종 12년(1117)에 현지에서 과거에 합격한 뒤 귀국하였으며,[7] 의종 대에 호부상서 등을 거쳐[8] 상서우복야에 올랐다.

민수는 사후 송림현 장봉동松林縣 長峰洞에 장례지냈는데, 송림현은 고려시대의 경기지역인 장단현의 속현이었다.[9]

이와 같이 검토해 볼 때, 「민수 묘지명」은 비록 간단한 내용이지만 고려전기 황려민씨의 가계를 밝히는 데 도움을 준다. 또 대다수의 묘지명들과 달리 특이하게 지석을 벼루 모양으로 만들어 묘지명을 새겼다는 점에서 그 가치가 적지 않다고 평가할 수 있을 것이다.

▌참 고▐

· 박종기, 「高麗時代 墓誌銘 新例」, 『한국학논총』 20, 국민대학교 한국학연구소, 1997.

· 강민경, 「새롭게 확인된 고려 묘지명: 「김용식 묘지명」·「상당현군 곽씨 묘지명」·「민수 묘지명」」, 『미술자료』 96, 국립중앙박물관, 2019.

---

6) 「김열보 묘지명」, 김용선 편, 『집성』, 241~242쪽.

7) 『고려사』 권14 세가 예종 10년 7월 무자 및 12년 5월 정사.

8) 『고려사』 권17 세가 의종 5년 4월 병진.

9) 『고려사』 권56 지리지1 왕경 개성부 송림현.

31. 상당현군 곽씨上黨縣君 郭氏 묘지명

소재: 일본 교토부 교토대학 종합박물관

연대: 의종 3년(금 황통 9년, 1149)

판독문

(1) 大金皇統九年十一月
(2) 十二日上黨縣君郭氏
(3) 葬于白鶴寺山北麓

역주

금金 황통皇統[1] 9년(의종 3, 1149) 11월 12일에 상당현군 곽씨上黨縣君 郭氏를 백학사白鶴寺 산의 북쪽 기슭에 장례지냈다.

1) 금 희종의 연호(1141~1148).

해 제

이 묘지명은 독립된 지석의 형태가 아니라, 석관의 안쪽 면에 새겨져 있다.[2] 석관은 일본 교토부 교토대학 종합박물관이 소장하고 있으며, 석관의 전체 크기나 글자의 개별 크기는 소개되지 않았다. 명문의 글씨는 해서체에 가까우며, 전체 3행 26자이다.

묘지의 주인공인 상당현군 곽씨上黨縣君 郭氏이다. 현군은 고려시대의 정6품 외명부外命婦직으로,[3] 대체로 6품 이상의 관리의 처나 어머니에게 주어졌다.[4] 그러므로 이 여성은 고려 관인 계층의 신분에 속했음은 분명하나, 그의 가족관계는 알 수 없다. 다만, 외명부 칭호는 본인의 출신지역이나 본관을 앞에 붙여서 ○○군부인·○○현군 등으로 부르는 것이 원칙이라는 점에서 이 부인의 출신지나 본관이 상당현上黨縣이었음을 알 수 있다.

『고려사』 지리지에는 상당현에 대해 다음과 같이 적혀 있다.

> 청주목淸州牧: 본래 백제의 상당현上黨縣이었는데, 신라 신문왕 5년에 처음 서원소경西原小京을 설치하였다가 경덕왕이 서원경西原京으로 승격시켰다. (고려) 태조 23년에 (지명을) 고쳐서 청주淸州라고 하였고, 성종 2년에 처음으로 12목牧을 둘 때에 주州도 그 중의 하나였다(『고려사』 권56 지리지1 양광도 청주목).

이 기록에는 상당현이 원래 백제의 지명이었으며, 통일신라 때에는 서원西原으로, 고려시대에는 청주淸州라고 불렀다고 하였다. 그러나 고려 말기까지도 상당이라는 명칭은 널리 쓰여져서, 공양양 때 만든 「한수 묘지명」에는 청주한씨인 한수韓脩의 집안을 '상당대가上黨大家'라고 부르기도

---

2) 강민경, 「새롭게 확인된 고려 묘지명: 「김용식 묘지명」·「상당현군 곽씨 묘지명」·「민수 묘지명」」, 『미술자료』 96, 2019, 231~232쪽.

3) 『고려사』 권77 백관지2 내직 외명부.

4) 김용선, 「고려시대의 외명부제와 봉작체계」, 『진단학보』 135, 진단학회, 2020, 86쪽.

하였다.[5]

고려 전·중기의 상당(청주) 곽씨 인물로는 현종 대의 재상인 곽원郭元,[6] 숙종 대에 참지정사를 지낸 곽상郭尙[7], 곽상의 아들이자 예종대의 금문우객金門羽客으로 유명한 거사居士 곽여郭輿,[8] 충렬왕 때 국자감 대사성을 지낸 곽예郭預[9] 등이 유명하다. 또 고종 8년에 만들어진 「유광식 묘지명」에는 유광식柳光植의 처가 지추밀원사를 지낸 곽양선郭陽宣의 딸로, 상당군부인에 봉해졌다고 하였다.[10] 이로 보면 상당(청주) 곽씨는 고려 전기부터 후기까지 유명한 문벌가문의 하나였음은 분명하다. 그러나 이들과 상당현군 곽씨와의 혈연관계는 전혀 알 수가 없다.

부인의 생애도 알 수 없다. 다만 부인의 장례가 의종 3년(금 황통 9년, 1149) 11월 12일에 치러졌다고 하였으므로, 이 해를 부인의 사망연도라고 보아도 좋을 것이다. 아울러 부인의 장지葬地는 백학사白鶴寺 산의 북쪽 기슭이라고 밝혀놓았다. 의종 13년(1159)에 사망한 문공유文公裕의 장지는 백학사 서남쪽 기슭이었고,[11] 명종 23년(1193)에는 이승장李勝章을 백학사 동쪽 기슭에서 화장했다고 하는 기록이 남아있다.[12] 이러한 점을 보면 백학사는 개성이나 그 주변의 경기 지역에 있던 사찰이라고 생각된다.[13]

---

5) 「한수 묘지명」, 김용선 편, 『집성』, 613쪽.
6) 『고려사』 권94 열전 곽원.
7) 『고려사』 권97 열전 곽상.
8) 『고려사』 권97 열전 곽상 부 여.
9) 「고려사』 권106 열전 곽예.
10) 「유광식 묘지명」, 김용선 편, 『집성』, 338쪽.
11) 「문공유 묘지명」, 김용선 편, 『집성』, 174쪽.
12) 「이승장 묘지명」, 김용선 편, 『집성』, 275쪽.
13) 당시의 고려 지배층들은 이 지역에 무덤을 정하는 것이 하나의 원칙이었다(김용선, 「고려지배층의 매장지에 대한 고찰」, 『고려금석문연구』, 일조각, 2004, 173~178쪽).

▌참 고▐

· 강민경, 「새롭게 확인된 고려 묘지명: 「김용식 묘지명」·「상당현군 곽씨 묘지명」·「민수 묘지명」」, 『미술자료』 96, 국립중앙박물관, 2019.

32. 정후영廷候永 묘지명

소재: 경상남도 진주시 토지주택박물관
연대: 의종 14년(금 정풍 5년, 1160)

판독문

(1) 高麗国北部属內天王一里居住
(2) 大樂署書者廷候永正豊五年
(3) 庚辰五月十一日身故爲去
(4) □乙同年八月十五日庚申日
(5) 乙用良搶骨爲白遣頉下施
(6) 行

역주

고려국 [개경의] 북부北部에 속한 내천왕방內天王坊 제1리에 거주하는 대악서 서자大樂署 書者 정후영廷候永이 정풍正豊[1] 5년 경진년(의종 14, 1160) 5월 11일에 돌아 □가시거늘, 같은 해인 8월 15일 경신일을 써서 유골을 모았다. 의무를 면제해 줄 것을 시행한다.

---

1) 금 제량의 연호(1156~1161). 원래 正隆이나 고려에서는 태조 왕건의 아버지인 세조世祖의 이름 王隆을 피하여 正豊으로 고쳐 썼다.

해제

이 묘지명은 독립된 지석이 아니라 석관의 내부 한 쪽 면에 새겨져 있다. 석관은 6매로 된 전형적인 조립식 형태로, 가로 85.6cm, 세로 51.6cm, 높이 36.1cm이다. 석관의 뚜껑과 바닥에는 아무런 장식이 없으나 네 면의 겉에는 청룡靑龍·백호白虎·주작朱雀·현무玄武의 사신도四神圖가 각각 그려져 있다. 명문은 주작이 그려진 판석의 안쪽에 새겨져 있다. 주작은 남쪽의 방위신이므로, 방향으로 볼 때 석관의 남쪽에 묘지명이 쓰여진 셈이 된다.[2] 명문은 6행에 걸쳐 61자로 새겨져 있으며, 행서체가 약간 섞인 해서체이다.

이 명문은 특이하게도 정통한문이 아닌 이두吏讀로 쓰여있다. 현재 전해지는 350여 점의 고려묘지명 중에서 이두로 쓰인 묘지명은 이것이 유일하다. 이러한 점에서도 이 묘지명이 갖는 자료적 가치가 매우 크다고 생각한다.[3]

묘지의 주인공은 정후영廷候永이다. 명문에는 그가 고려국 북부에 속한 내천왕 1리에 거주하였다고 하였다. 북부는 수도 개경의 행정구역의 하나를 말한다. 고려시대에 개경은 5부部(동·서·남·북·중부) - 35방坊 - 344리里로 편제되었다. 북부에는 10방 47리가 있었는데, 북부의 방 중에 내천왕방이 있었다.[4] 이 내천왕방 아래의 47리 중에 내천왕1리가 있었는지는 단언할 수 없다. 그러나 '남부 안신방 제1리南部安申坊 第1里'라는 표기방식을 참조하면,[5] 명문은 '개경 북부 내천왕방

2) 이와 달리 「정언심 묘지명」은 북쪽의 방위신인 현무가 그려진 석관의 뒷면에 새겨져 있다(「정언심 묘지명」, 『다시 보는 역사편지 고려묘지명』, 국립중앙박물관, 2006, 132~133쪽 및 이 책, 61~65쪽).

3) 이 묘지명은 김성갑, 『조선시대 명문에 대한 문서학적 연구』, 한국중앙연구원 한국학대학원 박사학위논문, 2013, 153~154쪽에 처음 소개되었다.

4) 『고려사』 권56 지리지1 왕경 개성부. 이러한 행정조직은 현종 15년에 정해졌다.

5) 「석수민 묘지명」, 김용선 편, 『집성』, 180쪽.

제1리'라고 해석해도 좋지 않을까 한다. 또 이 첫 구절에 나오는 '거주居住'라는 용어는 피장자의 본관이 아니라 현재의 거주지를 밝혀준다.

정후영의 관직은 대악서 서자大樂署 書者라고 밝혀져 있다. 대악서는 음악과 음률音律을 가르치고 점검하던 관청이다. 『고려사』 백관지에는 문종 때에 대악서에 영令 1명(종7품), 승丞 2명(종8품)을 두고, 이속吏屬으로는 사史 6명과 기관記官 2명을 두었다고 하였다. 이와 같이 대악서에 서자라는 관직은 언급되어 있지 않다.[6] 그러나 『고려사』 백관지에는 12개의 관부에 서자가 설치된 것으로 기록되어 있는데,[7] 대악서에도 이속인 서자가 있었다고 보아도 좋지 않을까 한다. 서자는 행정 실무를 맡던 말단 관리인 서리직 중의 하나인데, 명칭으로 보아 잡다한 기록(또는 문서)를 담당하는 임무를 맡았을 것이다.

서자는 입사직入仕職이 아닌 미입사직未入仕職의 하전下典에 속하는 서리였다.[8] 이러한 점에서 볼 때 정후영은 장차 품관에 오를 수 있는 양반이 아닌 서리胥吏로, 중간 계층의 신분일 가능성이 있다. 그러나 입사가 제한되어 있던 잡직雜職 계통의 미입사직 서리와 달리, 미입사직이라도 서자와 같은 하전의 서리들은 입사직을 거쳐 상급 직위로 진급할 수 있었다.[9] 따라서 정후영은 품관직 이상으로 더 승진할 수도 있었으나, 최하위 관직에 있는 동안 젊은 나이에 사망했을 가능성도 배제할 수는 없다. 한 가지 분명하게 말할 수 있는 것은 신분이나 직책이 어떠하든 그는 중앙의 관리였다는 사실이다.

정후영의 성씨인 정씨廷氏성을 가진 인물은 다른 기록에서 찾을 수가 없다. 그러나 고려 태조 때의 정악廷鶚이 혹시 이 성씨와 관련이 있

6) 『고려사』 권77 백관지2 전악서. 충렬왕 34년에 대악서를 전악서라고 고쳤다.
7) 김광수, 「고려시대의 서리직」, 『한국사연구』 4, 한국사연구회, 1969, 9쪽.
8) 김광수, 위의 글, 10~25쪽.
9) 박용운, 『고려시대 관계官階·관직官職 연구』, 고려대학교 출판부, 1997, 26~27쪽.

지 않을까 한다. 『고려사』에는 태조 13년(930)에 태조가 서경西京에 행차하여 학교를 설치하면서 수재秀才 정악을 서학박사書學博士로 삼았다는 기록이 나온다.[10] 정악의 출신지나 다른 정보는 전혀 알 수 없는데, 정이 성이고 악이 이름인지조차 분명하지 않다. 다만 나말여초에 활약하던 그가 수재라는 칭호를 가진 지식인임을 볼 때, 정악을 정씨 성과 악이라는 이름으로 이해해도 좋지 않을까 여겨진다. 그렇다면 고려시대에 정씨廷氏 가문이 고려 건국 초기부터 이 명문이 만들어진 당시까지 계속해서 존속해 갔음은 확실하다. 그러나 정악과 정후영이 같은 가계에 속하는지 아닌지는 알 수 없다.

정후영은 정풍 5년, 즉 의종 14년(1160) 5월 11일에 사망하자, 같은 해 8월 15일에 장례를 치렀다. 명문에는 장례장소도 밝혀져 있지 않고, 이 석관의 출토지도 알 수 없다. 그렇지만 정후영의 거주지가 개경이라는 점에서 당시의 고려 관리들의 매장지와 마찬가지로 그의 묘소도 개경 또는 그 주위에 마련되었을 가능성이 크다.[11]

묘지명의 마지막 문장은 '탈하시행頉下施行'이라고 되어 있는데, '탈하頉下'라는 용어는 중국의 자전에는 나오지 않는 한국의 고유한 단어이다. '탈하'는 조선초기의 법전인 『대명률직해大明律直解』 호율戶律 조(1395)에도 나오는 법제상의 용어인데, 어떤 일을 처리하지 못한 부분을 '자세히 그 이유, 사고를 기록하여 마감한다'라는 의미를 가지고 있다.[12] 즉, 넓은 의미이서 '의무를 면제해 준다'는 뜻을 가지고 있는 것이다.

구체적으로 무슨 일이 일어나서 고려시대의 하급관리인 정후영이 사망했는지는 알 수 없다. 그러나 그에게 의무를 면제해 준다는 내용

---

10) 『고려사』 권74 선거지2 학교.
11) 김용선, 「고려 지배층의 매장지에 대한 고찰」, 『고려금석문연구』, 일지사, 2004 참고.
12) 김성갑, 앞의 글, 2013, 154쪽.

을 석관에 일부러 적었다면, 그 혜택은 유족이나 살아있는 사람이 아니라 망자인 본인에게 적용된다고 보는 것이 합리적이라고 생각한다. 그렇다면 현세가 아니라 사후 세계에서의 피장자의 어떤 권리를 보장해 준다는 상징적인 뜻을 가지고 있다고 추정할 수밖에 없게 된다. 이러한 점에서, 이 명문에서의 '탈하시행'이라는 용어는 저승에서 피장자가 온갖 의무에서 벗어나 평안한 휴식을 누리기를 바란다는 하나의 주어呪語 같은 관용구가 아닐까 생각하고 싶다.13)

백제 무령왕릉 지석(523)에서는 지하에서의 안식처인 묘지墓地를 구입했음을 증명하는 상징적인 문건을 만든 다음, '율령에 따르지 아니한다[부종율령不從律令]'라는 문구로 끝을 맺었다.14) 고려시대의 「(승)천상 묘지명」(1141)과 「(승)세현 묘지명」(1143)에서도 매지권買地券을 만들면서, '빨리빨리 율령대로 할 것을 명령한다[급급여율령칙急急如律令勅]'와 '빨리빨리 율령대로 하라[급급여율령急急如律令]'라는 문구를 끝에 넣었다.15) 현세에서의 법률 적용과는 아무런 관계가 없는 이러한 선언적인 조처와 '탈하시행'은 사실상 같은 맥락을 가진 글귀가 아닌가 여겨진다.

간단한 내용이지만, 이를 통해 고려 중기의 정후영廷候永이라는 새로운 인물과, 정씨廷氏 가문의 존재를 알게 되었다. 또 이 명문을 통해 12세기 중엽의 이두로 쓰인 문장을 직접 대할 수 있게 되었다. 특히 피장자가 관청의 잡다한 기록을 담당하는 서리였다는 점에서 이들이 이두를 광범위하게 썼을 가능성을 말해준다. 또 '탈하시행頉下施行'

13) 김성갑은 '현세의 대악서 관료로서의 직역에서 면역免役되었다거나 혹 종교적으로 사바세계에서 영구히 면역, 탈역頉役되었음을 의미하는 것으로 보인다'고 이해하였다(위의 글, 154쪽).

14) 「무령왕 지석」, 한국고대사회연구회 편, 『역주 한국고대금석문』 1, 가락국사적개발연구원, 1992, 154~157쪽 참고.

15) 이 두 묘지명에 대해서는 김용선 편, 『집성』, 72쪽과 78쪽 참고.

이라는 현세적 법률 용어가 내세에서의 평안을 기원하는 주어呪語로 쓰였을 가능성도 검토해 보았다. 이와 같은 내용을 담고 있는 이 명문이 아직도 사신도 그림의 채색이 분명하게 남아있는 석관과 함께 출토되었다는 점에서, 차후 여러 방면에 걸친 본격적인 연구가 이루어지기를 기대한다.

❚ 참 고 ❚

· 김성갑,『조선시대 명문에 대한 문서학적』연구, 한국중앙연구원 한국학대학원 박사학위논문, 2013.

·『죽음을 노래하다』(가나아트 이호재회장 기증,『고려금석문전』도록), 예술의전당 서예박물관, 2017.

· 김용선,「정후영 묘지명」,『동방학지』179, 연세대학교 국학연구원, 2017;『고려·사회·사람들』, 일조각, 2018.

33. 김용식金龍軾 묘지명

소재: 미국 워싱톤D.C. 스미스소니언박물관
프리어 앤드 새클러 갤러리
(Freer & Sackler Galleries)

연대: 명종 27년(1197)

판독문

(1) 故秘書郎兼寶文閣校勘金公墓誌銘
(2) 公諱公湜改爲龍軾安東人也為人純
(3) 厚溫良清儉寡欲㐫□曾任都校署令
(4) 祖商輔不仕曾祖器為鄕役(?)吏母曰金
(5) 氏奉先庫副使祥晉之女子也娶檢校
(6) 大子詹事柳氏之女為婦慱通經史早
(7) 登士版入國學月書季考屢中優等歲
(8) 在庚辰擢第春官初受良醞丞為靈州
(9) 判官入受直翰林院遷軍器注簿出受
(10) 杆城縣令報政已後迍邅數歲為儕輩
(11) 所推擧至於六品位(?)有一子擧進士登
(12) 科噫公雖有過人之才位未登於華顯
(13) 豈非命歟享壽六十九年越丁巳八月
(14) 九日在家寢于床忽然而卒可謂樂天
(15) 知命者也及九月初二日葬于大德山
(16) 西麓公與余同年登科其子郎與余子

(17) 同牓登第其緣厚生□吊之日請余為
(18) 銘余與金公善重違其請於是乎强為
(19) 之銘時丁巳九月日門人少府監知制
(20) 誥崔孝著謹誌　銘曰　嗟乎金公
(21) 宜壽而顧何畜之深而施之淺雖或上
(22) 之亦或使之惟其有命故止於斯

역주

돌아가신 비서랑秘書郞 겸 보문각교감寶文閣校勘 김공金公 묘지명

공의 이름은 공식公湜인데 용식龍軾으로 고쳤고, 안동安東 사람이다. 사람됨이 순수하고 온화하며, 착하며 맑고 검소하여 욕심이 적었다. 아버지 □은 일찍이 도교서령都校署令을 지냈고, 조부 적보商輔는 벼슬하지 않았으며, 증조 기器는 향역리(鄕役吏)였다. 어머니 김씨金氏는 봉선고부사奉先庫副使를 지낸 상진祥晉의 딸이다. 검교대자첨사檢校大子詹事 유씨柳氏의 딸과 결혼하여 아내로 삼았다.

(공은) 경전經典과 사서史書에 널리 통하여 일찍이 벼슬길에 올랐는데, 국학國學에 들어가 달마다 치르는 시험과 철마다 치르는 시험[월서계고月書季考]에 여러 차례 우등을 차지하였고, 경진년(의종 14, 1160)에 과거에 합격하였다. 처음 양온승良醞丞에 제수되었고, 영주[1]판관靈州判官이 되었다가 들어와 직한림원直翰林院이

되고 군기주부軍器注簿로 옮겼다. 간성[2)]현령杆城縣令에 제수되어 나갔다가 임기가 차서 돌아온 뒤 여러 해 동안 관직에 나가지 못했으나, 동료들이 천거해서 6품의 지위에 올랐다. 아들 한 명이 있어 진사進士에 합격하였다.

아, 공은 뛰어난 재주를 가지고 있으면서도 높은 벼슬에 오르지 못하였으니, 어찌 운명이 아니겠는가. 69세인 정사년(명종 27, 1197) 8월 9일에 집에서 주무시다가 갑자기 돌아가시니, 가히 천명天命을 기꺼이 받아들인 것이라고 할 수 있다. 9월 2일에 대덕산大德山 서쪽 기슭에 장례를 치렀다. 공이 나와 같은 해에 과거에 합격하였고 그 아들이 나의 아들과 같이 과거에 올랐으니 그 인연이 매우 두터운데, □ 장례를 치르는 날에 나에게 명銘을 지어줄 것을 청하였다. 내가 김공과 친하여 그 청을 어기기 어려우므로, 이에 억지로 명銘을 쓴다. 정사년 9월 일에 문인門人 소부감 지제고少府監 知制誥 최효저崔孝著가 삼가 적는다.

명銘하여 말한다.

> 아, 김공은 마땅히 장수를 누려야하나 도리어 하늘은 깊지 않고 얕게 베푸시도다. 하늘의 뜻이 그러하고 또한 그렇게 되도록 하였으니, 다만 그 명이 여기에서 그치도다.

---

1) 고려시대의 북계 안북대도호부에 속한 방어군의 하나로(『고려사』 권58 지리지3 북계 안북대도호부 영주), 지금의 평안북도 의주시 일대에 있었다.

2) 고려시대의 동계 안변도호부에 속한 방어군의 하나로(『고려사』 권58 지리지3 동계 안변도호부 간성현), 지금의 강원도 고성군 간성읍에 해당한다.

해 제

이 묘지명은 미국 워싱톤D.C.의 스미스소니언박물관(프리어 앤드 새클러 갤러리)이 소장하고 있다. 이 박물관은 석관 4면과 함께 이 묘지명을 소장하고 있는데, 묘지명의 크기나 석관의 상태에 대해서는 알려지지 않았다. 이 묘지명을 처음 소개한 글[3]에 실린 사진도판을 보면, 지석의 형태는 가로가 더 긴 장방형으로, 오른쪽 상단 일부가 조금 깨어져 있다. 지석 전면의 가장자리에는 가는 선으로 테를 두르고, 그 안에 가로로 매우 얕은 선을 긋고 세로로 조금 굵은 줄을 그어 행을 구분하였다. 전체 행은 22행이며, 해서로 쓰인 본문의 1행당 글자수는 15개로 균일하다. 사진으로는 지석의 상태가 썩 좋지는 않아서 몇 군데의 글자는 읽을 수 없으나, 그 중 몇 개는 앞뒤 문맥이나 남아있는 글자의 획을 통해 복원이 가능하다.

묘지의 주인공은 김용식金龍軾으로, 초명은 공식公湜이었으나 뒤에 개명하였다. 이 두 이름은 『고려사』 등의 사서에는 전혀 나오지 않는 것으로, 이 묘지명의 출현으로 김용식의 존재가 처음 알려지게 되었다. 그는 안동부安東府(지금의 경상북도 안동시) 출신으로, 한 글자로 된 아버지의 이름은 판독할 수 없으나 도교서령(종8품)을 지냈고, 조부 적보商輔는 벼슬하지 않았으며, 증조부 기器는 향역리鄉役吏, 즉 지방의 향리鄕吏였다. 어머니는 봉선고부사인 김상진金祥晉의 딸인데, 출신지는 적어놓지 않았다. 김용식의 처는 검교태자첨사를 지낸 유씨柳氏-이름은 밝혀져 있지 않다-의 딸이다. 이러한 사실을 종합해 보면, 김용식의 가계는 원래 안동의 향리였다가, 조부나 아버지 대에 서울로 진출한 가문이었음이 분명하다. 외가와 처가의 출신지는 알 수 없으나, 외조부가

3) 강민경, 「새롭게 확인된 고려 묘지명: 「김용식 묘지명」·「상당현군 곽씨 묘지명」·「민수 묘지명」」, 『미술자료』 96, 국립중앙박물관, 2019.

품관권무品官權務인 봉선고부사를 지냈고 장인은 검교대자첨사(정3품)를 지낸 것으로 보아, 친가·외가·처가 모두 서울의 중·하급 관리의 신분을 가지고 있지 않았나 생각한다.

김용식은 명종 27년(정사, 1197)에 69세의 나이로 사망하였다. 그러므로 그가 태어나 해를 계산해 보면 인종 7년(1129)이 된다. 그는 국학에 입학하여 여러 차례의 시험에서 우등을 차지하였고, 의종 14년(1160)의 과거에 합격하였다. 이 때 그의 나이는 32세였다. 이 과거의 지공거는 김영부金永夫, 부지공거는 이지심李知深으로, 진사進士 33명과 명경明經 3명의 합격자를 뽑았다.4) 이 중에서 장원을 한 최효저崔孝著와 조영인趙永仁, 유공권柳公權, 최선崔詵, 윤종양尹宗諹 등의 이름이 알려져 있다.

과거에 합격한 김용식은 첫 관직으로 양온승(정9품)을 받은 뒤, 영주판관, 직한림원(8품급), 군기주부(정8품)직을 역임했다. 그런데 다시 지방으로 나가 간성현령으로 근무한 이후로는 여러 해 동안 관직에 나가지 못했다고 한다. 그 이유는 알 수 없으나, 이 무렵인 명종 4년(1174)에 김보당金甫當이 반무신난을 일으켰다가 실패하고 처형되는 사건이 일어났다. 이 김보당의 아버지가 바로 김영부이다. 이를 연관시켜 보면, 명종 대에 김용식의 관로가 막힌 것과 김보당의 난이 혹시 관련이 있지 않은가 하는 생각이 든다. 그러나 동기생인 최효저, 최선, 유공권 등은 명종 4년 이후에도 계속해서 여러 관직을 역임하면서 승진해 갔다는 사실을 확인할 수 있다.5) 그렇다면 김용식이 관직을 받지 못한 이유는 우리가 알지 못하는 다른 데에 있었다고 보는 것이 타당하지 않을까 한다.

4) 『고려사』 권73 선거지1 과목1 선장 의종 14년 5월 조.

5) 예컨대, 최효저는 명종 8년 1월에 형부원외랑, 명종 13년 윤11월에는 호부원외랑직을 가지고 있었고, 최선은 명종 8년 1월에 공부낭중이었으며, 유공권은 명종 16년 1월에 예빈경이었다(『고려사』 세가 해당 연월 기사 참조).

어떻든 관직 없이 여러 해를 보낸 그는 동료[제배儕輩]들의 추천을 받아 6품의 지위에 올랐다. 묘지명에는 69세로 사망한 그의 최종 관직이 비서랑 겸 보문각교감이라고 하였다. 이중 비서랑은 종6품이고, 보문각교감은 겸직이기는 하나 문한직文翰職의 하나였다. 그가 이 관직을 가지게 된 때가 정확하게 언제인지는 알 수 없으나, 아마도 사망시기와 가까운 60대의 초반이 아닐까 여겨진다. 이러한 점에서 그의 출세는 상당히 늦은 편이라고 할 수 있다. 그러나 그는 고려시대의 과거급제자들이 선망하는 문한직을 가지고 있었다. 그를 추천한 동료들이 누구인지도 알 수 없으나, 아마도 과거의 동기생들이 중요한 몫을 담당했다고 보아 틀림없을 것이다.

그의 가족 관계에 대해서도 묘지명에는 자세히 적어놓지 않았다. 단지 그의 아들 한 명은 진사시에 급제하였다고 한다. 최효저가 김용식의 묘지명을 썼는데, 두 사람은 '문인門人', 즉 과거 동기생이었다. 뿐만 아니라 김용식의 아들과 최효저의 아들도 진사시 동기생이기도 하였다. 우연이 겹치기는 하였지만, 이렇듯 과거를 매개로 겹쳐진 인맥은 당시 사회에서 나름대로 그 영향이 적지 않았을 것이다. 이러한 점에서 이 묘지명은 고려시대 과거제도의 사회적 존재 의의를 잘 보여준다.

김용식은 사후 대덕산大德山에 묻혔다. 대덕산은 개경의 동쪽에 있는 산으로, 고려시대의 많은 귀족들이 이곳에 그들의 묘소를 만들었다.[6] 이러한 사실은 김용식의 가문이 안동지방의 향리 출신이었으나, 차츰 고려시대의 지배 계층으로 성장해 갔다는 점을 말해준다.

6) 「박경인 묘지명」(김용선 편, 『집성』, 52쪽: 예종 17, 1122)에는 대덕산이 '성의 동쪽[성동城東]」에 있다고 하였고, 「김복윤 묘지명」(김용선 편, 『집성』, 100쪽: 의종 3년, 1149)에는 '서울의 동쪽[경사동비京師東鄙]'에 있다고 하였다.

▌참 고▌

· 강민경, 「새롭게 확인된 고려 묘지명: 「김용식 묘지명」·「상당현군 곽씨 묘지명」·「민수 묘지명」」, 『미술자료』 96, 국립중앙박물관, 2019.

34. 진식陳湜 묘지명

소재: 서울 국립중앙박물관(No.본관10488-6)

연대: 고종 16년~17년(1229~1230)(추정)

판독문

(1)

(2) 叅知政事 事判兵部事

(3) 光脩朝□大夫尙書 娶 少卿朴紀

(4) 文章 學劵(?) 及(?) 歲

(5) 隨 東 也 朝里(?)

(6) 從 而代 不 直 陵 從事 江

(7) 南 二載已巳拜尙書都事

(8) 錄事 年出 北面 布(?)佐(?)壬申拜詹事府丞一年

(9) 使 遠(?) 監 於南(?)臺甲戌歲秋 東

(10) 時 不 黃旗子軍攻七日公

(11) 上 在州 部 歲 滿朝 拜右正言知制誥 侍

(12) 出 道 拜 郎中 歲抄擢(?) 府兼

(13) 壬午 監 年 甲申

(14) 監 歲

(15) 境 超授銀靑光綠大夫 尙書右僕

(16) 射翰林學士 戊子年 樞密院副使御史大夫

(17) 今(?) 西 癸 慶 言曰

(18) 百(?) 有 三 瓜代 乎 位至副 百(?)

(19) 唯 而 自 以後一無 暇 仕(?)

(20)　　　夙夜　兮月　　　發　　　盛　　　　朝

(21) 可　　然遂　　　　　　　　　　　　　恍惚之

(22)　玆(?)　月　　　　　時　　　　寺

(23)　　　　耳　　曰

(24)　　　　者　　夷險　　　　　　　　　在其中

(25)　　　　筆　　　躬爲　　孝　　　　　年　親

(26)　　　感　　　惟　人　然　　　　　耳　　理

(27)　　無　　　　　　　　　　　　　　　　　可

(28)　與賓通　　　　　　　　　　　　　　　　幾

(29)　　　　　　　　　　　　　　　　　　　一(?)

(30) 無闕　　　　第怡　　　　　　　　　　故　儉

(31)　之信　　淸(?)　　　　　　　　　　　　壽

(32)　奉母　　猶　其　　　　　　　　　　　生老

(33)　　　　　　病　　　　　　　　　　　　此名

(34)　　　　備　　　　　　　　　　　　　以子孫不

(35)　　　　疆

역주

(읽을 수 있는 글자가 너무 적어서 번역이 불가능함)

해제

이 묘지명은 가로 61,5cm, 새로 43,7cm, 두께 2,5cm의 장방형으로. 지석의 오른쪽 제(9)행 아랫부분에서부터 제(1)행까지 위로 비스듬하게 깨져 있고, 표면 전체도 박락이 매우 심해서 많은 글자를 읽을 수가 없다. 지석의 가장자리에는 아주 얇은 신을 두른 흔적이 조금 남아있는데, 그 안에 글씨를 새겼으나 행이나 자간을 구분하는 가로와 세로선은 그어져 있지 않다. 전체 35행에 걸쳐 글자를 새긴 것으로 추정되나, 글자의 크기도 일정하지 않아서 각 행의 글자 수도 정확하게 파악할 수는 없다. 아마도 최대 35자 정도가 되지 않을까 짐작된다.

이 묘지명에 대해서는 판독의 어려움에도 불구하고 자세한 검토가 이루어져서, 주인공이 고려 무인정권기의 진식陳湜(?~?)으로 추정된다는 소개글이 발표된 바 있다.[1] 필자는 사진을 재판독한 결과 몇 글자를 새롭게 읽어 낼 수 있었고, 또 남아있는 획이나 앞뒤의 문맥에 따라 몇 글자를 복원해 낼 수 있었다. 그 결과에 진식의 묘지명이 분명하다는 확신을 내리게 되었다. 이에 기왕의 검토를 토대로 하여, 묘지명의 내용에 대해 몇 가지 사실을 좀더 추적해 보고자 한다.

판독된 명문만으로는 주인공의 비정이나 묘지명이 만들어진 시기를 전혀 알 수 없다. 그러나 명문 제(10)행에는 황기자黃旗子라는 용어가 나오고 있어서, 일단 이 대목부터 주목하기로 한다. 『고려사』와 『고려사절요』에는 황기자군黃旗子軍과 관련된 기사가 몇 개 나온다. '여진반적女眞叛賊'인 이들은 고종 4년(1217) 4월·9월·10월 등에 압록강을 건너 고려의 의주義州 지역에 침입해 왔으나, 고려군에게 번번이 패하였다. 이듬해 5년 6월에는 양식과 말을 요구하며 화친을 청해

1) 김수연·송용덕·이미지, 「국립중앙박물관 소장 <본관10488-6호> 묘지 판독」, 『사학연구』 132, 사학연구회, 2018.

오자, 고려정부는 이들에게 쌀 300곡斛을 주었다.2) 당시 몽골의 흥기와 함께 금이 쇠락해지면서 금 내부에서 여러 종족의 반란이 일어났는데, 황기자군도 그들의 하나였을 것으로 추정된다.3)

이 묘지명의 문장은 '黃旗子□攻七日公'이라고 되어 있다. 가운데의 □는 읽을 수 없는 글자이나, 『고려사』 등의 기록에 따라 '군軍'으로 복원시켜 보기로 한다. 그렇게 되면 이 대목은 '황기자군이 7일 동안 공격해 왔는데, (묘지의 주인공인) 공公이 (그들과 싸워 공을 세웠다)'라는 의미로 해석할 수 있을 것이다. 또, 이 문장에 앞서 제(9)행에는 갑술甲戌, 뒤의 제(13)행에는 임□壬□와 갑신甲申이라는 간지가 나온다. 황기자군이 고려에 침입한 고종 4년(1217)과 5년(1218)은 간지로는 각각 정축丁丑과 무인戊寅에 해당한다. 묘지명의 이 구절이 황기자군과 연결된다면, 갑술은 고종 1년(1214), 임□는 임오가 되어 고종 9년(1222), 갑신은 고종 11년(1224)으로 비정할 수 있다. 즉, 묘지명의 주인공은 일단 고종 초반에 활약한 인물이었다는 사실을 알 수 있게 된 것이다.

고종 4년이나 5년에 황기자군과의 전투에서 공을 세운 뒤 그가 역임한 관직에 대해 제(16)행에는 '戊子年<결락>樞□□副使□史□□'라고 되어 있다. 이것을 '樞密院副使御史大夫'라고 복원시키면, 그는 무자년 즉, 고종 15년(1228)이나 그 직후에 추밀원부사와 어사대부를 역임했다는 뜻이 된다. 이에 해당연도에 같은 관직을 가진 인물을 『고려사』 등의 기록에서 찾아보면 다음과 같은 인물들이 등장한다.

우선 『고려사』 세가의 고종 15년 12월 갑자의 기사에 추밀원부사 이윤함李允諴에 대한 기록이 있고,4) 같은 해 12월 무진의 인사발령 기

2) 『고려사』 권22 세가 고종 4년 4월 무진·9월 신사·10월 경신 및 고종 5년 6월 기미; 『고려사절요』 권15 고종 4년 10월·고종 5년 6월; 『고려사』 권103 열전 조충.

3) 김수연·송용덕·이미지, 앞의 글, 618~619쪽.

4) 『고려사』 권22 세가 고종 15년 12월 갑자.

사에는 진식陳湜을 추밀원부사 어사대부로, 사광보史光補와 유승단俞升旦을 함께 추밀원부사 우산기상시로 삼았다는 기록이 나온다.5) 또 고종 17년 1월 갑신에 차척車倜을 추밀원부사 어사대부로 삼았다는 기사도 있다.6) 이에 따라 이윤함, 진식, 사광보, 유승단, 차척을 검토할 필요가 생겨난다. 특히 진식과 차척은 이 묘지명 기록과 동일하게 추밀원부사 어사대부라는 관직을 가지고 있었으므로, 조금 더 주목해도 좋지 않을까 한다.

한편, 묘지명 제(2)행에는 '판병부사判兵部事'라는 관직이 나온다. 이 부분은 묘지 주인공의 조상에 관해 언급한 대목이라고 생각되는데, 판병부사라는 고위관직을 가진 정도라면 『고려사』에 그 이름이 나올 확률이 높다. 묘지명의 이 부분을 다시 살펴보면, 이 인물의 관직을 나열하면서 '政事<3~4자 결락>事判兵部事'라고 적었다. 이 중 '政事'는 앞에 두 글자를 넣어 '叅知政事'로 복원시켜도 무방할 것이다. 즉, 그는 참지정사와 판병부사를 모두 역임한 인물이 되는 것이다. 또 이 묘지명의 앞뒤 문맥의 흐름으로 보아, 그는 묘지 주인공의 증조부나 조부가 될 가능성이 높다.

이러한 추론에 따라, 묘지의 주인공이 활약한 1200년대 초반보다 대략 50년 앞선 시기, 즉 1150년대를 전후한 인종~의종~명종 시기에 참지정사와 판병부사를 모두 역임한 인물들을 조사해 보면 다음과 같다.7)

---

5) 『고려사』 권22 세가 고종 15년 12월 무진.

6) 『고려사』 권22 세가 고종 17년 1월 갑신.

7) 이 명단은 『고려사』, 『고려사절요』, 각종 고려시대의 문집, 고려묘지명 등의 여러 자료에서 뽑은 것인데, 번거로움을 피하기 위해 구체적 전거는 생략하기로 한다. 고려시대의 판상서병부사 역임자의 전체 명단은 박용운, 『고려시대 상서성 연구』, 경인문화사, 2000, 141~158쪽에, 고려전기와 무인정권기에 참지정사를 역임한 인물들의 명단은 박용운, 『고려시대 중서문하성재신 연구』, 일지사, 2000, 259~279쪽 및 286~295쪽에 잘 정리되어 있다.

인종대(1122~1146): 김지화金至和, 척준경拓俊京, 이공수李公壽(이수李壽), 최자성崔滋盛, 최재崔梓, 문공인文公仁, 김부식金富軾, 임원준任元濬, 허재許載 <이상 9명>

의종대(1146~1170): 고조기高兆基, 김영관金永寬, 최유청崔惟淸, 유필庾弼, 최자영崔子英, 최윤의崔允儀, 김영부金永夫, 최유칭崔褎稱 <이상 8명>

명종대(1170~1197): 윤인첨尹鱗瞻, 진준陳俊, 기탁성奇卓誠, 송유인宋有仁, 이광정李光挺, 한문준韓文俊, 문극겸文克謙, 두경승杜景升 <이상 8명>

이 명단에서 보듯이 총 25명의 인물을 찾아 낼 수가 있다. 이들 중 한 명이 이 묘지명에 나오는 인물이 될 공산이 클 터인데, 이들과 앞서 살펴본 이윤함, 진식, 사광보, 유승단, 차척과의 관련성을 찾아보기로 한다. 판병부사 등을 역임한 이 25명과 추밀원부사를 역임한 앞의 5명 중 서로 성씨가 같은 인물들을 찾아보면, 이공수/이윤함, 이광정/이윤함, 진준/진식이라는 세 쌍의 조합이 남는다.

이 중에서 이공수李公壽는 자신의 묘지명이 남아있다.[8] 고려 최고 문벌의 하나인 경원이씨 출신인 그의 묘지명에는 최종관직이 '(전략) 수태부 문하시중 판상서이예부사(하략)'이고 시호가 문충공文忠公이라고 하였다. 그런데 우리가 지금 검토하고 있는 이 묘지명에는 관직이 '叅知政事<결락>事判兵部事'라고 되어 있어, 「이공수 묘지명」에 적힌 최고관직과는 잘 맞지 않는다. 물론 새 묘지명의 글자를 다 판독할 수 없기는 하지만, 읽을 수 없는 이 부분에 더 높은 관직인 문하시중이나 시호 등을 적기에는 공간이 너무 부족하다. 이와 같이 두 묘지명에 적힌 최고 관직의 명칭이 조금 다르다는 점에서, 이공수가 이윤장의 증조부나 조부가 될 가능성은 일단 적어지는 것은 아닌가 한다.

다음 이광정李光挺은 무인정권 초기의 실력자이던 정중부전鄭仲夫傳

8) 「이공수 묘지명」, 김용선 편, 『집성』, 63쪽.

에 그의 전기가 짧게 실려 있다.[9] 이를 보면, 그는 군인인 항오行伍 출신으로서 점차 출세하다가 의종을 폐한 공로로 대장군이 되었다. 명종 9년(1179)에 참지정사가 되고, 뒤에 판병부사와 판이부사를 거쳐 명종 24년(1194)에 문하시랑평장사로 사망했다. 이와 같은 최종관직을 볼 때, 앞의 이공수와 마찬가지로, 그 역시 우리가 찾고자 하는 묘지명 속의 인물과는 다소 차이가 난다고 생각할 수밖에 없다.

그렇다면 진준陳俊과 진식陳湜의 경우는 어떠한가. 진준은 『고려사』에 그의 전기가 실려 있다.[10] 이를 보면 그는 청주 여양현淸州 呂陽縣[11] 출신으로, 항오行伍에서 장군과 대장군으로 승진하고 명종 때에 지추밀원사를 거쳐 참지정사 판병부사가 되었다가 명종 9년에 사망했다. 또 이 전기에는 손자로 식湜·화澕·온溫이 있는데 모두 과거에 합격했으며, 식은 어사대부, 화는 직한림원으로 뽑히고 우사간 지제고가 되었다고 하였다.

이렇듯 『고려사』에 나오는 진준의 최종관직과 이 묘지명의 기록은 그대로 일치한다. 또 『고려사』 진준전에는 그의 손자인 진식이 어사대부가 되었다고 했는데, 이 묘지명 제(16)행에도 어사대부라는 관직이 언급되어 있다. 따라서 이 묘지명의 주인공은 진준의 손자인 진식일 가능성이 매우 커지게 된다.

특히 진식은 앞서 보았듯이 고종 15년에 추밀원부사 어사대부가 되었는데, 그 전해인 고종 14년 12월에는 우복야 한림학사에 임명되었

9) 『고려사』 권128 열전 정중부 부 이광정.

10) 『고려사』 권100 열전 진준.

11) 『고려사』의 진준전에는 그가 淸州 呂陽縣 출신이라고 하였으나, 呂陽은 驪陽의 잘못이거나 이칭이 아닌가 한다. 『고려사』에서 呂陽이라는 표기는 이것이 유일한데, 『고려사』 지리지에는 양광도 청주목 洪州의 속현으로 驪陽縣이라는 명칭이 나온다(『고려사』 권56 지리지1 양광도 청주목 홍주 여양현). 『신증동국여지승람』의 홍주목의 성씨 조에는 驪陽에 陳氏가 나온다(『신증동국여지승람』 권19 충청도 홍주목 성씨 여양). 지금의 충청남도 홍성군 결성면 일대로 비정된다.

다는 기록도 있다.12) 그런데 이 묘지명 제(16)행의 제일 앞부분에는 '射翰□學士'라는 관직명이 나온다. 翰□學士의 □는 림林자가 분명할 것이고, 야射의 앞 글자, 즉 제(15)행의 마지막 글자는 복僕이었다고 단정해도 좋을 것이다. 즉 이 대목은 '복야 한림학사僕射 翰林學士'가 되어, 『고려사』에 나오는 진식의 고종 14년의 관직과 정확하게 일치한다. 이렇게 되면 이 묘지명은 추정 단계를 뛰어넘어 「진식 묘지명」이 분명하다고 말할 수 있게 된다.

진준의 손자인 진식·진화·진온 형제 중에서 특히 진화는 이규보와 함께 '이정언李正言·진한림陳翰林'이러고 불릴 정도로 당대에 문명을 떨쳤다. 진화의 문집인 『매호유고梅湖遺稿』가 지금 전해지고 있고,13) 고려 후기에 최해崔瀣가 엮은 『동인지문오칠東人之文五七』에는 진화의 작품 18수를 소개하면서 첫머리에 간단하게 그의 전기[진화소전陳澕小傳]를 적은 것이 전한다.14) 이 전기에는 진화의 아버지가 시랑侍郎을 지낸 진광수陳光脩라고 하였다. 진광수는 『고려사』에는 나오지 않지만, 이 「진식 묘지명」의 제(3)행에는 '<결락>光□朝□大夫尙書<결락>'라는 글자가 쓰여 있다. 앞서 검토한 진식의 조부인 진준의 판병부사에 이어지는 부분으로, 부친에 대해 언급하는 대목이다. 그런데 묘지명의 사진을 보면 '光□'의 □에는 '亻'변이 확실하게 남아있다. 따라서 이 글자는 원래 '수脩'였을 것이고, 진식 형제의 아버지인 광수光脩를 말하는 것임이 분명해진다. 또 이 구절에 이어서 묘지명 제(3)행에는 '취娶'와 '소경박기少卿朴紀'라는 글자가 나온다. 이 부분은 진광수가 소경少卿을 지낸 박기□朴紀□의 딸과 결혼했다는 것을 말해 준다.

12) 『고려사』 권22 세가 고종 14년 12월 신미.

13) 『매호유고梅湖遺稿』, 한국문집총간 2, 민족문화추진회, 1990.

14) 『동인지문오칠東人之文五七』, 국사편찬위원회 한국사데이터베이스(http://db.history.go.kr/KOREA)

즉, 진준 – 진광수 – 진식으로 이어지는 여양진씨의 가계와 아울러 진식의 외가의 성씨도 알 수 있게 된 것이다.[15]

진식의 가계와 처가를 적은 제(2)~(3)행에 이어, 그 다음에는 '문장文章', '학권學券(?)', '及(?)', '세歲' 등의 단어가 나온다. 이는 진식이 글을 잘 짓고, 부지런히 배우며, 특정한 연도에 과거에 급제했다는 뜻으로 해석할 수 있다. 비록 이 묘지명을 통해서 구체적으로 알아낼 수 있는 사실은 하나도 없지만, 진식이 명종 20년(1190)의 과거에 합격했다는 사실은 잘 알려져 있다. 이규보가 「동년재상서명기同年宰相書名記」에서 그의 과거 동기생으로 조충趙冲, 유승단俞升旦, 한광연韓光衍과 함께 진식의 이름을 언급하고 있기 때문이다.[16]

이 과거의 지공거는 이지명李知命, 동지공거는 임유任濡로 모두 30명의 합격자를 뽑았는데, 장원을 한 황보위皇甫緯, 유충기劉冲基, 윤우일尹于一, 신례申禮, 최극문崔克文, 윤의尹儀, 김연수金延脩 등의 이름도 알려져 있다. 이들 동기생들도 다른 과거합격자들과 마찬가지로 돈독한 인맥을 형성했던 것으로 보인다. 예컨대, 동년인 윤의, 아우인 진화와 함께 진식이 이규보를 찾아가 지은 시가 남아있고,[17] 이규보는 윤의·유충기·유승단을 비롯한 동기생들과도 친하게 지냈다.[18] 또 동기생인 조충이 사망하자 이규보는 뇌서誄書를,[19] 윤우일은 묘지명을 지어주었다.[20]

15) 『매호유고』의 「매호공소전梅湖公小傳」에는 진화의 증조부, 즉 진준의 아버지가 진총후陳寵厚이고, 인종 때 대장군으로서 이자겸을 제거하는 데 공을 세워 여양군驪陽君에 봉해졌다고 하였다. 진준이 항오行伍출신이었다는 『고려사』의 기록과는 전혀 맞지 않으므로, 후대의 과장된 표현이라고 생각한다, 이 「소전」에는 진화의 아버지가 광현光賢이라고 하였으나, 이 이름 역시 잘못 적은 것으로 보인다.

16) 이규보, 「동년재상서명기」, 『동국이상국집』 권25 기.

17) 이규보, 「윤의 동년, 진식 동년과 진화가 찾아오자 유 빈객의 시의 운을 써서 각기 짓다」, 『동국이상국집』 권11 고율시.

18) 이에 대해서는 김용선, 『생활인 이규보』, 일조각, 2013, 151~154쪽 참고.

19) 이규보, 「조충 뇌서」, 『동국이상국집』 권36 뇌서.

이러한 일들은 과거를 통해 맺어진 학맥이 진식의 관직이나 사회생활에 커다란 영향을 주었으리라는 사실을 잘 말해준다.

이어지는 묘지명 문장에는 과거에 합격한 뒤 진식이 역임한 관직들이 적혀 있을 것이다. 이들 중 몇 개의 관직을 확인할 수 있고, 또 다른 기록을 통해서도 진식의 관직을 몇 개 더 찾아볼 수 있다. 이들을 연대순으로 정리해서 표로 만들면 다음의 <진식 약력>과 같다.

〈진식 약력〉

서기	왕대	간지	관직	비고	전거
1172~1173	명종 2~3			출생	
1190	명종 20			과거 급제	『동』 권24
1209	희종 5	기사	상서도사(종7)		
			녹사		
1212	강종 1	임신	첨사부승(정6)		
1217/1218	고종 4/5	정축/무인		황기자군 격퇴에 공을 세우다	
			우정언(종6) 지제고		
			낭중(정5)		
1219	고종 6	기묘	안렴사		『동』 권15
1226	고종 13	병술	서경유수	서경사람 조영수趙永綏 등의 반란 모의를 진압하다	『사』 권22 세가 고종 13년 5월
			은청광록대부(정3)		
1227	고종 14	정해	우복야(정2) 한림학사		『사』 권22 세가 고종 14년 12월
1228	고종 15	무자	추밀원부사(정3) 어사대부(정3)		『사』 권22 세가 고종 15년 12월
1229~1230?		기축/경인		사망(58세)	『동』 권24

*『동』은 『동문선』, 『고』는 『고려사』를 말한다.

20) 「조충 묘지명」, 김용선 편, 『집성』, 334~336쪽.

그의 약력을 살펴보기에 앞서 진식의 출생과 사망연대에 대해 잠시 검토해 보기로 한다. 이규보는 「동년재상서명기」에서 동기생인 진식이 '은청광록대부 추밀원부사 어사대부 한림학사'에 올랐으며, 58세에 사망했다고 기록하였다. 그런데 『고려사』 세가를 보면, 진식은 고종 14년 12월 신미에 우복야 한림학사가 되고, 이듬해인 고종 15년 12월 무진에 추밀원부사 어사대부가 되었다. 이규보의 증언에 따라 추밀원부사 어사대부가 진식이 역임한 최종관직이라고 할 수 있다. 이 묘지명에도 더 이상 진식의 관직에 대한 기록이 나오지 않기 때문이다.

그런데 고종 15년 12월 무진일을 날짜로 바꿔보면 12월 29일이 된다. 따라서 그가 사망한 시기는 일단 그 이후가 될 수밖에 없을 터인데, 인사발령을 받자마자 그 다음날인 12월 30일에 사망했을 확률은 거의 제로일 것이라고 생각한다, 그렇다면 그가 사망한 해는 고종 16년(1229)~17년(1230)으로 추정할 수 있다. 고려시대에 관리의 정기 인사인 도목정都目政은 6월과 12월에 이루어지는 것이 관례인데, 늦어도 2년 뒤인 고종 17년 12월 무렵까지 그가 살아있었다면, 그 동안에 새로운 관직을 받았을 가능성이 크기 때문이다.

이러한 추정에 따라 58세에 사망한 그의 출생 연도를 역산해 보면 1172년(명종 2)이나 1173년(명종 3)이 된다. 동시에 그가 과거에 합격한 해인 1190년(명종 20)은 그의 나이 18세~19세 때가 된다. 즉, 정확하게 말할 수는 없기는 하지만, 최소한 그는 20세 이전에 과거에 합격했다는 사실만큼은 분명하다고 할 것이다. 이렇듯 일찍 과거에 합격한 그는 앞의 <표>에서 보듯이, 여러 벼슬을 거친 뒤 50대 후반에는 추밀원부사가 되었다. 중추원 소속의 이 직책은 추밀7직(판중추원사·중추원사·지중추원사·동지중추원사<이상 종2품>·중추원부사·첨서중추원사·중추원직학사<이상 정3품>)의 하나로 꼽히므로, 진식은 고려 최고의 관직인 재추의 반열에 오르게 된 것이다.

관직에 대한 언급은 더 이상 나오지 않지만, 이 묘지명은 제(17)행~제(35)행으로 길게 이어지고 있다. 이 부분에는 분명히 진식의 인품, 결혼과 자녀 등 가족관계, 사망과 장례일시, 장례장소 및 이 묘지명의 글을 지은이, 진식의 생애를 운문으로 압축한 명銘 등이 쓰여 있을 것이다. 그러나 아쉽게도 지석의 상태가 너무 좋지 않아서 이 부분에서는 핵심적인 단어를 하나도 캐낼 수가 없다. 다만 '숙야夙夜'<제(20)행>, '여빈與賓'<제(28)행>, '효孝'<제(25)행>, '봉모奉母'<제(32)행>와 같은 단편적인 글자들을 통해, 그가 매우 부지런했고, 손님을 잘 접대했으며, 어머니를 효성스럽게 모셨다는 사실을 짐작해 볼 수 있다. 또 어쩌면, 진식에 이어 동생 진화와 진온이 모두 과거에 합격했으므로, 이들 세 형제의 어머니 박씨부인이 국가로부터 해마다 녹祿을 받았다는 내용도 자랑스럽게 적혀있음 직하다.[21]

진식의 조부인 진준은 성품이 소박하고 정직하여 당시에 많은 칭송을 받았으며, 무인난과 김보당의 난이 일어났을 때 문신 집안에서 진준 덕분에 살아난 사람들이 매우 많았다고 한다.[22] 그는 군인인 항오行伍에서 출세한 무반이었지만, 그의 손자인 진식·진화·진온이 모두 과거에 급제하고 문장으로 이름을 날렸다. 이들 중에서 진식의 묘지명이 이제 처음으로 알려지게 되었다. 이러한 점에서 이 「진식 묘지명」은 일반 군인에서 무반으로 출세한 한 가문이 문반으로 바뀌어 가고, 또 그 과정을 통해 고려 귀족사회 속으로 동화되어가는 과정을 잘 보여준다.

---

21) 고려의 옛 제도에는 세 아들이 과거에 합격하면 해마다 어머니에게 大倉의 쌀 30석을 지급해 주었다(『고려사』 권74 선거지2 숭장지전 숙종 2년 조 기사 참고)

22) 『고려사』 권100 열전 진준.

| 참 고 |

· 김수현·송용덕·이미지, 「국립중앙박물관 소장 <본관10488-6호> 묘지 판독」, 『사학연구』 132, 사학연구회, 2018.

35. 금성현군 소씨金城縣君 蘇氏 묘지명

소재: 개인 소장

연대: 미상

판독문

(1) 皇妣金城縣君蘇氏父太子小傅民慶

역주

돌아가신 어머니는 금성현군 소씨金城縣君 蘇氏로, (어머니의) 아버지는 태자소부太子小傅 민경民慶이다.

해제

이 묘지명은 가로 42.0cm, 세로 63.6cm, 두께 4cm의 장방형의 지석에, 한 줄로 글씨가 새겨져 있다. 지석의 앞면 전체는 가장자리의 안쪽 약 2cm되는 부분부터 바깥쪽으로 약간 경사지게 잘라서 비교적 두터운 지석임에도 입체감을 주고 있다. 개인 소장이고, 출토지는 미상이나 개성이나 그 부근일 가능성이 크다고 생각한다.[1] 해서체인 글자 크기는 2~3cm로서 전체 15자에 불과하지만, 이 명문에는 나름대로 중요한 내용을 담고 있다고 생각한다.

우선 묘지명의 주인공인 소씨蘇氏 부인은 금성현군金城縣君이라고 하였다. 현군은 고려시대에 여성에게 주어진 외명부外命婦직의 하나로 정6품인데,[2] 주로 5~6품 관리의 어머니나 처에게 주어진 칭호였다.[3] 따라서, 남편이나 아들에 대한 기록이 없어서 더 이상의 검토는 할 수 없지만, 이 부인의 가족들은 최소한 중급 이상의 관리신분을 가지고 있었다는 점은 분명하다. 또 이 묘지명에는 부인의 아버지가 태자소부 민경民慶이라고 하였다. 태자소부는 고려시대의 문종 관제에 따르면 태자부太子府에 속한 종2품 관직이었다.[4] 이렇듯 고위 관직을 가진 인물임에도 불구하고, 아쉽게도 소민경에 대한 기록은 다른 곳에서는 찾아볼 수 없다.

외명부 칭호는 출신지나 본관을 앞에 붙여서 부르는 것이 원칙이었으므로, 금성金城은 현군인 부인의 본관지를 나타내는 것이다. 이 금성에 대해서는 『고려사』 지리지에 다음과 같이 적혀 있다.

---

1) 한상봉, 『북한금석문 100선』, 한국금석문연구총서 3, 도서출판 다운샘, 2018, 26~27쪽.
2) 『고려사』 권77 백관지2 내직 외명부.
3) 김용선, 「고려시대의 외명부제와 봉작체계」, 『진단학보』 135, 진단학회, 2020, 86쪽.
4) 『고려사』 권77 백관지2 동궁관.

금성군金城郡: 본래 고구려의 무성군母城郡인데, 신라 경덕왕 때 고쳐서 익성군益城郡이라고 하였다가 뒤에 지금의 이름으로 고쳤다. (고려) 현종 9년에 승격시켜 군郡으로 삼았으나 뒤에 강등시켜 현縣이 되고 (교주交州에) 내속하였다(『고려사』 권58 지리지3 교주도 교주 금성군).

즉 고려시대에 금성군은 교주도交州道 교주交州의 속군(또는 속현)이었는데, 지금의 강원도 철원군 김화읍 일대에 해당한다. 금성군은 조선시대에는 철원도호부에 속했는데, 『신증동국여지승람』에는 금성현 본현本縣의 성씨로 소蘇·손孫·신申·노盧·유劉씨 등을 적어놓았다.[5] 그러므로 이 묘지명을 통해 고려시대의 금성소씨의 존재를 확인할 수 있게 되었다.

금성소씨 출신 인물들은 고려시대의 다른 기록에서 전혀 찾아볼 수 없고, 이 소씨부인이나 아버지 소민경의 생몰연대도 알 수 없다. 그렇다고 하더라도 이 묘지명을 통해 고려시대 금성소씨 가문의 존재가 처음 밝혀졌다는 점은 조그만 수확의 하나라고 할 수 있을 것이다.

5) 『신증동국여지승람』 권47 강원도 철원도호부 금성현.

찾아보기

일러두기

1. 이 〈찾아보기〉는 이 책에 실린 묘지명의 '판독문'과 '역주'만을 대상으로 한 것이다. 따라서 '해제' 부분에 대한 내용은 제외되어 있다.

2. 각 항목에 먼저 나오는 숫자는 판독문의 해당 쪽[面]과 행行을, 뒤에 나오는 숫자는 해당 쪽을 나타낸다.

【보기】

	<판독문>	<역주>
가야산伽倻山	46-(30)	50

3. 그 자신의 묘지명이 있는 인명은 '*'부호를 붙이고 진한 글자로 표시하였다.

【보기】

권정평權正平*	129~130	130~133

4. 색인어는 한글과 한자를 병용하고 가나다 순서로 배열하였으나, 이용의 편의를 위해 이를 무시한 경우도 있다.

5. 독립 색인어가 되기 어려운 표기는 '-' 부호를 써서 색인어를 만들었으며, 독립된 색인어에는 '→'부호를 써서 각 항목 간의 상관성을 나타내었다.

【보기】 1

의종毅宗

- 금상今上	122-(11)	124
- 상上	70-(3)	71

【보기】 2

김광철金光轍*

→ 김중유金仲由(字)

→ 문민공文敏公(謚號)

6. 여성은 봉호封號에 '○○군부인 ○씨'와 같이 성을 붙이는 것을 원칙으로 하고, 필요한 경우 '○○○ 처' 등과 같이 남편이나 다른 가족의 이름을 붙였다. 승려는 이름 뒤에 '(僧)'을 붙이고, 속성俗姓을 밝혀 상호참고하도록 하였다.

【보기】

당성군부인 홍씨唐城郡夫人 洪氏 –박원朴瑗 처

경선慶宣(僧) → 최경선崔慶宣(僧)

7. 색인어는 가능하면 원문에 적힌 대로 옮겨적되, 원래의 표기를 변형시킬 때에는 ',' 부호를 이용해서 원상태를 알 수 있게 하였다.

【보기】

도진시, 판사渡津寺, 判事 (* 원문에는 判渡津寺事로 적혀 있다)

ㄱ

ㄴ

ㄷ

ㅁ

ㅂ

ㅅ

ㅇ

ㅈ

ㅊ

ㅌ

ㅍ

ㅎ

고려묘지명 일람

저자는 고려 묘지명을 정리하면서 이들을 세 차례에 걸쳐 일람표로 작성한 적이 있다.[6] 처음에는 222개를 대상으로 했으나, 세 번째에는 322개로 늘어났다. 그러나 그 뒤에도 새로운 묘지명이 계속하여 학계에 소개되었고, 저자는 이들을 『고려묘지명집성』에 판을 거듭하면서 증보 형식으로 수록하였다(제5판, 한림대학교 출판부, 2012). 이제 새 고려묘지명 35점을 모아서 『(속)고려묘지명집성』(제2판)으로 펴내면서, 고려묘지명 전체를 망라한 「고려묘지명 일람」을 다시 만들게 되었다. (두 책에서 중복된 것은 하나로 정리함)

이 일람표에는 2022년 현재까지 학계에 알려진 351개의 고려묘지명 목록 전체가 수록되어 있고, 앞서 발표된 표의 잘못도 부분도 최대한 고쳐 놓았기 때문에 이용자에게 그만큼 편의를 줄 수 있으리라 기대한다. 일람표를 이용하는 데 있어서 참고할 사항은 다음과 같다.

1. 이 「일람」에 수록된 인물과 이름은 모두 위의 『고려묘지명집성』과 『(속)고려묘지명집성』』에 의거하였다. 따라서 「일람」의 게재면의 숫자는 해당 묘지명이 수록되어 있는 각 책의 첫 페이지를 나타낸다.
2. 이름은 가나다순으로 배열하였다. 승려는 이름 뒤에 (승)이라고 밝혔으며, 여성의 경우 원칙적으로 남편이나 아버지의 이름을 앞에 붙여 「○○○ 처(혹은 여) ○씨」라는 방식으로 표기하였다.
3. 본관은 묘지명 원문을 존중하여 표기하였다. 예컨대 '安東' 權氏의 경우 永嘉·福州·吉昌·安東과 같이 다양하게 지명을 원문 그대로 적었다. 원문에 본관이 밝혀져 있지 않을 때에는 『고려사』나 해당 가문의 족보 등의 기록을 참조하여 널리 통용되는 본관명을 사용하였다.

---

6) 김용선, 「고려묘지명 일람」, 『한국학보』 36, 일지사, 1984 가을.
김용선, 「고려묘지명 일람(신)」, 『아시아문화』 10, 한림대학교 아시아문화연구소, 1994.
김용선, 「고려묘지명 일람」, 『고려금석문연구』, 일조각, 2004,

4. 시호·봉호 등의 항목에는 대표적인 것 한 가지만 수록하였으며, 묘지명에 누락되어 있더라도 『고려사』 등 다른 문헌 기록을 참조하여 보충해 둔 것도 있다. 여성은 외명부 명칭을, 승려는 승계를 적었다. 과거는 국자시와 예부시로 명칭을 통일하여 나누었으며, *는 해당사항이 있음을, ( )안의 숫자는 급제 당시의 나이를 각각 나타낸다. 음서 제수의 경우도 동일하다. 승려가 승과에 급제하였을 경우에는 예부시 항목에 '승과'라고 적어 그 사실을 밝혀 두었다.

5. 『고려묘지명집성』과 『(속)고려묘지명집성』의 묘지명 본문에는 각 묘지명의 소재지, 『고려사』 立傳 여부 등을 밝혀 놓았고, 각 책의 「색인」에는 표제어인 각 인물의 이름 아래 그 인물에 대한 주요사항, 예컨대 字·號·功臣號·爵號·改名(혹은 前名) 등을 붙여 놓았으므로 이 목록에 빠진 기타 사항은 각 책을 참고하기 바란다.

번호	이름	본관	생존시기	만든 시기	시호·봉호 등	국자시	음서	예부시	공신	지은이	게재면
1	康敎雄(승)	章山	1079~1153	의종 7(1153)	超悟僧統			승과(25)			136
2	景廉(승)	?	? ~ ?	숙종 7(1102)							33
3	高瑩中	沃溝	1133~1208	희종 5(1209)		*		*(32)		李元老	295
4	郭氏(上黨縣郡)	上黨	? ~1149		上黨縣君						속290
5	權呾	永嘉	1228~1311	충선 4(1312)	文淸公			*(27)	*	李瑱	426
6	權廉	福州	1302~1340	충혜 복1(1340)	玄福君		*(10)			李穡	511
7	權溥	吉昌	1262~1346	충목 2(1346)	文正公	*(15)	*(18)	*(18)	*	李齊賢	529
8	權溥 처 柳氏	始寧	1266~1344	충목 즉위(1344)	卞韓國大夫人					李齊賢	521
9	權適	安東	1094~1146	의종 2(1148)				*(19)		金子儀	95
10	權正平	安東	1085~1160	의종 15(1161)		*		*		吳世功	속143
11	權準	福州	1281~1352	공민 1(1352)	昌和公		*(9)	*	*	李仁復	632
12	琴儀	金浦	1153~1230	고종 17(1230)	忠烈公			*(32)	*	李奎報	359
13	金開物	義城	1273~1327	충숙 14(1327)						崔瀣	461
14	金景輔	慶州	1069~1150	의종 4(1150)							119
15	金沽 처 李氏	慶源	? ~1161?	의종 15(1161)	慶源郡夫人						속152

번호	이름	본관	생존시기	만든 시기	시호·봉호 등	국자시	음서	예부시	공신	지은이	게재면
16	金公偁 처 梁氏	南原	1094~1156	의종 10(1156)	南原郡夫人						155
17	金光載	光州	1294~1363	공민 12(1363)				*(20)		李穡	562
18	金光中 처 李氏	慶源	1113~1182	명종 13(1183)	慶源郡夫人						637 속155
19	金光轍	光州	1289~1349	충정 3(1351)	文敏公			*(17)		祖暉(?)	속256
20	金坵	扶寧	1211~1278	충렬 4(1278)	文貞公	*(17)		*(22)			395
21	金坵 처 崔氏	慶州	1227~1309	충선 1(1309)	樂浪郡大夫人						425
22	金龜符	海陽	1088~1145	의종 즉위(1145)			*				속50
23	金克儉	靈光	1068~1139	인종 18(1140)	襄肅公	*					속26
24	金德謙(승)	上黨	1083~1150	의종 4(1150)	圓證僧統			승과(21)		黃文通	116
25	金爛圓(승)	安山	1009~1066	문종 20(1066)	景德國師						24
26	金靈炤(승)	水州	1115~1188	명종 18(1188)	正覺僧統	*(17)					263
27	金倫	彦陽	1277~1348	충목 4(1348)	貞烈公				*	李齊賢	533
28	金倫 처 崔氏	海州	1279~1347	충목 3(1347)	卞韓國大夫人					李齊賢	531
29	金某 처 韓氏	平州	? ~ ?	?	延德郡君						617
30	金昴 처 閔氏	驪興	1324~1379	우왕 5(1379)	驪興郡夫人					李穡	598

번호	이름	본관	생존시기	만든 시기	시호·봉호 등	국자시	음서	예부시	공신	지은이	게재면
31	金方慶	永嘉	1212~1300	충렬 26(1300)	上洛公		*(16)			金頊	406
32	金賆	彦陽	1248~1301	충렬 27(1301)	文愼公		*(16)	*(21)		金晅	411
33	金賆 처 許氏	陽川	1255~1324	충숙 11(1324)	卞韓國大夫人					金開物	445
34	金復尹	玉菓	? ~1146	의종 3(1149)				*			100
35	金鳳毛	慶州	? ~1209	희종 5(1209)	靖平公						297
36	金商佑 여 金氏	海陽	1094~1156	의종 10(1156)	翼陽郡夫人						속130
37	金瑞□	?	? ~1200	신종 3(1200)				*			658
38	金須 처 高氏	沃溝	1226~1327	충숙 14(1327)	沃溝郡大夫人					李齊賢	462
39	金恂	安東	1258~1321	충숙 8(1321)			*(15?)	*(22)		閔漬	439 속201
40	金恂 처 許氏	孔嵒	1265~1332	충숙 복위(1332)						李齊賢	480
41	金純	臨津	1138?~1197	신종 즉위(1197)	元平公						283
42	金承用	安東	1268~1329	충숙 16(1329)			*(14)	*(23)		李叔琪	464
43	金臣璉	中和	1083~1161	의종 15(1161)			*				189
44	金深	光州	1262~1338	충숙 복8(1339)	忠肅公		*(15)		*	李晅	501
45	金氏	慶州	? ~ ?	?							624

번호	이름	본관	생존시기	만든 시기	시호·봉호 등	국자시	음서	예부시	공신	지은이	게재면
46	金氏夫人	慶州?	? ~1149	의종 3(1149)	樂浪郡君						107
47	金閔甫	水州	1132~1181	명종 11(1181)			*(14)			張自牧	241
48	金永暾	福州	1285~1348	충목 4(1348)	上洛府院君			*(21)	*	安震	538
49	金永夫	靈光	1096~1172	명종 2(1172)	英簡公			*(30)		崔詵	217
50	金永錫	溟州	1089~1166	의종 21(1167)				*(32)		金居實	203
51	金龍軾	安東	1129~1197	명종 27(1197)				*(32)			속300
52	金元義	海陽	1147~1217	고종 4(1217)	景簡公						316
53	金元義 처 印氏	?	? ~ ?	고종대						李奎報	392
54	金惟珪	慶州	1095~1158	의종 12(1158)		*(20)		*(27)			162
55	金有臣 처 李氏	原州	1123~1192	명종 22(1192)							272
56	金尹覺	中和	? ~1143?	의종 1(1147)?			*				속66
57	金允濟	天安	? ~1214	고종 1(1214)				*			312
58	金殷說	慶州	? ~968	광종 19(968)?							13
59	金義光(승)	溟州	1107~1157	의종 12(1158)	正覺首座			승과(33)		黃文通	160
60	金義元	光陽	1066~1148	의종 7(1153)		*(17)	*			金光中	133

번호	이름	본관	생존시기	만든 시기	시호·봉호 등	국자시	음서	예부시	공신	지은이	게재면
61	金子鏐	慶州	1065~1145	인종 24(1146)				*			속41
62	金存中	龍宮	1111~1156	의종 10(1156)	忠肅公	*		*	*		150
63	金周鼎	海陽	1228~1290	충렬 16(1290)	文肅公		*(30)	*(37)			401
64	金仲龜	安東	1176~1242	고종 29(1242)	靖平公					孫抃	378
65	金仲文	安城	1176~1237	고종 24(1237)							368
66	金之瑩	成州	? ~1162	의종 16(1162)							196
67	金之祐	慶州	1108~1151	의종 6(1152)			*				126
68	金智源 여	慶州?	? ~ ?	?							622
69	金振鐸	?	1131~1188	명종 18(1188)				*(36)			654
70	金冲	咸昌	? ~1211	희종 7(1211)		*(16)		*			302
71	金就呂	彦陽	1172~1234	고종 21(1234)	威烈公		*(15)				362
72	金台鉉	光山	1261~1330	충혜 즉위(1330)	文正公	*(15)		*(16)		崔瀣	472
73	金台鉉 처 王氏	開城	1266~1356	공민 7(1358)	開城郡大夫人					李穡	558
74	金誠	道康	1076~1147	의종 2(1148)				*		梁積中	98
75	金黃元	光陽	1045~1117	예종 12(1117)?				*		金富儀	636

번호	이름	본관	생존시기	만든 시기	시호·봉호 등	국자시	음서	예부시	공신	지은이	게재면
76	金晅	義城	1234~1305	충렬 31(1305)				*(27)	*	李瑱 (後繼書)	417
77	羅益禧	羅州	1272?~1344	충목 즉위(1344)	良節公					李齊賢	524
78	盧 大將軍	長淵	1147~1195	명종 25(1195)							277
79	盧琯 처 鄭氏	金浦	? ~1210	희종 6(1210)	金浦郡君						299
80	盧卓儒	杞溪	? ~1191	명종 21(1191)			*				271
81	文公元	南平	1084~1156	의종 12(1158)	貞敬公		*	*(31)	*	尹□信	157
82	文公裕	南平	1088~1159	의종 13(1159)	南平君	*(15)		*(25)		史偉	172
83	文章弼	江陵	? ~ ?	명종 20(1190)	□康公		*		*		267
84	閔思平	驪興	1295~1359	공민 8(1359)	文溫公			*(21)	*	李達衷	560
85	閔思平 처 金氏	彦陽	1302~1374	우왕 즉위(1374)	彦陽郡夫人					李穡	581
86	閔脩	黃驪	1067~1122	인종 즉위(1122)							636 속285
87	閔瑛	黃驪	1075~1150	의종 6(1152)						金于蕃	122
88	閔頔	黃驪	1270~1336	충숙 복5(1336)	驪興君			*(16)		李齊賢	491
89	閔宗儒	驪興	1245~1324	충숙 11(1324)	忠順公		*(11)			崔瀣	447

번호	이름	본관	생존시기	만든 시기	시호·봉호 등	국자시	음서	예부시	공신	지은이	게재면
90	閔漬	黃驪	1248~1326	충숙 13(1326)	文仁公	*(17)		*(19)		李齊賢	458
91	閔漬 처 申氏	天安	1253~1337	충숙 복6(1337)	東韓國大夫人					白文擧	497
92	朴康壽	咸陽	1115~1200	신종 3(1200)							286
93	朴居實 처 元氏	原州	1288~1334	충숙 복4(1335)	平原郡夫人					崔瀣	481
94	朴景山	平州	1081~1158	의종 12(1158)			*(10)	*		愼膺龍	163
95	朴景仁	平州	1057~1121	예종 17(1122)	章簡公			*		韓皦由	51
96	朴教雄(승)	鎬京	1076~1142	인종 20(1142)	妙應大禪師			승과(34)			76
97	朴得齡	昇平	1098~1157	의종 11(1157)				*		韓楹	156
98	朴僕射	密城	1084~1150	의종 6(1152)			*(20)	*(30)		金子儀	650
99	朴脩	平州	1097~1156	의종 10(1156)				*(26)		朴靈偉(승)	152
100	朴遠	竹州	1274~1341	충혜 복2(1341)	文康公		*	*	*	鄭輔	518
101	朴遠 처 洪氏	唐城	1288~1336	충숙 복5(1336)	唐城郡夫人					崔瀣	488
102	朴元桂	寧海	1283~1349	공민 4(1355)		*(19)		*(19)		李穡	556
103	朴允文 처 金氏	光州	1302~1374	공민 23(1374)	海陽郡大夫人					鄭夢周	580
104	朴李淵	竹山	? ~1272	원종 13(1272)	莊簡公						속186

번호	이름	본관	생존시기	만든 시기	시호·봉호 등	국자시	음서	예부시	공신	지은이	게재면
105	朴仁碩	延昌	1144~1212	강종 1(1212)			*				308
106	朴全之	竹州	1250~1325	충숙 12(1325)	文匡公	*(18)		*(19)	*	朴孝修	454
107	朴全之 처 崔氏	大寧	? ~1316	충숙 3(1316)	卞韓國大夫人					朴全之	432
108	朴宗夏	興驪	? ~1142	인종 24(1146)							83
109	朴聰諝(승)	平州	1054~1139	인종 17(1139)	廣濟僧統						69
110	朴忠佐	咸陽	1287~1349	충정 1(1349)	文齊公	*		*(27)	*	安震	속243
111	朴華	密城	1252~1336	충숙 복5(1336)						崔瀣	486
112	朴璜	?	? ~1152	의종 6(1152)			*			崔伋	129
113	房淸璉 처 皮氏	昌化	1115~1195	명종 25(1195)	始興郡君						279
114	裵景誠	俠溪	1083~1146	의종 즉위(1146)							86
115	裵廷芝	大丘	1259~1322	충숙 9(1322)						李齊賢	442
116	白賁華	藍浦	1179~1224	고종 11(1224)		*(19)		*(19)		李奎報	341
117	白任至	大興	1131~1191	명종 21(1191)	景烈公						269
118	徐恭	利川	1101~1171	명종 1(1171)	貞□公		*(11)			洪倫	647
119	徐鈞	利川	1060~1132	인종 10(1132)							54

번호	이름	본관	생존시기	만든 시기	시호·봉호 등	국자시	음서	예부시	공신	지은이	게재면
120	石受珉	忠原	1077~1160	의종 14(1160)							180
121	薛愼	淳昌	? ~1251	고종 38(1251)		*(20)		*(31)		金百鎰	381
122	世賢(승)	?	? ~1143	인종 21(1143)							78
123	蘇氏(金城縣君)	金城	? ~ ?	?	金城縣君						속320
124	宋子清	寧州	? ~1198	신종 1(1198)							285
125	申甫純	天安	1113~1187	명종 17(1187)							261
126	安輔	順興	1302~1357	우왕 4(1378)	文敬公	*(19)		*(19)		李穡	592
127	安于器	興州	1265~1329	충숙 16(1329)				*(18)		安軸	466
128	安稷崇	洞州	1066~1135	인종 13(1135)		*		*(39)			59
129	安軸	興寧	1282~1348	충목 4(1348)	文貞公	*		*(26)		李穀	536
130	梁元俊	忠州	1089~1158	의종 12(1158)	貞簡公		*(20)				170
131	楊仁庇	安岳	? ~ ?	?				*			618
132	梁宅椿	帶方	1172~1254	고종 41(1254)						金坵	385
133	廉克髦	峯城	1153~1217	고종 4(1217)			*(22)				318
134	廉德方 처 沈氏	宜寧?	1083~1162	의종 16(1162)	宜寧郡大夫人						200

번호	이름	본관	생존시기	만든 시기	시호·봉호 등	국자시	음서	예부시	공신	지은이	게재면
135	吳元卿	海州	1128~1180	명종 11(1181)			*				236
136	吳仁正	高敞	1100~1155	의종 9(1155)	龜城君			*(25)		李暄	147
137	吳潛	同福	1259~1336	충숙 복5(1336)		*(17)		*(21)			489
138	吳倩	安定	1142~1203	신종 6(1203)		*				崔□□	속171
139	吳闡猷	海州	1168~1238	고종 25(1238)		*(22)		*(27)		李奎報	369
140	吳孝元	安西	? ~1151	의종 6(1152)				*			124
141	吳□實	?	1130~1184	명종 14(1184)		*(19)		*(23)			247
142	王覺觀(승)	宗室	1121~1174	명종 5(1175)	覺觀僧統			승과(18)			220
143	王演 처 王氏	宗室	1096~1133	인종 11(1133)	福寧宮主					金精	56
144	王瑛	宗室	1126~1186	명종 17(1187)	恭化侯			*			259
145	王瑛 여 王氏	宗室	1150~1185	명종 16(1186)							252 625
146	王昷 처 金氏	慶州	1281~1335	충숙 복4(1335)	壽寧翁主					崔瀣	482
147	王源	宗室	1083~1170	명종 1(1171)	廣平公					高惇謙	213
148	王字之 처 金氏	黃驪?	1063~1130	인종 8(1130)	黃驪郡夫人						53
149	王梓 여 王氏	宗室	1141~1183	명종 13(1183)							246

번호	이름	본관	생존시기	만든 시기	시호·봉호 등	국자시	음서	예부시	공신	지은이	게재면
150	王之印(승)	宗室	1102~1158	의종 12(1158)	廣智大禪師			승과(15)		林宗庇	168
151	王澄儼(승)	宗室	1090~1141	인종 19(1141)	圓明國師					權適	73
152	王冲	開州	1078~1159	의종 13(1159)	剛烈公	*(27)		*(30)		鄭拯	175
153	王玄應(승)	宗室	? ~1139	인종 17(1139)	寂炤首座						68
154	王倖	宗室	1093~1161	의종 15(1161)	莊平公						185
155	王煦	福州	1296~1349	충정 1(1349)	正獻公				*	李仁復	545
156	王煦(僧)	宗室	1055~1101	숙종 6(1101)	大覺國師					朴浩	31
157	元瓘	原州	1247~1316	충숙 2(1316)			*(17)	*(20)		閔漬	639
158	元傅	原州	1220~1287	충렬 13(1287)	文純公	*(18)		*(22)			398
159	元善之	北原	1281~1330	충혜 즉위(1330)			*(7)			崔瀣	468
160	元忠	北原	1290~1337	충숙 복6(1337)			*(8)		*	崔瀣	495
161	元沆	北原	1080~1149	의종 3(1149)				*(27)		朴永文	108
162	魏幹卿	遂寧	? ~1216	고종 3(1216)		*					속180
163	庾敬玄	茂松	1180~1235	고종 22(1235)?				*			364
164	柳公權	始寧	1132~1196	명종 26(1196)	文簡公	*(24)		*(29)			280

번호	이름	본관	생존시기	만든 시기	시호·봉호 등	국자시	음서	예부시	공신	지은이	게재면
165	柳光植	完山	? ~1221	고종 8(1221)	載肅公	*	*				337
166	兪克諧	?	? ~1301	충렬 27(1301)				*			409
167	柳墩	文化	1274~1349	충정 1(1349)	章景公		*(13)	*(27)		安震	642
168	劉邦儀	中原	1092~1149	의종 3(1149)				*			106
169	柳邦憲	全州	944~1009	문종 5(1051)	貞簡公	*(鄕貢)		*(29)			16
170	柳甫發	儒州	1304~1340	충혜 복1(1340)			*(16)			李穀	516
171	劉碩	白州	1094~1155	의종 9(1155)				*		李知深	145
172	柳淑	瑞州	1316~1368	우왕 5(1379)?	文僖公	*(16)		*(25)	*	李穡	599
173	柳英材 처 趙氏	橫川?	1128~1218	고종 5(1218)	橫川郡大夫人						320
174	庾應圭	茂松	1131~1175	명종 5(1175)			*				227
175	庾資諒	茂松	1150~1229	고종 16(1229)			*			李奎報	355
176	庾自偶	茂松	1260~1313	충숙 즉위(1313)						崔元中	429
177	柳自維	?	? ~1119	예종 14(1119)?	良平公						49
178	劉載	溫陵(宋)	1052~1118	예종 14(1119)	定懿公					尹伊錫	48
179	劉志誠	楊州(宋)	972~1039	정종 11(1045)	質良公						15

번호	이름	본관	생존시기	만든 시기	시호·봉호 등	국자시	음서	예부시	공신	지은이	게재면
180	柳昶雲(승)	全州	1031~1104	예종 15(1120)	等觀僧統			승과(21)			50
181	尹龜生 처 崔氏	孤竹	1317~1381	우왕 7(1381)						李穡	608
182	尹東輔	洞州	? ~1201	신종 4(1201)						金氏	290
183	尹珤 처 朴氏	?	1263~1321	충숙 8(1321)	興禮郡大夫人					崔元中	438
184	尹宣佐	鈴平	1265~1343	충정 1(1349)				*(24)		李穀	541
185	尹承解	守安	?	고종대		*(18)	*			李奎報	390
186	尹莘傑	杞溪	1266~1337	충숙 복6(1337)	杞城君	*(20)		*(25)	*	崔瀣	493
187	尹彦旼	波平	1095~1154	의종 8(1154)			*			邦立基	140
188	尹彦旼 처 李氏	慶源	1095~1174	명종 7(1177)?	慶源郡夫人						142
189	尹彦植	鈴平	1087~1149	의종 3(1149)			*(19)			金子儀	속77
190	尹彦榮 처 柳氏	河源	1079~1117	예종 12(1117)	河源郡君					李德允	46
191	尹彦頤	鈴平	1090~1149	의종 4(1150)	文康公		*(18)	*(25)		金子儀	110
192	尹裕延	守安	? ~1161	의종 15(1161)							193
193	尹應瞻	曲城	? ~1228	고종 15(1228)							349
194	尹鱗瞻 처 韓氏	大興	1114~1189	명종 19(1189)	大興郡夫人						속162

번호	이름	본관	생존시기	만든 시기	시호·봉호 등	국자시	음서	예부시	공신	지은이	게재면
195	尹宗諹	鈴平	1143~1188	명종 18(1188)		*(17)		*(18)			265
196	尹智偁(승)	南原	1113~1192	의종 23(1193)	通炤僧統			승과(27)			276
197	尹之彪	海平	1310~1382	우왕 8(1382)	忠簡公				*	李穡	610
198	尹澤	茂松	1289~1370	공민 19(1370)	文貞公	*(29)		*(32)		李穡	576
199	尹誧	橫川	1063~1154	의종 8(1154)	烈靖公	*(22)		*(26)		黃文通	143
200	尹侅	坡平	1307~1376	우왕 6(1380)	坡平君		*(14)		*	李穡	606
201	李侃	仁州	1167?~1216	고종 3(1216)				*(24)		許氏	315
202	李岡	固城	1333~1368	공민 17(1368)	文敬公		*	*(15)		李穡	574
203	李公壽	仁州	? ~1137	인종 16(1138)	文忠公	*	*	*	*	李之氐	63
204	李公遂	益州	1308~1366	공민 15(1366)	文忠公			*(33)	*	李穡	570
205	李公升	淸州	1099~1183	명종 13(1183)	貞肅公						244
206	李公著	?	1052~1137	인종 16(1138)				*(33)			67
207	李奎報	黃驪	1168~1241	고종 13(1241)	文順公	*(22)		*(23)		李需	373
208	李隴西公	咸昌	978~1059	문종 13(1059)			*(32)				19
209	李達尊	鷄林	1313~1340	충혜 복1(1340)			*(11)	*(18)		李穀	517

번호	이름	본관	생존시기	만든 시기	시호·봉호 등	국자시	음서	예부시	공신	지은이	게재면
210	李德孫	陜州	? ~1301	충렬 27(1301)	莊淑公						413
211	李德孫 처 庾氏	茂松	1247~1326	충숙 13(1326)	茂松郡大夫人						457 속223
212	李文著	陜州	1113~1180	명종 10(1180)			*				234
213	李文鐸	悅城	1109~1181	명종 11(1181)		*		*(38)		李東□	238
214	李法源(승)	黃驪	1210~1222?	고종 9(1222)						李奎報	339
215	李輔予 처 李氏	?	1099~1157	의종 12(1158)	平涼郡夫人						158
216	李瑞林	全州	1154~1213	고종 즉위(1213)		*(17)		*(23)		許京再	311
217	李世華	眞州	? ~1238	고종 25(1238)		*		*		李奎報	371
218	李勝章	京山	1138~1192	명종 23(1193)				*(31)		金平	274
219	李軾	慶源	1090~1151	의종 10(1156)	貞靖公		*(5)				149
220	李氏 여	?	1091?~1123	인종 1(1123)							52
221	李嵒	固城	1297~1364	공민 13(1364)	文貞公			*(17)	*	李穡	566
222	李陽允	慶州	1094~1157	의종 11(1157)		*(24)		*(34)		吳世功	속135
223	李彦冲	全義	1273~1338	충숙 복7(1338)		*(20)		*(22)		崔瀣	499
224	李應璋	慶原	1121~1177	명종 7(1177)			*			廉信若	230

번호	이름	본관	생존시기	만든 시기	시호·봉호 등	국자시	음서	예부시	공신	지은이	게재면
225	李仁復	京山	1308~1374	우왕 1(1375)	文忠公	*(19)		*(19)	*	李穡	583
226	李仁實	見州	1081~1153	의종 7(1153)	文貞公	*		*(26)			137
227	李仁榮	遂安	1105~1162	의종 17(1163)				*(26)			202
228	李自成 처 李氏	興禮	1268~1350	충정 2(1350)	三韓國大夫人					李齊賢	547
229	李子淵	邵城	1003~1061	문종 15(1061)	章和公			*(22)	*	李成美	20
230	李資元 여 李氏	慶源	? ~1148	의종 9(1149)							107
231	李績	砥平	1162~1225	고종 12(1225)						李奎報	343
232	李頲	邵城	1025~1077	문종 31(1077)	貞憲公		*(20)			趙惟阜	27
233	李齊賢	慶州	1287~1367	우왕 2(1376)?	文忠公	*(15)		*(15)	*	李穡	587
234	李齊賢 처 權氏	永嘉	1288~1332	충숙 복위(1332)	永嘉郡夫人					崔瀣	479
235	李兆年	京山	1269~1343	충혜 복5(1344)	文烈公	*(鄕貢)		*(17)	*	李齊賢	519
236	李尊庇	固城	1233~1287	충렬 13(1287)		*(19)		*(28)			397
237	李初元 처 金氏	慶州	1079~1152	의종 8(1154)	樂浪郡大夫人					金莘夫	속109
238	李坦之	益陽	1086~1152	의종 6(1152)				*(35)			127
239	林景軾	甫州	1099~1161	의종 15(1161)			*				190

번호	이름	본관	생존시기	만든 시기	시호·봉호 등	국자시	음서	예부시	공신	지은이	게재면
240	林景和	甫州	1102~1158	의종 13(1159)			*(11)			許洪材	177
241	林光	漳州(宋)	1088~1152	의종 6(1152)				*(27)		金莘夫	131
242	林氏	?	? ~ ?	?							622
243	任懿	定安	1041~1117	예종 12(1117)	貞敬公			*(30)	*	皇甫翰	43
244	任益惇	定安	1163~1227	고종 14(1227)			*			權敬中	347
245	林椿	西河	? ~ ?	신종 1(1198)						李奎報	638
246	任忠贇	定安	1121~1186	명종 16(1186)			*(26)				253
247	張文緯	洪川	? ~1134	인종 12(1134)		*	*	*		芮樂仝	57
248	張脩	仁同	? ~ ?	의종 10(1156)				*(22)		柳□□	154 속118
249	張允文	水州	1139~1211	희종 7(1211)			*	*			306
250	張忠義	洪川	1109~1180	명종 10(1180)		*(19)	*	*(34)		崔孝著	232
251	田起 처 高氏	喬桐	1099~1160	명종 16(1162)	喬桐縣君						194
252	全信	天安	1276~1339	충숙 복8(1339)			*	*(26)		崔瀣	504
253	田元均	泰山	1144~1218	고종 5(1218)		*(17)	*			李奎報	322
254	鄭克溫	尙質	? ~1215	고종 2(1215)	翼烈公				*	李奎報	313

번호	이름	본관	생존시기	만든 시기	시호·봉호 등	국자시	음서	예부시	공신	지은이	게재면
255	鄭僅 처 金氏	靈光?	1036~1107	예종 5(1110)	靈光郡太君					鄭克恭	37
256	鄭穆	東萊	1040~1105	숙종 10(1105)		*(27)		*(33)		膺亮(승)	34
257	鄭邦輔	?	? ~1226	고종 13(1226)	襄平公						345
258	鄭復卿	草溪	1087~1152	의종 8(1154)			*	*			139
259	鄭思道	延日	1318~1379	우왕 5(1379)	文貞公			*(19)	*	李穡	603
260	鄭襲明	迎日	1094~1150	의종 4(1150)		*(17)		*(27)			속95
261	井彦深	?	1083~1146	의종 즉위(1146)				*			속61
262	鄭仁卿	富城	1237~1305	충렬 32(1306)	襄烈公				*	方于宣	423
263	鄭知源	晉陽	1090~1149	의종 3(1149)				*(36)		□永周	102
264	鄭誧	清州	1309~1345	충목 1(1345)				*(18)		安震	속234
265	鄭沆	東萊	1080~1136	인종 15(1137)	文安公	*		*(23)			61
266	廷候永	?	? ~1160	의종 14(1160)							속294
267	趙氏	?	? ~ ?	?							624
268	趙延壽	平壤	1278~1325	충숙 12(1325)			*(9)	*(17)		李叔琪	450
269	趙云仡	豊壤	1332~1404	태종 4(1404)				*(26)		(自撰書)	647

번호	이름	본관	생존시기	만든 시기	시호·봉호 등	국자시	음서	예부시	공신	지은이	게재면
270	趙瑋	祥原	1287~1348	충정 1(1349)	莊景公		*(9)			李穀	543
271	趙仁規	平壤	? ~ ?	충렬 34(1308)	貞肅公					方于宣	423
272	趙冲	橫川	1171~1220	고종 7(1220)	文正公		*	*(20)		尹于一	334
273	晉光仁	帶方	1128~1186	명종 16(1186)				*		李纘□	254
274	陳湜	呂陽	? ~ ?	고종 대				*			속307
275	秦仲明	中原	1078~1137	의종 4(1150)			*				119
276	蔡謨	平康	1229~1302	충렬 28(1302)	寬愼公		*			閔漬	414
277	蔡祥正	濟陽	? ~1191	명종 22(1192)							655
278	蔡仁揆	平康	1230~1303	충렬 29(1303)						崔元中	416
279	蔡仁範	泉州(宋)	934~998	현종 15(1024)							13 속268
280	蔡洪哲	平康	1262~1340	충혜 복1(1340)	順天君	*(18)		*(22)	*	李穀	507
281	蔡環	邵城	? ~ ?	?							618
282	闡祥(승)	?	? ~ ?	인종 19(1141)	(僧統)						72
283	崔繼芳	水州	1054~1116	예종 12(1117)	和順公					韓沖	40
284	崔珙	溟州	? ~1254	고종 41(1254)							383

번호	이름	본관	생존시기	만든 시기	시호·봉호 등	국자시	음서	예부시	공신	지은이	게재면
285	崔觀奧(승)	水州	1096~1158	의종 12(1158)	證智首座			승과(18)			165
286	崔晲	東州	1208~1229	고종 16(1229)			*				357
287	崔讜	昌原	1135~1211	희종 7(1211)				*			304
288	崔婁伯	水州	? ~1205	희종 1(1205)				*			292
289	崔婁伯 처 廉瓊愛	峯城	1100~1146	의종 2(1148)	峯城縣君					崔婁伯	93
290	崔鯉	?	? ~1188?	명종 18(1188)							267
291	崔文度	全州	1292~1345	충목 1(1345)	良敬公					李齊賢	527
292	崔甫淳	流化	1162~1229	고종 16(1229)	文定公			*(21)			351
293	崔士威	水州	961~1041	문종 29(1075)	貞肅公				*		25
294	崔思全	耽津	1067~1139	인종 18(1140)					*		69
295	崔思諏	海州	1036~1115	예종 11(1116)	忠景公		*	*(28)	*	韓忠	38
296	崔瑞	安西	1233~1305	충렬 31(1305)				*(22)		林仲□	421
297	崔瑞 처 朴氏	務安	1249~1318	충숙 5(1318)	務安郡夫人					崔洳	436
298	崔誠之	完山	1266~1330	충혜 즉위(1330)	文簡公	*		*(19)	*	李齊賢	467
299	崔時允	忠原	1084~1145	의종 즉위(1146)			*			李元膺	84

번호	이름	본관	생존시기	만든 시기	시호·봉호 등	국자시	음서	예부시	공신	지은이	게재면
300	崔氏(樂浪郡夫人)	慶州	? ~1149	의종 3(1149)	樂浪郡夫人						속74
301	崔氏	?	? ~ ?	명종 16(1186)							257
302	崔安道	龍州	1294~1340	충혜 복1(1340)					*	崔瀣	509
303	崔湧 처 金氏	溟州	1068~1148	의종 3(1149)	江陵郡大夫人						101
304	崔祐甫	水州	1105~1170	명종 1(1171)		*		*(30)			214
305	崔雲	昌原	1275~1325	충숙 12(1325)		*(15)				崔瀣	452
306	崔惟清	東州	1093~1174	명종 5(1175)	文淑公		*(11)	*(20)			221
307	崔惟清 처 鄭氏	東萊	1104~1170	의종 24(1170)	東萊郡夫人					黃文莊	207
308	崔褒抗	水州	1099~1145	의종 1(1147)			*	*(26)		李葆光	91
309	崔允儀	池城	1102~1162	의종 16(1162)	文肅公			*(27)	*	金于蕃	197
310	崔允儀 처 金氏	光陽	1110~1151	의종 6(1152)	光陽郡夫人					崔允儀	123
311	崔允仁	海州	1112~1161	의종 16(1162)			*(14)	*(29)		朴文	195
312	崔義	僧嶺	1170~1223	고종 10(1223)?							340
313	崔宰	完山	1303~1378	우왕 4(1378)	文眞公			*(28)		李穡	595
314	崔梓	孔嵒	1079~1151	의종 5(1151)			*	*(24)			120

번호	이름	본관	생존시기	만든 시기	시호·봉호 등	국자시	음서	예부시	공신	지은이	게재면
315	崔精	水州	1076~1157	의종 17(1163)			*(33)	*		全代予	201
316	崔証	昌原	? ~1200	신종 3(1200)			*	*			288
317	崔忠獻	牛峰	1149~1219	고종 6(1219)	景成公		*		*	趙冲	329
318	崔學鸞	和順	1072~1142	인종 20(1142)				*			75
319	崔誠	水州	1094~1160	의종 14(1160)	文簡公		*(12)	*(21)			182
320	崔沆	牛峰	1209~1257	고종 44(1257)	光正公				*		387
321	崔瀣	鷄林	1287~1340	충혜 복1(1340)				*		李穀	514
322	崔弘宰	稷山	? ~1135	인종 13(1135)			*(24)		*		속1
323	崔孝思	漢南	1140~1218	고종 5(1218)			*	*(29)			327
324	忠宣王 妃 許氏	孔巖	1271~1335	충숙 복5(1336)	順妃					李齊賢	484
325	韓公義	淸州	1307~1365	공민 14(1365)	平簡公		*			李穡	568
326	韓光衍	湍州	1155~1237	고종 24(1237)			*	*(36)			366
327	韓脩	淸州	1333~1384	공양 4(1392)	文敬公		*	*(15)	*	李穡	612
328	韓惟忠	大興	1080~1146	의종 즉위(1146)	敬烈公	*(21)		*(25)	*	朴景山	87
329	韓宗愈	漢陽	1287~1354	공민 3(1354)	文節公			*(19)	*	李仁復	554

번호	이름	본관	생존시기	만든 시기	시호·봉호 등	국자시	음서	예부시	공신	지은이	게재면
330	咸脩	恒陽	1155~1211	희종 7(1211)				*			301
331	咸有一	恒陽	1106~1185	명종 15(1185)							249
332	許珙	孔嵒	1233~1291	충렬 17(1291)	文敬公	*(19)	*(23)	*(26)	*		403
333	許諒	孔嵒	1092~1152	의종 6(1152)			*			金渭夫	속104
334	許邕 처 李氏	陜州	? ~ ?	우왕 7(1381)	江陽郡夫人					李詹	645
335	許載	孔嵒	1062~1144	인종 22(1144)			*			金精	78
336	許琮	陽川	? ~1345	충목 1(1345)	定安大君					李齊賢	525
337	胡晉卿	兔山	1107~1160	의종 14(1160)		*(16)		*(22)			181
338	洪敬 처 金氏	慶州	1260~1317	충숙 4(1317)	樂浪郡大夫人					朴全之	속192
339	洪奎	唐城	1242~1316	충숙 3(1316)	匡定公				*		433
340	洪奎 처 金氏	海陽	1258~1339	충숙 복8(1339)	三韓國大夫人					李齊賢	506
341	洪彬	南陽	1288~1353	공민 3(1354)	康敬公				*	李穡	551
342	皇甫讓 처 金氏	慶州	1085~1149	의종 3(1149)	樂浪郡夫人					黃文通	104
343	黃偉 처 崔氏	海州	? ~ ?	의종 대	□□郡夫人						208
344	□純誠	黃州	1019~1196	명종 27(1197)							656
345	某氏(승)(丁亥銘)	?	? ~ ?	의종 21(1167)							205

번호	이름	본관	생존시기	만든 시기	시호·봉호 등	국자시	음서	예부시	공신	지은이	게재면
346	某氏(승)(甲子銘)	?	? ~ ?	인종22(1144)?							속37
347	某氏(康英銘)	?	? ~ ?	?							622
348	某氏(高康赫銘)	?	? ~ ?	?							621
349	某氏(裵氏銘)	?	? ~ ?	?							620
350	某氏(承化郡大君銘)	?	? ~ ?	?							619
351	某氏(韓愈銘)	?	? ~ ?	?							623

편저자

김용선 金龍善

- 서강대학교 사학과와 같은 학교 대학원 사학과를 졸업했다(문학박사).
- 경남대학교·전북대학교·한림대학교 사학과의 전임교수로 재직했다.
- 지금은 한림대학교 사학과의 명예교수로 있다.

저서·편저·역주

『고려음서제도연구』, 일조각, 1991.
『고려묘지명집성』, 한림대학교 출판부, 1993 초판; 2012 제5판.
『역주 고려묘지명집성』(상)·(하), 한림대학교 출판부, 2001 초판; 2021 개정3판.
『고려묘지명집성 색인(원문·역주)』, 한림대학교 출판부, 2001 초판; 2006 개정증판.
『고려금석문연구: 돌에 새겨진 사회사』, 일조각, 2004.
『궁예의 나라 태봉: 그 역사와 문화』(책임편집), 일조각, 2008.
『일본에 있는 한국 금석문자료』, 한림대학교 출판부, 2010.
『고려사 병지 역주』(이기백과 공저), 일조각, 2011.
『생활인 이규보』, 일조각, 2013.
『이규보 연보』, 일조각, 2013.
『(속)고려묘지명집성』, 한림대학교 출판부, 2016.
『고려·사회·사람들』, 일조각, 2018.
『먼 고려사 가까운 이야기』, 일조각, 2022.

(속)고려묘지명집성(개정증보판)

2016년 7월 29일 초판 발행
2023년 2월 20일 개정증보판 발행

편저자 | 김용선

발행인 | 최양희

발행처 | 한림대학교 지식미디어센터
(24252) 강원도 춘천시 한림대학길 1 (옥천동 1-1)
출판등록 제48호(1983. 3. 10)
전화번호 033) 248-2875 팩스 033) 248-2809
전자우편 press@hallym.ac.kr
홈페이지 https://press.hallym.ac.kr/press

디자인 · 인쇄 상현디앤피
TEL | 031) 955-1872
FAX | 031) 955-1874

60,000원

ISBN 978-89-6402-084-5 (93910)